1987

Nordmark Wörterbuch der klinischen Neurologie

Ausgabe 1986/87

Einhorn-Presse Verlag

ISBN 3-88756-209-7

Herausgegeben von

Prof. Dr. med. Frieder Láhoda
Direktor der Neurologischen Klinik des Klinikums Ingolstadt

Wissenschaftlich beraten von

Prof. Dr. med. L. Auer, Graz
Prof. Dr. med. C. G. Gottfries, Göteborg
Prof. Dr. med. S. Hoyer, Heidelberg
Prof. Dr. med. J. Kugler, München
Prof. Dr. med. G. Ladurner, Salzburg
Prof. Dr. med. R. Schüttler, Günzburg

Vorwort

Die Zunahme von Gefäß-, Stoffwechsel- sowie toxisch bedingten Allgemeinerkrankungen und nicht zuletzt auch die steigende Lebenserwartung führt zwangsläufig zu zentralen und peripheren neurologischen Folgeerscheinungen und Komplikationen, wie sie in dieser Häufigkeit in früheren Jahrzehnten nicht beobachtet werden konnten. Nicht nur der Neurologe, sondern vor allem der Arzt für Allgemeinmedizin und der Internist sehen sich daher in zunehmendem Maße mit derartigen Erkrankungen konfrontiert. Hinzu kommen die zahlreichen posttraumatischen Schädigungen des zentralen und peripheren Nervensystems nach Verkehrs-, Sport- und Arbeitsunfällen im Bereich der Chirurgie und Arbeitsmedizin.

Das vorliegende Wörterbuch der klinischen Neurologie soll dazu dienen, dem Arzt eine rasche Begriffsbestimmung in der neurologischen Nomenklatur zu ermöglichen, wobei sinngemäß der Schwerpunkt auf dem Gebiet der klinischen Neurologie liegt. Syndrombezeichnungen, Begriffe der Neurophysiologie, Neuroradiologie, Psychiatrie, Inneren Medizin, Pädiatrie, Traumatologie und Pharmakologie sind in ihrem Bezug zur klinischen Neurologie aufgeführt.

Im Anhang ist als orientierende Hilfe der neurologische Untersuchungsablauf mit ergänzenden schematischen Zeichnungen dargestellt.

Mein besonderer Dank gebührt allen Beteiligten, vor allem Herrn Kiel und Herrn Werner sowie den Mitgliedern des wissenschaftlichen Beirats für ihre Unterstützung beim Zustandekommen dieses Buches.

F. Láhoda

Vorwort

Herausgeber und wissenschaftlicher Beirat dieses Wörterbuches der klinischen Neurologie haben erstmals eine Bündelung der wichtigsten klinischen Begriffe der Neurologie gewagt, ergänzt durch die Darstellung des neurologischen Untersuchungsablaufs und erläuternde Grafiken.

Besonders der niedergelassene Arzt für Allgemeinmedizin und der Internist stehen in ihrer täglichen Arbeit häufig Krankheitsbildern gegenüber, die ihre Ursachen in unterschiedlichen Entwicklungsformen unseres gesellschaftlichen Lebens haben. Dabei gewinnen Krankheitsbilder des peripheren und zentralen Nervensystems zunehmend an Bedeutung. Für den Arzt geht es darum, diese Erkrankungen frühzeitig und sicher zu erkennen und die geeignete Therapie einzuleiten.

Gemäß dem Firmengrundsatz »Wir helfen Ärzten helfen« möchte Nordmark die praktische Arbeit des Arztes auf diesem Gebiet unterstützen und hat deshalb die Erarbeitung des vorliegenden Wörterbuches gefördert. In diesem Sinne danken wir dem Herausgeber, dem wissenschaftlichen Beirat und dem Verlag für ihre ausgezeichnete Arbeit.

D. Wuppermann

Hinweise für den Benutzer

Um ein schnelles und sofort verständliches Arbeiten mit dem Wörterbuch der klinischen Neurologie zu gewährleisten, wurde soweit wie nur irgend möglich auf Abkürzungen verzichtet; es sei denn, sie gehören zum allgemeinen Sprachgebrauch. Ebenso wurde auf erklärungsbedürftige Kurzzeichen verzichtet. Somit ist auch ein Verzeichnis der Abkürzungen und Kurzzeichen nicht erforderlich.

In der Orthographie wurde nach Duden und Mackensen gearbeitet. Stichworte sind i. d. R. groß geschrieben, Adjektive als Stichwort klein geschrieben.

Bilden Adjektive mit Substantiven eine Einheit, so wurde allgemein zunächst das Substantiv als Stichwort genannt. Lateinische bzw. griechische Schreibweisen wurden durchgehend berücksichtigt; eingedeutschte Schreibweisen nur übernommen, soweit sie dem allgemeinen und dem fachlichen Sprachgebrauch entsprechen, auch wenn orthographische Wörterbücher eine nichteingedeutschte Schreibweise noch nicht empfehlen.

Die im Anhang befindlichen schematischen Darstellungen der wichtigsten Reflexe und der segmentalen Innervation korrespondieren mit entsprechenden Stichworten des Wörterbuches.

Die Wörterbuch-Redaktion

A

Abasia, Abasie: Gehunfähigkeit; oft mit Astasie kombiniert.

abatisch: gehunfähig.

Abbau der Persönlichkeit: Wesensänderung, oft mit Demenz (Affekt-, Antriebs-, Triebstörungen, Primitivierung); meistens irreparabel bei chronischer Hirnerkrankung, auch fortschreitendes Syndrom, z. B. Intoxikationen bei Alkoholismus.

Abblassung, temporale: typische weißliche Färbung der schläfenseitigen Hälfte der Sehnervpapille infolge teilweiser Atrophie; z. B. bei multipler Sklerose, bei chronischem Alkohol- und Tabakmißbrauch, Chininvergiftung, zu Beginn einer tabischen Optikusatrophie.

Abduktor-Opponens-Atrophie: isolierte Atrophie des M. abductor pollicis brevis und M. opponens, bei HWS-Osteochondrose, Karpaltunnelsyndrom.

Abduzenslähmung: teilweiser bzw. totaler Ausfall des VI. Hirnnerven (N. abducens) mit Ausfall des äußeren geraden Augenmuskels (M. rectus lateralis). Führt durch Ausfall/Störung der Abduktion des Augapfels zu Doppelbildern (verstärkt bei Versuch des Seitwärtsblickens) und zu Strabismus convergens bzw. Esophorie. Meist beidseitiger Muskelausfall bei Ausfall des Nervenkernes, d. h. Blicklähmung nach der geschädigten Seite. Vorkommen bei: Kernaplasie, Schädelbasisfraktur, Infektionskrankheiten, Intoxikationen, erhöhtem Hirndruck, Hirntumor.

Absence: kurzdauernde Bewußtseinsstörung mit nachfolgender Amnesie.

Abusus: Mißbrauch, am bekanntesten Analgetika- und Alkoholmißbrauch.

Acephalus, Akephalie: schwerste Mißbildung mit nur rudimentärem oder fehlendem Kopf; meist kombiniert mit weiteren Mißbildungen.

Achillessehnenreflex, ASR: Plantarflexion des Fußes durch Schlag gegen die Achillessehne entweder in Rückenlage oder im Knien; Eigenreflex über die Rückenmarksegmente L_5–S_2. Der gesteigerte Reflex gilt als Pyramidenbahnzeichen; der ASR ist aufgehoben oder abgeschwächt bei Störung im Reflexbogen (Frühsymptom bei Polyneuropathie).

Achromatopsie: Wahrnehmung nur farbloser Bilder (wie vom Gesunden in der Dämmerung). Durch erworbene Störung im Sehapparat (Monochromasie, Zapfen-Farbenblindheit) oder als Symptom hereditärer Zapfenblindheit (Achromasie).

Achsenorgan: Wirbelsäule mit Bandapparat, Gelenkverbindungen, Rückenmuskulatur und den nervalen Elementen.

Acranius: Fehlbildung, Fehlen des Schädeldaches.

ACTH-Psychose: Cortisonpsychose.

Adams-Stokes-Syndrom: entspricht dem A.-St.-Anfall, durch Herzrhythmusstörung ausgelöste Hypoxie des Gehirns.

Adaptationsstörung: mangelhafte Hell-Dunkel-Adaptation bei tabischer Optikusatrophie.

Adduktorenreflex: Adduktion des Oberschenkels durch Kontraktion der Adduktoren. Auslösung: bei leichter Adduktion des Beines Schlag auf den Epicondylus medialis femoris. Segment L_3/L_4.

Adduktorenspasmus: oft Folge perinataler Hirnschädigung (siehe Little-Syndrom); erhöhte andauernde Spannung der Beinadduktoren, Knie und Oberschenkel aneinandergepreßt (sogar überkreuzt), Innenrotation der Beine.

Adenome: siehe Hypophysentumor.

Adhäsionssyndrom, neuroenterochordales: Mißbildungen kombiniert an Wirbelsäule (Rhachischisis), Verdauungstrakt (Divertikel, Doppelbildungen) und Zentralnervensystem (z. B. Hydrozephalus) vorkommend.

Adiadochokinese, Dysdiadochokinese: Unfähigkeit, schnell wechselnde Willkürbewegungen rhythmisch schnell und geordnet auszuführen; vor allem bei Kleinhirnerkrankungen.

Adie-Syndrom (William, J. A., 1886–1935, englischer Neurologe): konstitutionelle Areflexie, Pseudo-Argyll-Robertson-Syndrom, Pseudotabes pupillotonica: eine Anomalie der Pupillenreaktion, kombiniert mit Reflexstörungen (Areflexie bzw. Hyperreflexie) der unteren, selten der oberen Gliedmaßen, auch kombiniert mit Störungen autonomer bzw. vegetativer Nerven; Ätiologie ungeklärt.

Adipsie: fehlendes Durstgefühl.

Adrenalin-Mydriasis: Erweiterung der Pupille durch Adrenalinwirkung.

adrenergisch: wirkt wie Adrenalin sympathikoton, -mimetisch oder gemeinsam mit Noradrenalin und anderen Catecholaminen (als Neurotransmitter) auf Adrenalin ansprechend (Gegensatz: cholinergisch).

Adrenomimetika: siehe Sympathikomimetika.

Adversivanfall: koordinierte Blickbewegung mit Kopf- und Körperwendung vom Herd des zerebralen Anfalles weggerichtet.

Adversivepilepsie, Adversivkrämpfe: bei überwiegend erhaltenem Bewußtsein durch Reizung oder Läsion des präzentral im Stirnhirn gelegenen »Adversivfeldes« auftretender Anfall mit ruckartiger Drehung des Kopfes zur Herdgegenseite.

Adynamia, Adynamie: Kraftlosigkeit, z. B. bei ADDISON-Krankheit.
- **A., affektive:** A. bei Narkolepsie.
- **A. episodica hereditaria:** GAMSTORP- Syndrom.
- **A., periodische:** schlaffe Lähmung bei Hyper- und Hypokaliämie.

A-Enzephalitis: Encephalitis epidemica.

Ästhesiometer: zirkelähnliches Gerät zur Prüfung des Tast- und Berührungssinnes.

Ästhesioneuroblastom: langsam wachsende bösartige Geschwulst der Olfaktoriusnerven. Symptome: einseitige Nasengangverlegung, Rhinorrhoe, Tränenfluß, Geruchsverlust.

Affektepilepsie: durch Affekte ausgelöster epileptischer Anfall.

affektiver Tonusverlust: bei erhaltenem Bewußtsein Tonusverlust von Muskelgruppen als Folge eines Affektes.

Affektkrämpfe: durch Gemütsbewegungen hervorgerufene Lach-, Schrei-, Weinkrämpfe.
- **A., respiratorische:** bei Kleinkindern, »Weinkrämpfe«, Krampf, Bewußtlosigkeit mit kurzem Atemstillstand, Zyanose. Besonders bei psychopathischer Anlage.

Affektlabilität: mit schnellem Stimmungswechsel verbundene seelische Überreaktion z. B. bei Hirnerkrankungen.

Affenfurche, Vierfingerfurche: vom ellen- bis zum speichenseitigen Rand reichende, durchgehende Linie als Verschmelzung der Linea mensalis und Linea cephalica; Symptom bei DOWN-Syndrom.

Affenhand: Zustand nach Medianusschädigung mit charakteristischer Parese des M. O. pollicis.

afferens, afferent (latein.): zuführend.

Afferenz: der zum Zentralnervensystem weitergeleitete Reiz sowie die entsprechende Nervenleitungsbahn vom peripheren nervösen Empfindungsorgan zum Zentralnervensystem.

aganglionär: siehe Aganglionosis.

Aganglionosis: Fehlen von Ganglienzellen, z. B. als »aganglionäres Darmsegment«, im unteren Dickdarm bei Megacolon congenitum (HIRSCHSPRUNG-Krankheit).

Ageusie: Geschmacksverlust.

Aglossie: Fehlen der Zunge, sehr seltene Mißbildung.

Agnesia, Agnesie: Fehlbildung z. B.:

– **A. corporis callosi:** Balkenmangel,

– **A. corticalis:** Hirnrinden- bzw. Pyramidenzellenmangel; als Ursache der infantilen zerebralen Paralyse, Idiotie.

Agnosie, agnostische Störung: Störung des Erkennens bei erhaltener Funktion der sensiblen Neurone.

– **A., akustische, Amnesia, Aphasia auditoria s. acustica:** »Seelentaubheit«; Töne und Geräusche werden gehört, können aber nicht identifiziert werden; z. B. bei beidseitigen Schläfenhirnherden.

– **A., optische, A., visuelle:** die »Seelenblindheit«; Gegenstände werden »gesehen«, aber nicht erkannt, meist bei beidseitigen Herden in der »Sehrinde« des Okzipitallappens; als Unterformen z. B. Objekt-, Vorstellungs-, Symbol-, Simultanagnosie.

– **A., pragmatische:** die Pragmatagnosie.

– **A., taktile:** Tastagnosie, Astereognosie.

Agrammatismus: Unfähigkeit zur Herstellung richtiger grammatikalischer Beziehungen beim Sprechen; Worte werden einfach aneinandergereiht; z. B. während der Rückbildung einer Aphasie, Schwachsinn, oft kombiniert mit Perseveration, Stereotypie.

Agraphie: Unfähigkeit zu schreiben trotz Intaktheit der Motorik und des Intellektes; als Herdsymptom (des Gyrus angularis) eine Sonderform der Apraxie und meist mit aphasischen Störungen kombiniert.

Agrypnie, Insomnia: Schlaflosigkeit.

Agyrie, Agyrismus: das Fehlen der Großhirnwindungen, Fehlbildung, Anomalie der Windungsbildung, glatte Hirnoberfläche mit andeutungsweise erkennbaren Primärfurchen.

Ahornsirup-Krankheit, Valin-Leucin-Isoleucinurie: autosomal-rezessiver Stoffwechseldefekt durch α-Ketosäuredecarboxylase-Mangel. Früher Beginn im Säuglingsalter,

Tod nach wenigen Wochen. Symptome: Entwicklungsstillstand, Trinkschwäche, Krämpfe, Muskelsteifheit, Ophthalmoplegie, Hypertonie, Erbrechen, Geruch des Harns nach Ahornsirup, Karamel, Maggi oder Lakritze. Diagnose durch Nachweis von Leucin, Isoleucin und Valin im Blut bzw. von α-Ketosäurederivaten im Harn. Therapie: Thiamin und Vermeidung von verzweigtkettigen Aminosäuren in der Nahrung.

Ahylognosie: Identifikationsstörung, durch Anfassen, Betasten, Kneten wird Art des Materials nicht erkannt.

Akalkulie: Störung im Parietalhirn, der Kranke kann bei erhaltener Intelligenz keine, auch nicht einfachste Rechenaufgaben lösen.

Akanthästhesie: Mißempfindung: »wie von Nadeln gestochen«.

Akataphasie: Ideen, Gedanken können nicht zusammenhängend ausgesprochen werden.

Akathisie: Sitzunruhe, dabei vorübergehende Erleichterung durch Bewegung. Extrapyramidalmotorisches hyperkinetisches Symptom bei PARKINSON-Krankheit und während der Behandlung mit Neuroleptika. Therapie: Biperiden.

Akinesia, Akinesie, Akinese: meistens extrapyramidale Störung, Bewegungshemmung, Bewegungsarmut bis zur Bewegungslosigkeit.

akinetisch-abulisches Syndrom: Verminderung des Antriebs und des Willens sowie der Spontanbewegungen als Nebenwirkung von Psychopharmaka.

akinetisch-hypertones Syndrom: Erkrankung des Pallidum mit Rigor und Verminderung der Spontanbewegung.

Akkommodationslähmung: Paresen, Paralyse, doppel- oder einseitig, ohne und mit Pupillenbeteiligung. Unfähigkeit des dioptrisch normalen Auges, nahegelegene Objekte scharf auf die Netzhaut abzubilden; z. B. Schädigung der Hirnbasis oder im Kerngebiet.

Aknephaskopie: verminderte Fähigkeit des Dämmerungssehens.

Akoasma: akustische Halluzination (Dröhnen, Zischen, Wispern, Knallen, Poltern, Donnern usw.) bei Schizophrenie, epileptischer Aura.

Akranie: Fehlbildung mit vollständigem oder teilweisem Fehlen des Schädels.

Akrenzephalon: das Vorderhirn, Telenzephalon.

Akroanästhesie: selten mit Akroparästhesien kombinierte Sensibilitätsstörung der Finger- und Zehenspitzen, oft Folge einer Polyneuropathie oder einer Durchblutungsstörung.

Akrognosie: bei Rückenmark- und peripheren Schäden verminderte oder aufgehobene Fähigkeit, zwischen »stumpf« und »spitz« zu unterscheiden.

Akrohyperhidrose: an Händen und Füßen vermehrte Schweißsekretion (Hyperhidrose), vor allen Dingen als Symptom bei Hyperthyreose und vegetativen Neuropathien.

Akrokranie: »Hochspitzschädeligkeit«.

Akromegalie: durch Hypophysentumoren verursachte grobe, entstellende Vergrößerung der Gesichtsschädelstrukturen sowie der Hände und Füße.

Akroparästhesie: Sensibilitätsstörungen (Kribbeln, Schmerzen, Taubheits-, Pelzigkeitsgefühl) an Händen und Füßen bei peripheren Neuropathien oder infolge vasomotorischer Störungen (z. B. bei Zervikal-, Skalenussyndrom).

Akropathie, ulzerierende: familiär auftretende Geschwürsbildung an den Akren der unteren Extremitäten in Kombination mit gleichzeitigen Störungen der distalen peripheren Sensibilität.

Aktionsstrom: registrierbare Potentialschwankungen bei Aktivierung eines Neurons.

Aktographie: graphische Darstellung von Bewegung.

Akupunktur: altchinesische Methode, durch Stichreiz über besondere Punkte Krankheiten zu beeinflussen bzw. Schmerz zu lindern. Findet außerhalb Chinas auch zur Schmerztherapie und zur Narkose Verwendung.

Akureyri-Krankheit: epidemisch vorkommende Muskelschmerzen, meistens bei weibl. Jugendlichen nach ca. 8 Tagen Inkubationszeit, in Island 1948/49 erstmals beschrieben (epidemische »Neuromyasthenie«).

Akustikusneurinom: Neurinom im Kleinhirnbrückenwinkel am Nervus stato-acusticus. Symptome: Hirndruckerhöhung, Hör- und Gleichgewichtsstörungen, EEG-Veränderungen, Ohrgeräusche wie Sausen, Pfeifen, Rauschen.

akustisch: alles was die Schallwahrnehmung durch das Gehör betrifft.

ALAJOUANINE-Syndrom (THÉOPHILE A., 1890–, französischer Neurologe): erblich übertragene doppelseitige zentrale Fazialis- und auch Abduzensparese, doppelseitiger Klumpfuß. Familiäres Vorkommen. Besondere Form des MOEBIUS-Syndroms.

Alalia, Alalie: Unvermögen artikulierter Lautformung.

- **A. idiopathica:** Hörstummheit.
- **A. organica:** Funktionsminderung der Hirnnerven VII, IX, X und XII.

Alexander-Syndrom: tödliche Hirnerkrankung, frühkindliche megalenzephale progrediente Form einer Leukodystrophie mit Speicherungsvorgängen. Beginn in den ersten Lebensmonaten. Symptome: Fieber, Krampfanfälle, Hydrozephalus, Makrozephalus, Optikusatrophie, Exitus nach Enthirnungsstarre bzw. spastischer Tetraplegie.

Alexia, Alexie: Unfähigkeit zu lesen. - **A., literale:** Unfähigkeit, Buchstaben zu erkennen, Sehvermögen erhalten.
- **A., verbale:** Unfähigkeit, Wörter zu erkennen; bei Herdstörung im Gyrus angularis (mit Störung der Verbindung, entspricht Diskonnektion zum Okzipitalhirn, entspricht subkortikale A.).
- **A., sensorische:** »Lesestörung bei sensorischer Aphasie«; A. durch Verlust der Wortklangerinnerung; als Temporallappen-Symptom.

Algesia, Algesie: Schmerzhaftigkeit; siehe Hyperalgesie.

Alg(es)imetrie: Messung der Schmerzempfindung mit einem Spezialgerät (Algesimeter); objektive Zeichen sind Änderungen von Atemfrequenz, elektrischem Hautwiderstand, Pupillenweite (»Algopupillometrie«), Herz-, Blutdruck usw. Die entsprechende subjektive Schmerz-Einheit ist das »dol«.

Algodystrophie-Syndrom: Nach Behandlung mit hohen Dosen von INH auftretende Schmerzhaftigkeit zahlreicher Gelenke (Polyarthropathie) mit trophischen und vegetativen Störungen. Rheumatest negativ. Rückbildung nach Absetzen von INH.

Aliquorrhö: Mangel bzw. mangelnde Produktion von Liquor cerebrospinalis mit »Liquorunterdruck-Syndrom«, bei Punktion kein oder sehr geringer Liquorausfluß. Als spontanes (ätiologisch unklares) und als Sekundärgeschehen (z. B. nach Operationen, Schädeltraumen).

Alkoholabusus: Alkoholmißbrauch, siehe Alkoholismus.

Alkoholamblyopie: Schwachsichtigkeit (Amblyopie) durch Alkoholabusus,toxische Schädigung des makulopapillären Bündels des Sehnervs und der Netzhautganglienzellen.

Alkoholembryopathie: Fehlentwicklung der Leibesfrucht bei Alkoholismus der Frühschwangeren. Prä- und postnatale Wachstumsverzögerung, Fehlbildungen (Blepharophimose, Lidptose, Mikrozephalie, Kleinheit des Oberkiefers), Störung der psychomotorischen und geistigen Entwicklung.

Alkoholepilepsie: epileptische Anfälle (auch Temporalanfälle und Absenzen) bei akuter Alkoholintoxikation oder chronischem Alkoholmißbrauch.

Alkoholiker, Alkoholkranker: gewohnheitsmäßiger, exzessiver Trinker mit psychischer und physischer Abhängigkeit.

α-Typ: Konflikttrinker; mit noch vorübergehender psychischer Abhängigkeit und daher Fähigkeit zu Abstinenz.

β-Typ: Gelegenheitstrinker; nicht regelmäßiger, aber nicht seltener übermäßiger Alkoholkonsum, körperliche Komplikationen.

γ-Typ: mit physischer und später folgender psychischer Abhängigkeit; erhöhte Toleranz, Wesensänderung, Entzugssymptome, soziale Schäden; so auch der δ-Typ, außerdem Unfähigkeit zu Abstinenz.

δ-Typ: episodischer Alkoholexzeß.

Alkoholismus, chronischer: periodischer oder ständiger Alkoholabsusus. Führt häufig zu seelischen Schäden und sozialem Abgleiten und zu chronischen körperlichen Giftwirkungen wie Vitamin-, Elektrolyt-, Eiweißmangelzuständen, Alkoholdepravation, -gastritis, -myelo- und -polyneuropathie (siehe Alkoholpolyneuropathie), -psychose, -tremor.

Alkoholpolyneuropathie: periphere Neuropathie bei chronischem Alkoholismus: Motorische und sensible Lähmungen, meistens symmetrische Ataxie (»alkoholische Pseudotabes«); evtl. Hirnnervenbeteiligung.

Alkoholrausch, pathologischer: Symptome: Sinnestäuschungen, Dämmerzustand, Enthemmung (mit persönlichkeitsfremden Handlungen, Gewalttaten [»agitierter A.«]). Stadium des Vollrausches mit Störung der Halte- und Zielmotorik, Koma.

Alkoholtremor: Tremor bei chronischem Alkoholismus (vor allem Händezittern als Ruhe-, Intentionstremor). Teilsymptom des Alkoholdelirs.

All(ach)ästhesie: Unvermögen der räumlichen Einordnung von Temperatur-, Berührungs- oder Schmerzreizen; z. B. bei Tabes dorsalis.

– **A., akustische:** Beeinträchtigung des Richtungshörens durch Hördauer- oder Tonhöhendifferenzen zwischen linkem und rechtem Ohr.

Alloch(e)irie: Sensibilitätsstörung, bei der Schmerz-, Berührungs- oder Temperaturreize am symmetrischen Punkt der anderen Hand (oder Fuß) empfunden werden; z. B. bei Tabes dorsalis, aber auch psychogen.

Allokinese: Orientierungsstörung am eigenen Körper, unbeabsichtigte Zielbewegung einer Gliedmaße anstelle der beabsichtigten Bewegung des symmetrisch entsprechenden

Körperteils; z. B. beim GERSTMANN-Syndrom.

Alpha-Blockade, Blockierung: Unterdrückung des α-Rhythmus im EEG durch Sinnesreize/BERGER-Effekt).

Alpha-Rhythmus: rhythmische Folge von α-Wellen, siehe EEG.

Alphawellen, BERGER-Wellen: Wellenform des EEG; mit der Frequenz 8–13/sec und Spannungshöhe 25–100 μV.

ALS: 1) Anti**l**ymphozyten**s**erum.
2) amyotrophische **L**ateralsklerose.
3) δ-Aminolävulinsäure.

Altersdemenz: Abbau intellektueller Fähigkeiten im höheren Lebensalter.

Alterspsychose: Endpsychose im höheren Lebensalter.

Altersschwäche, Marasmus senilis: der geistige, körperliche Abbau im Alter; Symptome: allgemeine Schlaflosigkeit, Starrsinn, Verlust des Neugedächtnisses, verzögerte Rekonvaleszenz, Bewegungsverarmung, allgemeine Abwehrschwäche.

Altersschwerhörigkeit: Presbyakusis.

Altgedächtnis: das Langzeitgedächtnis.

ALZHEIMER-Krankheit, -Syndrom (ALOIS A., 1864–1915, deutscher Neurologe): progressive, siehe Dementia (DAT), Senile Demenz vom Alzheimer Typ (SDAT), kortikale und subkortikale Atrophie von Hirnregionen vom ca. 50. Jahr an auftretend, mit zunehmender Verblödung (Demenz) bei relativ lang erhaltener Gemütsansprechbarkeit; ferner treten als (verwaschene) Herdsymptome Apraxie, Aphasie und Logoklonie auf.

Amaurose: Blindheit, verursacht durch Eklampsie, Pseudourämie und Neuritis nervi optici.

Ambidexter: Person ohne Bevorzugung der linken oder rechten Hand.

Ameisenlaufen: Sensibilitätsstörung (Par- bzw. Dysästhesie) in Form von Kribbeln; bei Neuritis, vasomotorischen Störungen.

Amimie: Störung der extrapyramidalen Motorik mit mimischer Starre, z. B. als »Maskengesicht« beim PARKINSON- Syndrom.

Amnesie: Gedächtnisstörung bzw. -lücke nach Bewußtlosigkeit, vor allem infolge vaskulärer hirnorganischer Prozesse und nach Unfällen; anterograde A.: Zeitraum nach der Bewußtlosigkeit betreffend, retrograde A.: Zeitraum vor der Bewußtlosigkeit betreffend.

Amnestisches Syndrom: vorübergehende Gedächtnisstörung bzw.

-lücke bei chronischem (siehe) Alkoholismus und bei Zerebralsklerose.

Amöbenmeningoenzephalitis: Meningoenzephalitis durch Amöben der Gattung Hartmannia oder Naegleria.

Amoss-Dreifußzeichen (Harold L. A., 1886–1957, amerikanischer Internist): Sitzhaltung, Abstützen beider Arme nach hinten – seitlich als Hinweis auf Meningitis (aber auch bei Wirbelsäulenschmerzen).

Amputationsneurom: bei überschüssiger regelloser Neurofibrillenregeneration mit Bindegewebsbildung im Narbenbereich nach Gliedmaßenamputation oft kombiniert mit (siehe) Phantom- und Stumpfschmerzen.

Amputationstäuschung: Phantomglied.

Amusie: Unvermögen, Tonfolgen zu erfassen (sensorische A.), zu singen oder zu spielen (motorische A.) oder Noten zu verstehen (musikalische Alexie, »Notenblindheit«); oft mit sensorischer oder motorischer (siehe) Aphasie kombiniert.

Amyotonie: siehe Myatonie.

Anästhesie: Anaesthesia, Sensibilitätsstörung, Unempfindlichkeit gegenüber somato- und viszeral-sensiblen Reizen, Ausfall der Berührungsempfindung, auch als Erkrankungsfolge oder infolge Schmerzausschaltung.

– **A. dolorosa:** Ausfall der Oberflächensensibilität mit quälenden örtlichen Schmerzen.

Anakusis: erworbener oder angeborener Gehörverlust durch Schädigung des Hörnervs oder des Corti-Organs.

Analgesia, Analgesie, Analgie: Aufhebung der Schmerzempfindung durch verminderte Schmerzleitung oder aber durch künstliche Leitungsblockade der Schmerzbahn bzw. durch Ausschaltung der Schmerzzentren.

Analgesien, viszerale: Aufhebung der viszeralen Schmerzempfindung bei Tabes dorsalis.

Analgetika: schmerzstillende oder -lindernde Arzneimittel. Mögliche Einteilung in zentral oder peripher, stark oder schwach wirkende oder nach dem pharmakodynamischen Angriffspunkt.

Analgia, Analgie: Schmerzlosigkeit; siehe Anästhesie.

– **A. congenita:** angeborenes Fehlen der Schmerzempfindung und der Schmerzreaktionen bei normaler Reflexerregbarkeit.

Analreflex: reflektorische Kontraktion des Musculus sphincter ani bei taktilem Reiz am After.

Anarthrie: unartikuliertes Sprechen von Wörtern (verbale A.), Buchstaben (literale A.) oder Silben (syllabare A.) bis zu unverständlichem Lallen, auch als Stottern bezeichnet. Bei Innervationsstörungen, z. B. bei der (Pseudo-)Bulbärparalyse, wobei die für die Sprache verantwortlichen Hirnbezirke intakt sind.

Anenzephalie: Hirnfehlbildung mit vollständigem Fehlen oder Fehlen großer Teile der Großhirnhemisphären, der Neurohypophyse, des Zwischenhirns und des Schädeldaches. Kopf wie in Höhe der Schädelbasis abgeschnitten. Vermutete Ursache: Fieber oder Hyperthermie in der 3. bis 4. Schwangerschaftswoche.

Anerythrop(s)ie: Rotblindheit.

Aneurin: siehe Vitamin B_1 (Thiamin).

Aneurysma, zerebrales: abnorme, lokalisierte, in der Größe verschiedene Ausweitung eines zerebralen arteriellen Gefäßes, vor allem die A. cerebri ant. und A. media betreffend.

Anfälle, zerebrale: siehe Epilepsia.

Anfall: epileptischer, ischämischer, zerebraler Anfall. Bei epileptischen Anfällen unterscheidet man fokale Anfälle und generalisierte Anfälle. Siehe Epilepsia.

Anfallsäquivalente: Dämmerungszustände, die an Stelle eines generalisierten zerebralen Krampfanfalles auftreten können.

Anfallsserie: epileptische Anfälle mit erhaltenem Bewußtsein im Intervall.

Angioblastom: abnorme, lokalisierte Gefäßgeschwulst im Bereich des Rückenmarks, des Gehirns und des Kleinhirns, hier als LINDAU-Tumor.

Angiographie, zerebrale, spinale: siehe Arteriographie.

Angiom: siehe Angioblastom.

Angiosarkom: siehe Sarkom.

Angiospasmus, zerebraler: pathologische spastische Verengung der zerebralen Arterien vor allem nach (siehe) Subarachnoidalblutung.

Angularis-Syndrom: siehe GERSTMANN-Syndrom.

Anisokorie: links und rechts verschiedene Weite der Pupillen bei einseitiger Mydriasis oder Miosis. Bei HORNER-Symptomenkomplex, als Frühsymptom bei Neurosyphilis; Traumafolge, Synechien, bei einseitiger Lähmung des Musculus sphincter oder Musculus dilatator pupillae.

Anorexia, Anorexie: Magersucht.
– **A. nervosa:** organisch unbegründete, endogene, auf psychischer Fehlhaltung beruhende Appetitlosigkeit, die zu einer eventuell tödlichen Kachexie führt.

Anosmie: Verlust des Geruchssinns für aromatische Riechstoffe (elektive A., Merosmie).

– **A., gustatorische:** A. bei fehlendem Luftstrom vom Mund (von den Geschmacksrezeptoren) her; bei Verlegung der Choanen.

– **A., periphere:** A. bei Schädigung des Riechepithels oder nach Abriß, bei Aplasie der Riechnerven, auch als respiratorische A. (durch Verlegung des oberen Nasenganges) oder als gustatorische A.

– **A., zentrale:** A. bei Bildungsfehlern oder Schädigung des Bulbus olfactorius, der zentralen Bahnen oder der Zentren des Geruchssinnes.

Anosognosie: Unvermögen, eigene Funktionsausfälle zu erkennen. Symptom einer Hirnschädigung (z. B. durch Apoplexie).

Antiepileptika: siehe Antikonvulsiva.

Antikonvulsiva: Medikamente zur Behandlung epileptischer Anfälle.

Antikus-Lähmung: Lähmung des M. cricothyreoideus, z. B. verursacht durch postdiphtherische Neuropathie des Nervus laryngeus superior; Zeichen: Verlust der Höhe und Stärke der Stimme, schlaffer Stimmlippenrand, Unempfindlichkeit entspr. Anästhesie von Kehlkopf und Schlund (mit Ausfall des Husten-, Würgreflexes), fehlender Kehldeckelschluß (führt zu Verschlucken).

Antileprotika: Medikamente zur Behandlung der Lepra.

Antineuralgika: siehe Analgetika.

Anton-Babinski-Syndrom: halbseitiges Nichterkennen des eigenen Körpers und seiner Ausfälle bei Scheitel- und Schläfenhirnläsion, Hemiasomatognosie.

Apalliker: Patient im Coma vigile.

apallisches Syndrom: Dezerebrationssyndrom, Funktionsausfall des Hirnmantels.

Apastie: durch Psychose bedingte Nahrungsverweigerung.

Apathie: Teilnahmslosigkeit gegen äußere Eindrücke, mangelnde Gefühlsansprechbarkeit.

Aphagie: Unvermögen zu schlukken oder zu essen; auch psychogenes Phänomen (siehe Apastie) bei Schlingkrämpfen und Schmerzhaftigkeit des Kauens (Aphagia algera; z. B. bei Glossopharyngeus-, Trigeminus-Neuralgie).

Aphasia, Aphasie, Aphemie: Sprachstörung bei erhaltener Funktion der zum Sprechen benötigten Muskulatur; eine sogenannte Hirnwerkzeugstörung, beruhend auf einer Herdschädigung in der dominanten Großhirnhemisphäre (vor allem der Präzentral-, Schläfen-, Inselregion).

– **A., amnestische, transkortikale motorische A.:** »Wortvergessenheit«; Wortfindungsstörung bei erhaltenem Sprach- und Begriffsverständnis und bei intakter Spontansprache; fehlende Namen und Wörter werden - auch beim Schreiben - umschrieben (»Ersatzstrategie«). Angedeutet bei Aufregung und Ermüdung, ständig ausgeprägt bei Herden im unteren Scheitellappen, z. B. bei seniler Demenz, Hirnsklerose, progressiver Paralyse.

- **A., globale:** Sprachbeschränkung auf Lautautomatismen; infolge Störung der gesamten Sprachregion des Gehirns, z. B. bei Apoplexie.

- **A., kortikale:** 1) A., kortikale motorische, BROCA-Aphasie: Sprachversagen bei Schädigung des motorischen Sprachzentrums; Spontansprache, Verlust des Reihen- und Nachsprechens; das Sprachverständnis ist gestört wegen Störung der inneren Sprache; Störungen als Paraphasien (auch beim Lesen und Schreiben). 2) **A., kortikale sensorische, BASTIAN-WERNICKE-KUSSMAUL-Aphasie:** Beeinträchtigung der »inneren Sprache«, des Schreibens und des Leseverständnisses mit Unfähigkeit zum Nachsprechen; Verlust der Kontrolle der Spontansprache mit Redefluß, Sprachstörung in Form literaler, verbaler und syllabärer Paraphasien; infolge Schädigung im sensorischen Sprachzentrum.

- **A., subkortikale:** 1) A., subkortikale motorische: »reine Wortstummheit« bei erhaltener »innerer Sprache«; 2) A., subkortikale sensorische: »reine Worttaubheit«; bei intakter »innerer Sprache« sind Lesen und Spontanschreiben möglich.

- **A., transkortikale:** die sogenannten LICHTHEIM-Formen der motorischen bzw. sensorischen A. durch Schädigung zentraler Bahnen.

Aphonie: Stimmlosigkeit, und zwar als Lähmungsfolge, bei Krampfzuständen oder Tumoren der Sprechorgane sowie durch psychische Traumen.

Aphrasie, Alogie: Unvermögen der Satzbildung, z. B. im Rückbildungsstadium einer motorischen Aphasie oder als Psychose-Symptom (Aphrasia paranoica).

Apoplexia, Apoplexie: nicht näher definiertes akutes zerebrovaskuläres Syndrom mit umschriebenen zerebralen Funktionsstörungen, oft schlagartig auftretend. Heute allgemein differenziert in Hirninfarkt und Hirnhämorrhagie.

Apraxia, Apraxie: Unfähigkeit, bei erhaltener Beweglichkeit zu handeln, d. h. die beweglichen Körperteile zweckmäßig zu bewegen.

- **A., ideatorische:** Entgleisung des gesamten Handlungsablaufs.

- **A., ideokinetische:** Beschränkung der Bewegungsstörung auf die befallenen Gliedmaßen, z. B. kann der Patient mit der linken Hand einen Schraubenzieher benutzen, nicht aber mit der rechten.

– **A., gliedkinetische:** ungeschickte Bewegungsabläufe, ähnlich ataktischen Störungen. Bei regelrecht durchgeführter Differentialdiagnose (z. B. neurologische Funktionsausfälle, psychische Veränderungen) sehr selten.

Apselhaphesie: Ausfall des Tastsinnes.

Aquäduktstenose: Verengung des Aquaeductus cerebri zwischen 3. und 4. Ventrikel mit nachfolgender Liquorzirkulationsstörung infolge entzündlicher Prozesse, Tumoren oder Mißbildungen mit nachfolgendem (siehe) Hydrozephalus.

Aquäduktverschluß: Verschluß des Aquaeductus cerebri durch entzündliche und tumoröse zerebrale Prozesse mit lebensbedrohender Liquorabflußstörung und (siehe) Hydrozephalus.

Arachnitis, Arachnoiditis: Entzündung der Arachnoidea des Gehirns oder des Rückenmarks, bakterieller oder traumatischer Ursache. Symptome: Reizzustände der Spinalnervenwurzeln (siehe Radikulitis) bzw. Hirnnerven, Liquorblockade, Querschnittslähmung. Auch als seröse optikochiasmatische A. mit Chiasma-Syndrom.

Arachnoidea: Spinnwebenhaut, bindegewebig, zart, gefäßarm, bedeckt Furchen und Windungen des Gehirns und des Rückenmarks (A. encephali, A. spinalis). Die A. grenzt den über ihr gelegenen kapillaren Subdural- von dem Subarachnoidalraum ab. Mit der Pia mater zusammen bildet die A. die Leptomeninx (weiche Hirn- und Rückenmarkshaut).

Aran-Duchenne-Krankheit: Typ der siehe Spinalen progressiven Muskelatrophie.

ARBO-Viren, Arboviren, Arthropode-borne viruses: Bisher mehr als 300 Virusarten dieser Gruppe werden hauptsächlich von Arachnoidea (Spinnentieren) und Hexapoden (Insekten) übertragen. Gemeinsames Merkmal sind die Überträger: Spinnen, Stechmücken und Zecken. Symptome der Erkrankungen: Enzephalitis, Myelitis, Blutungen, Fieber. Keine kausale Therapie. Ausrottung der Überträger stellt die einzig mögliche Prophylaxe dar. Bei einigen A. konnte Immunität nachgewiesen werden, bei Gelbfieber Impfung möglich. Bekannte Arboviren sind besonders die Familien Bunyaviridae mit der Gattung Bunyavirus, Reoviridae mit der Gattung Orbivirus, Rhabdoviridae mit der Gattung Lyssavirus und die Togaviridae mit den Gattungen Alphavirus oder Gruppe A und Flavivirus oder Gruppe B. Arbovirusinfektionen kommen besonders in den Tropen vor.

Arbovirus-Enzephalitis: durch Arboviren hervorgerufene und durch Arthropoden übertragene Enzephalitiden in den Tropen und in den gemäßigten Zonen z. B. durch Stechmükken und Zecken übertragen, z. B.: Frühsommer-Enzephalitis, östliche und westliche Pferde-Enzephalitis.

arc de cercle (franz.: Kreisbogen): Dorsalflexion des Körpers durch Opisthotonus, Körper wird in der Mitte emporgehoben unter Stützung durch Hinterkopf und Fersen z. B. bei psychogenem Anfall, im Narkose-Frühstadium.

Archizerebellum: Lobulus flocculonodularis, notwendig für das Gleichgewicht, über Regulierung des Muskeltonus im Ablauf vestibulärer Reflexe. Phylogenetisch ältester Kleinhirnanteil.

Areflexie: Ausfall der normalen Reflexe (vor allem der Eigenreflexe); z. B. bei Polyneuropathie (Frühsymptom: Abschwächung oder Ausfall des ASR), Tabes dorsalis.

Argyll-Robertson-Phänomen: bei verschiedenen Erkrankungen des ZNS auftretende reflektorische Pupillenstarre. Symptome: Anisokorie, oft auch Entrundung der Pupille, Aufhebung des direkten und konsensuellen Lichtreflexes der Pupille bei erhaltenem Reflex auf Akkomodation und Konvergenz, verminderte oder fehlende Pupillenreaktion auf psychische und sensorische Reize, absolute oder relative Miosis. Vorkommen der gleichen Pupillenveränderungen bei chronischem Alkoholismus, traumatischer Hirnläsion, epidemischer Enzephalitis, Wernicke-Syndrom, zerebraler Arteriosklerose, Vierhügel-Syndrom, Parinand-Syndrom und Epiphysentumoren.

Armplexuslähmung:

	Bezeichnung/ Symptom	Segment
obere A.	Erb- o. Erb-Duchenne-Lähmung	$C_4 - C_6$
mittlere A.	Parese: Heben der Hand, Strecken der Finger	$C_5 - C_7$
untere A.	Klumpke- o. Déjerine-Klumpke-Lähmung, Parese der Fingerbewegungen, auch mit Horner-Symptomenkomplex kombiniert	$C_{8(7)} - Th_1$

Ursachen: Motorradunfälle, Geburtstraumen, nach Serumkrankheit, Röntgenbestrahlung.

Armtonus-Reaktion: Vorhalteversuch: bei Störungen im Kleinhirn langsames Absinken des einen und eventuelle Anhebung des anderen Arms, bei mit geschlossenen Augen vorgestreckten, mit der Handfläche nach oben gehaltenen Armen.

ARNOLD-CHIARI-Syndrom (JULIUS A., 1835–1915, deutscher Pathologe; HANS CH., 1851–1916, deutscher Internist): Hemmungsmißbildung des Kleinhirns, die sekundär zu einer zapfenartigen Verdrängung des dorsalen Teiles der Medulla oblongata nach unten und zu Störungen der Liquordynamik und zu einem Hydrozephalus führt. Außerdem: Ataxie, Nystagmus, Lähmungen auch von Hirnnerven, Spasmen, tetanoide oder epileptiforme Krampfanfälle.

Arousal reaction: durch Sinnesreize hervorgerufene Nachreaktion mit EEG-Veränderungen.

A(r)rhinenzephalie: Fehlbildung des Riechhirns (gelegentlich einschließlich der Bulbi olfactorii); kombiniert mit medianer Lippen-Kiefer-Gaumenspalte.

Arteriitis temporalis: Riesenzellarteriitis, HORTON-Syndrom, deutlich tastbare schmerzhafte Verdickung der A. temporalis, bedrohlich rasch fortschreitend und auch häufig auf die A. ophthalmica und intrakranielle Gefäße übergreifend.

Arteriographie: zerebrale und spinale Röntgenkontrastdarstellung der Hirn- und Rückenmarksgefäße.

Arthropathie, neurogene: Gelenkveränderungen auf Grund gestörter neurogener trophischer Funktion, besonders eindrucksvoll bei Tabes dorsalis.

Asomnia, Asomnie: Schlaflosigkeit.

ASR: Abkürzung für (siehe) **A**chillessehnen**r**eflexe.

Astasie: Unvermögen, normal zu stehen. Kombiniert mit Gehstörung; vorkommend bei Kleinhirn- oder Brückenhauben-Erkrankung.

Astereoskopie: Unvermögen, räumlich zu sehen; bei Begleitschielen (Strabismus concomitans) oder als Stereoamaurose.

Asthenokorie: Trägheit der Pupillenreaktion.

Astrozytom: siehe Hirntumor.

Asyllabie: Parietallappenprozesse mit Beteiligung der sensiblen Projektionen mit den entsprechenden Rindenfeldern. Silbenbildung und -erkennung ist nicht möglich.

Asymbolie: Unfähigkeit der Verständigung durch Zeichen und Gebärden, sowohl aktiv (motorische A.) als auch passiv (sensorische A.).

Asynergie: bei Kleinhirnerkrankungen vorkommende Funktionsminderung der Koordination von Bewegungen.

Ataktilie: Dysfunktion der Tastempfindung.

Ataxia, Ataxie: Koordinationsstörung des ausgefeilten Zusammenspiels der Bewegung. Bei Erkrankungen des zentralen und peripheren Nervensystems.

- **A., myatrophische:** Syndrom mit Muskelatrophie und Ataxie.
- **A., parietale:** Störung der Motorik mit Störung der Tiefensensibilität.
- **A., spinale:** Nachweis mit Finger-Nasen-Versuch und mit Knie-Hacken-Versuch. Motorische Abläufe verlieren ihre Sicherheit. Abbruch einer geradlinigen Bewegung, Richtungsänderung mitten in der Bewegung. Kranke können nicht gehen und nicht stehen, wenn die Beine betroffen sind. Beim Gehen aufmerksamer Blick auf die Fußspitze.
- **A., vestibuläre:** durch Funktionseinschränkung der Pars vestibularis.
- **A., zerebellare:** durch Funktionseinschränkung des Kleinhirnsystems.
- **A., hypothyreote zerebellare:** Besserung durch Therapie mit Schilddrüsenhormonen.
- **A., zerebrale:** Ataxie, meistens durch Schädigung des Scheitel-, Schläfen- und Stirnlappens.

Ataxie: gestörte Bewegungskoordination, zerebellare Ataxie z. B. bei Multipler Sklerose, spinale Ataxie z. B. bei Tabes dorsalis durch Läsion der Hinterstränge des Rückenmarks.

Atemlähmung: Verminderung bzw. Ausfall der Atmung.

- **A., periphere:** Paresen der Atemmuskulatur bei Polyneuropathien, Rückenmarksverletzung C_{1-4}, Poliomyelitis, Muskelrelaxantien, bei Spinal- bzw. Periduralanästhesie, Myasthenie.
- **A., zentrale:** Lähmung der Atemzentren durch Substanzen wie Blausäure, Barbiturate, Opiate und zentralwirkende Analgetika, Alkohol, hohe CO_2- und extrem hohe O_2-Konzentration. Die Erregbarkeit des Atemzentrums wird schon durch sehr kleine sonst wirkungslose Dosen Morphin herabgesetzt.

Atemzentrum: Zentrum in der Medulla oblongata. Funktion: Regulierung der Atmung gemäß des Sauerstoffbedarfs des Organismus.

Athetose: Bewegungsstörung infolge einer Läsion im Stammganglienbereich mit bizarren Abläufen unter Willkürinnervation, häufig nach frühkindlichem Hinrschaden zu beobachten. A. double: symmetrische A.

Augenmuskellähmung: siehe Ophthalmoplegie.

Aura: unmittelbare sensorische Prodromalsymptome in zeitlich gedrängter Form bei erhaltenem Bewußtsein vor einem zerebralen Krampfanfall.

B

Babinski-Ohr-Phänomen (Joseph Francois Félix B., 1857–1932, französischer Neurologe): einseitige Erkrankung des Labyrinths oder des Hörnervs, bei Durchleiten des galvanischen Stromes von Ohr zu Ohr neigt sich der Kopf zur kranken Seite.

– **B.-Phänomen:** 1) durch Bestreichen des lateralen Fußsohlenrandes z. B. mit einer Nadel erfolgt tonische Dorsalflexion der Großzehe, häufig mit einem zusätzlichen Spreizen der übrigen Zehen, ein Pyramiden(bahn)zeichen (im 1. Lebensjahr noch physiologisch).

– **B.-Syndrom:** 1) **B.-Nageotte-Syndrom,** (Jean N., 1866–1937, französischer Pathologe): zentralnervöses Krankheitsbild durch Läsion dorsolateraler Anteile der Medulla oblongata. Symptome: Nystagmus zum Herd, zerebellare Hemiataxie mit Lateropulsion zur Herdseite, Ptosis, Enophthalmus, Sympathische Miosis, Sensibilitätsstörungen, kontralaterale Hemiplegie. 2) **B.-Vaquez- Syndrom** (Louis Henri V., 1860–1936, französischer Internist): Spätsyphilis, Symptome: entrundete, lichtstarre Pupillen, Aortitis, Abschwächung bzw. Aufhebung des Achillessehnen- und Patellarsehnenreflexes.

Bahnung: zusätzliche oder zunehmend stärkere Erregungsabläufe im Sinne einer Förderung von Erregungsprozessen des Zentralnervensystems; räumliche B., gegenseitige Förderung von Impulsen; zeitliche B., die Förderung von Impulseffekten. Notwendig für die Ausbildung bedingter Reflexe.

BAK: **B**lut**a**lkohol**k**onzentration.

Balkenapraxie: einseitige Apraxie bei Störungen im Corpus callosum im Sinne einer mangelhaften Erregungsleitung zwischen den beiden Großhirnseiten.

Balkenmangel: Fehlbildung, unvollständige Ausbildung oder völliges Fehlen des Corpus callosum.

Balkenstich: Durchstich durch den Balken (Corpus callosum) zwecks Kanalisierung von Liquor z. B. bei Hydrozephalus.

Balkentumoren: siehe Hirntumor.

Ballismus, ballistisches Syndrom: Schädigung des zum extrapyramidalmotorischen System gehörigen Nucleus subthalamicus oder seiner Verbindungsbahn zum Pallidum. Symptome: in den rumpfnahen Körperpartien zentrierte Hyperkinese, Dreh- und Wälzbewegung des Körpers, Störung der motorischen Abläufe durch Innervationsimpulse der Willkürmotorik, Parese der betroffenen Körperseite, halbseitige Sensibilitätsstörungen, langer (bis zu Jahrzehnten) Krankheitsverlauf.

BALÓ-Syndrom (JOSEF B., 1869–, ungarischer Pathologe): desmyelinisierende Enzephalopathie, wird als Spielart der klassischen Multiplen Sklerose angesehen.

Bandscheibenvorfall: Nucleusprolaps.

Barästhesie: Wahrnehmung von Druckänderungen auf der Haut.

Baragnosis: Abarognosis.

Baranästhesie: Verlust der Barästhesie.

BÁRÁNY-Syndrom (ROBERT B., 1876–1936, österreichischer Otologe): zerebellare Hemikranie, Symptome: homolateraler Hinterkopfschmerz, Vestibularis-Schwindel, Vorbeizeigen beim BÁRÁNY-Zeigeversuch, homolaterale wechselnde Schwerhörigkeit mit Ohrensausen. Bei Kleinhirntumoren, Schädeltraumen, als Folge von nichteitrigen Erkrankungen der hinteren Schädelgrube, seröser Kleinhirnmeningitis, Zystizerkose.

Barbitalismus, Barbiturismus: die Gesamtheit der Folgen von nicht bestimmungsgemäßer Verwendung oder von Mißbrauch von Barbitursäurederivaten. Symptome: Antriebsminderung, Apathie, Konzentrationsverlust, Schlafbedürfnis und Dermatitis.

Barbituratvergiftung: übermäßige Einnahme oder Injektion von Barbitursäurederivaten (siehe auch Barbitalismus); führt zu Atemdepression bis -stillstand, Kreislaufschwäche bzw. -versagen, Somnolenz, Koma.

Barylalie: durch organischen Hirnschaden bedingte Sprache; zögernd, schwerfällig, verminderte Wortfrequenz pro Zeiteinheit.

Basalmeningitis: Meningitis überwiegend im Bereich der Hirnbasis.

basilär, basilar: die Schädel- bzw. Hirnbasis betreffend.

Basilarissyndrom, intermittierendes: vorübergehende neurologische Störung vor allem im Hirnstamm,

Kleinhirn und Okzipitalbereich auf Grund einer Durchblutungsstörung der A. basilaris.

Basilaristhrombose: Verschluß der A. basilaris mit meist letalem Ausgang bzw. apallischem Syndrom.

Basisfraktur: Schädelbasisfraktur.

Basophiles Adenom: siehe Hypophysentumor.

Bathrozephalus: Stufenschädel.

Bathyästhesie: Tiefensensibilität.

Battarismus: polternd überstürzte Sprechweise.

Bauchdecken- oder Bauchmuskelreflex: Eigenreflex der Bauchmuskulatur. Er ist auslösbar durch Schlag auf den Rippenrand und auf die einzelnen Etagen der Bauchmuskulatur.

Bauchdeckenspannung: durch Reizung des Bauchfells ausgelöste, reflektorische Zunahme des Spannungszustandes der Bauchdeckenmuskulatur.

Bauchganglion: Ganglion coeliacum.

Bauchhautreflexe: rascher Strich mit Nadel, durchbrochenem Holzspatel, Nadelrad oder Stiel eines Reflexhammers über die Bauchhaut von außen nach innen, führt als Reizerfolg neben einer Kontraktion der entsprechenden Teile der Bauchmuskeln auch zu einer Verziehung des Nabels. Der Reflexbogen der B. hat außer einem spinalen auch einen zentralen Anteil. Deshalb verursachen auch höher sitzende Läsionen der Pyramidenbahn eine Minderung oder Aufhebung der Bauchhautreflexe. B. nicht auslösbar oder abgeschwächt bei: schlaffen Bauchdecken, bei Adipositas, nach Operationen oder anderen lokalen Affektionen der Bauchmuskultur. Physiologische Schwankungen bei wiederholter Auslösung.

Beauvieux-Krankheit (Jean B., 1872–1940, französischer Ophtalmologe): durch verzögerte Myelinbildung bedingte Fehlbildung des Nervus opticus beim Säugling.

v. Bechterew-Krankheit (Wladimir Michailowitsch v. B., 1857–1927, russischer Neurologe): Spondylarthritis ankylopoetica, nach einigen Autoren ausschließlich die Gesamtheit der Symptome, die von der Wirbelsäule ausgehen unter Beteiligung der Iliosakralgelenke; bei Befall auch der großen Gliedmaßengelenke: B.-Marie-Strümpel-Krankheit.

– **B.-Reflex:** 1) Augenreflex: Kontraktion der Musculi orbicularis oculi bei Beklopfen der Stirn-Schläfen-Region. 2) Hackenreflex: Zehenbeugung bei Beklopfen des äußeren Fußrandes oder der Hackensohle; der Aussage nach wie Rossolimo-Reflex.

3) Pyramidenbahnzeichen, Kontraktion der Pronationsmuskeln des Unterarms nach Beklopfen des unteren Radiusendes. 4) paradoxer Pupillenreflex: nach Lichteinfall Erweiterung der Pupille; nach Beschattung des Auges Verengung; Symptom bei: Vierhügel-Tumor, Tabes dorsalis, progressiver Paralyse. 5) B.-JACOBSOHN-Karpometakarpalreflex: Pyramidenbahnzeichen, Fingerbeugung nach Beklopfen des Handrückens oder eines der Griffelfortsätze der Unterarmknochen. 6) B.-MENDEL-Reflex: Pyramidenbahnzeichen, Plantarflexion der Zehen oder auch fächerförmige Spreizung nach Schlag gegen den fersennahen Teil des seitlichen Fußrückens.

– **B.-Symptom:** 1) ausbleibende Schmerzempfindung auf starken Druck gegen den Nervus fibularis am Wadenbeinköpfchen bei Tabes dorsalis. 2) B.- Ischiasphänomen: im Bett sitzender Patient kann beide Beine nicht gleichzeitig strecken; bei Irritation des N. ischiadicus.

bedingter Reflex: nach PAWLOW, ein nach vielen Wiederholungen eingeübter Reflex, ausgebildet durch die miteinander verknüpfte Anwendung eines zu einem unbedingten angeborenen Reflex führenden Reizes mit einem indifferenten Auslösungsreiz, der vorerst nur als Begleiter des entsprechenden unbedingten Reizes verwendet wird, diesen dann aber im Laufe der Konditionierung als Auslöser ersetzt. Ohne Wiederholung der Reizbahnung erlischt der b. R. oder wird sogar paradox, wobei die eingeübte Antwort gehemmt wird. Durch Kombination mit weiteren bedingten (bzw. bedingenden) Reizen über das 1. oder das 2. Signalsystem z. B. als akustischer und optischer Reiz oder Wort, Sprache entstehen bedingte Reflexe 2., 3. usw. Ordnung, für Lernvorgänge, Milieuanpassung usw.

BEHR-Krankheit (CARL B., 1875–, deutscher Ophtalmologe): familiäre, erbliche Atrophie beider Sehnerven mit parazentralen und zentralen Skotomen, Makuladegeneration, Ataxie, Pyramidenbahnzeichen, leichter Oligophrenie und Blasenentleerungsstörung.

Beine, unruhige: restless legs.

BELL-Lähmung (SIR CHARLES B., 1774–1842, englischer Chirurg): periphere Fazialisparese, eigentlich einseitige entzündlich bedingte Fazialisparese.

– **B.-Phänomen:** Lähmung, die durch einen Lidschluß ausgelöste Schließstellung der Augäpfel bei BELL-Parese, durch Verknüpfung der Hirnnervenkerngebiete IV und VII, gekoppelt an den Lidschluß.

BENEDIKT-Syndrom (MORITZ B., 1835–1920, österreichischer Neurologe): unteres Ruber- oder Hirnschenkelhauben-Syndrom. Folge isolierter Schädigung des Nucleus ruber: gleichseitige Okulomotoriuslähmung, kombiniert mit Hemiataxie, -choreoathetose, -parese, -rigor, kontralateral Tremor und Myorhythmien.

Benommenheit: leichte Bewußtseinstrübung; Symptome: Wortbildungsstörungen, Verminderung der Wahrnehmung, der geistigen Leistungsfähigkeit und der Merkfähigkeit, des Orientierungs-, Reaktions- und Urteilsvermögens; auch bei Alkoholeinfluß retrograde Amnesie möglich.

Benzodiazepine: werden meist als Tranquillantien verwendet.

Berardinelli-Syndrom (Waldemar B., zeitgenössischer brasilianischer Endokrinologe): vermehrte Produktion von Somatropin und von androgenen Hormonen durch angeborene Überfunktion der Hypophyse; Symptome: akromegaloider Riesenwuchs, Dystrophie des Unterhautfettgewebes, Hepatosplenomegalie, Hypergenitalismus, Muskelhypertrophie, Hypertonie, Vermehrung der Lipide und Lipoproteine im Blut.

Berauschungsprüfung: forensisch ärztliche Untersuchung auf Trunkenheit, Verpflichtung des Arztes zur B. nach § 75 der StPO, Ausnahme: § 76.

Bereitschaftspotential: negatives Potential ca. 850 ms vor Beginn einer Willkürbewegung, kann über der post- und präzentralen Hirnregion registriert werden.

BerGara-Wartenberg-Zeichen: Fehlen der Lidvibrationen bei geschlossenen Augen nach Rückbildung einer Fazialisparese.

Berger (Hans B., 1873–1941, deutscher Psychiater): 1929 erstes verwendbares EEG).

Berger-Effekt: siehe α-Blockade.

BERGERON-Henoch-Krankheit (Etienne Jules B., 1817–1900, französischer Arzt): Chorea electrica, Dubini-Syndrom.

Beriberi (singhalesisch: große Schwäche): Thiaminmangelerkrankung bei Verwendung von poliertem oder geschältem Reis als Hauptnahrungsmittel, weiterhin bei Resorptionsminderung bei Magen-Darmerkrankungen, durch verminderte Speicherung bei Lebererkrankungen durch Störung des KH-Stoffwechsels. 1) trockene B. mit überwiegenden Symptomen einer Neuropathie wie: Parästhesien, Reflexstörungen, Muskelschwäche, überwiegend distal an den Beinen, 2) feuchte B. mit (nicht herzbedingten) Pleura- und Perikardergüssen, Kehlkopf-, eventuell auch Hirnödem, sowie mit Leptomeningitis, Hepatitis, 3) akute perniziöse B. mit allseitiger Herzerweiterung, Ruhebradykardie und meist tödlicher Herzinsuffizienz. 4) okuläre oder zerebrale B., klinisches Bild einer Pseudo-Enzephalitis WERNICKE. Besonders schwer und akut verlaufend im Kindes- und Säuglingsalter und mit Herzinsuffizienz, Hirndruck, Koliken, Oligurie; kann als akute perniziöse Form zu plötzlichem Herztod führen, bei der zentralen Form Hirnschäden.

BERIEL-DEVIC-ALAJOUANINE-Syndrom: pseudomyopathische Form der infektiösen Polyneuropathie; mit Muskeldystrophie des Stammes und rumpfnaher Muskelgruppen, gute Prognose.

BERNARD-Syndrom (CLAUDE B., 1813–1878, französischer Physiologe): HORNER-Symptomenkomplex.
– **B.-Zuckerstich** (1849): vorübergehende Zuckerausscheidung im Harn durch Stich in den Bogen des 4-Ventrikels. Die Glykosurie erfolgt durch Stimulierung des Nebennierenmarks über den Splanchnikus, dies wiederum ist Folge der stichbedingten Reizung dienzephaler sympathischer Bahnen. BERNARD'S puncture; diabetic puncture.

BERNHARDT-Insel (MARTIN B., 1844–1915, deutscher Neurologe): inselförmig begrenzte Störung der Oberflächensensibilität an der Oberschenkelaußenseite im Versorgungsgebiet des Nervus cutaneus femoris lateralis bei der Meralgia paraesthetica. Außerdem existiert der Typ VULPIAN- B. der spinalen progredienten Muskelatrophie.

Berserkerwut: rasende Kampfwut, z. B. Amoklauf im epileptischen Dämmerzustand, meist mit retrograder Amnesie.

BERTOLOTTI-Syndrom (MARIO B., 1876–1957, italienischer Radiologe): 1) Ischialgie nach Nervenkompression durch Sakralisation des 5. Lendenwirbels mit Skoliose. 2) Halbbasis-Syndrom.

Berührungsempfindung: entspricht Berührungssinn.

Berührungsrezeptoren: Corpuscula tactus.

Berührungssinn: Haut-Schleimhaut-Sinnessystem der Oberflächensensibilität. An-, Hyp- oder Hyperästhesie sind Störungen des B.

Berufslähmung: durch bestimmte berufliche Tätigkeiten ausgelöste Störungen peripherer Nerven, vor allem den N. ulnaris (sulcus-ulnaris-Syndrom) und den N. medianus (Carpal-Tunnel-Syndrom) betreffend.

Beschäftigungskrämpfe: neurotonische Krämpfe in übermäßig beanspruchten Muskelgruppen, weiterhin Symptom einer Beschäftigungsneurose und bei extrapyramidal-motorischer Störung.

Beschäftigungsneuritis: Neuropathie mit motorischer Schwäche bis zur totalen schlaffen Parese, durch Überbeanspruchung, bedingt auch durch mechanische Einwirkungen, Folge von Hypovitaminosen.

Beschleunigungsempfindung: durch Rezeptoren des Vestibularapparates zustandekommende Empfindung für Beschleunigungen. Empfunden werden: Bahn- und Radialbeschleunigung, also in Richtung der Geschwindigkeit oder senkrecht zu dieser Richtung. Ergänzung durch propriozeptive und exterozeptive Empfindungen, unterstützt von Reflexen.

Betaaktivität: Folge von Beta-Wellen im EEG.

Betablocker: Betarezeptorenblokker.

Betarhythmus: siehe Betawellen.

Betawelle: Wellenform des EEG mit Frequenz über 13/s.

Betazismus: Sprachstörung im Sinne einer Veränderung anderer Konsonanten in B-Laute.

BETZ-Riesenzellen (WLADIMIR A. B., 1834–1894, russischer Anatom): die größten Pyramidenzellen der Großhirnrinde.

Beugereflex, Beugersynergie: phylogenetisch alter Flucht- und Abwehrreflex; Fremdreflex mit tonischen Kontraktionen der Beuger der Extremitäten; pathologisch als enthemmter B. bei Pyramidenbahnschädigung, als spinale Automatismen, als BABINSKI-, GORDON-, OPPENHEIM-Reflex.

Beugesehnenreflex: Beugung der Finger durch Klopfen auf die Beugesehnen am Handgelenk als Eigenreflex im Sinne eines Muskeldehnungsreflexes über C_8 und Th_1.

Bewegungsempfindung: Gesamtheit der im Gehirn verarbeiteten Informationen des Vestibularapparates, der Haut, des Bewegungssinnes; auch als Bewegungswahrnehmung durch Bewußtwerden der Abläufe.

Bewegungskrankheit: Kinetose.

Bewegungsnachbild: die nach längerer Beobachtung einer gleichförmigen Bewegung eintretende Wahrnehmung einer scheinbaren, der ursprünglichen Richtung entgegengesetzten Bewegung; Wahrnehmung einer gegenläufigen Bewegung nach längerer Betrachtung eines gleichförmigen, meist rotierenden Bewegungsablaufs.

Bewegungsreflex: Stellreflex, Labyrinthreflex bei Veränderung der Kopfhaltung, Dauerkontraktion der gleichseitigen Extremitätenmuskeln.

Bewegungssinn: als Empfindung Teil der Tiefensensibilität für alle Qualitäten der Bewegungsempfindung. Eine Beeinträchtigung führt zur Ataxis. Die zentripetale Erregungsleitung verläuft über Hinterstrangbahnen zur Hirnrinde.

Bewegungsstörung: gestörter Ablauf normaler Bewegungen; pyramidale oder extrapyramidale B., nervale und psychogene B.

Bewegungsunruhe: Akathisie.

Bewußtlosigkeit: Bewußtseinsverlust, Koma.

Bewußtseinslücke: nach Bewußtseinsverlust auftretende fehlende Erinnerung an alle oder bestimmte Vorgänge vor dem Ereignis; z. B.: bei Epilepsie, organischen Hirnschädigungen, Psychosen, Intoxikationen.

Bewußtseinsstörung: Sammelbezeichnung für die verschiedenen Grade einer Vigilanzminderung und der Beeinträchtigung der Bewußtseinsinhalte wie Benommenheit, Somnolenz, Bewußtlosigkeit, Sopor, Koma.

Bewußtseinstrübung: Vigilanzminderung und Beeinträchtigung der Bewußtseinsinhalte ohne Bewußtlosigkeit.

Bewußtseinsverlust: siehe Bewußtlosigkeit.

B-Hypovitaminose: siehe Vitamin-Mangelkrankheiten.

BIANCHI-Syndrom (LEONARDO B., 1848–1927, italienischer Psychiater): Funktionsminderung bei Erkrankung des Scheitellappens der dominanten Großhirnhemisphäre. Symptome: sensorische Aphasie (Apraxie, Alexie).

BIEMOND-Syndrom (ARIE B., 1902–, niederländischer Neurologe): B.-VAN BOGAERT-Syndrom: hereditäre Zwischenhirndegeneration mit Fettsucht, geistiger Unterentwicklung mit Enthemmungszeichen, hypogenitalem Infantilismus, Regenbogenhaut- und Fingermißbildungen.

BIERNACKI-Zeichen (EDMUND B., 1866–1911, deutscher Internist und Pathologe): Ausfall der normalen Druckempfindlichkeit peripherer Nervenstämme bei Tabes dorsalis.

BING-Reflex (ROBERT B., 1878–1956, schweizer Neurologe): dorsale Beugung des passiv dorsalreflektierten Fußes nach Beklopfen des Fußrückens in Höhe des Fußgelenkes; ein Pyramiden(bahn)zeichen.

BING-v.-NEEL-Syndrom (JEAN B., geb. 1906, dänischer Internist; AXEL v. N., dänischer Psychiater): Erkrankung durch diffuse Gliomatose der Mikroglia des gesamten ZNS mit den Symptomen: zu Beginn uncharakteristisch; dann Veränderung der Persönlichkeit, Hepatosplenomegalie, Wahnvorstellungen, Temperatur subfebril, Sehstörungen, intermittierende Hämaturie, Polyradikulitis. Form der Makroglobulinämie WALDENSTRÖM.

Binswanger-Demenz (Otto B., 1852–1929, deutscher Neurologe): Hirnschaden (Enzephalopathie) durch arteriosklerotisch-ischämisch bedingte Hirnernährungsstörungen. Symptome: Störungen des Antriebs, epileptische Anfälle, progressive präsenile Demenz, Herdsymptome, Sehstörungen, Stimmungsschwankungen, Wahnvorstellungen.

Biofeedback: mögliche Eigenkontrolle des Patienten im Sinne eines Bewußtwerdens von Aktionen auf das Vegetativum durch verschiedene technische Möglichkeiten, z. B.: Ton-, Lichtsignale, taktile Empfindungen. Dadurch Biofeedback-Training zur Therapie von funktionellen Beschwerden des Magen-Darm-Trakts, des Herzens und bei psychovegetativen Spannungs- und Angstzuständen.

Biorhythmik: die endogene Rhythmik; zirkadianer Rhythmus.

Bitterstoffe: intensiv bitter schmeckende Substanzen, fördern die Sekretion von Magensaft und Speichel.

Bizeps-femoris-Reflex: durch Schlag auf den Ansatz des M. biceps femoris am Fibulaköpfchen Kontraktion; Eigenreflex über L_5–S_2.

Bizeps(sehnen)reflex, BSR: Kontraktion des Armbizeps durch Schlag auf seine Sehne; ein physiologischer Eigenreflex über C_5–C_6. Bei peripheren Neuropathien abgeschwächt oder aufgehoben, bei Läsionen der Pyramidenbahn gesteigert.

Blackout: 1.: plötzliches Versagen der höheren kortilaten Funktionen ohne Tonusverlust, motorische oder epileptische Begleitzeichen. 2.: Sehstörung durch hohe Beschleunigungs- bzw. Gravitationskräfte.

Blasenachalasie: neurogene, schmerzhafte Entleerungsstörung der Harnblase bei Querschnittslähmung, multipler Sklerose durch mangelhafte Erweiterung des Blasenmundes.

Blasenapraxie: bei Frontalhirnprozessen auftretende Harn- und Stuhlinkontinenz.

Blasenatonie, neurogene: bei Paresen im spinalen Schock, Kinderlähmung; bei Prozessen in den hinteren Spinalwurzeln und den Hinterstrangbahnen bei Syringomyelie und Tabes dorsalis. Bei Fortschreiten der Erkrankung ist der Endzustand eine neurogene Überlaufblase. Durch Degeneration der Ganglienzellen der Blasenwand verursachte neuromyogene B.; Symptome: Restharnzunahme, spärliche Miktion. Bei Fortschreiten der Erkrankung ist der Endzustand eine wanddegenerierte Beutelblase.

Blasenautomatie: 1) Ausfallen der

großhirngesteuerten willkürlichen Entleerungsfunktion, physiologisch beim Säugling. 2) Ausfall von allen nervalen Impulsen der Harnblase oder Ausfall des Blasenzentrums im Rückenmark.

Blasendenervierung: therapeutische Möglichkeit bei Blasenatonie oder -starre durch Resektion der Blasennerven.

Blasenreflex: vegetativer, durch Hirnzentren beeinflußbarer Reflex zur Entleerung der Harnblase.

Bleilähmung: Symptom einer Polyneuropathie durch Bleiintoxikation; initiales Symptom: siehe Radialisparese.

Bleivergiftung: Enzymhemmung, Beeinträchtigung des Porphyrinstoffwechsels, der Blutbildung und der Vasomotorik durch metallisches Blei oder organische Bleiverbindungen.

Blepharoklonus: Blinzelkrampf als klonischer Lidkrampf bei Bindehaut-, Fazialis-, Hornhautreizung. Zumeist an beiden Augen zu beobachten.

Blepharospasmus: Lidkrampf; bei Erkrankungen des Zentralnervensystems.

Blepharotonus: tonischer Lidkrampf durch Irritation des Nervus opticus oder Nervus trigeminus, im Verlauf und nach einer Enzephalitis.

Blickkrampf: bei Schäden oder Reizzuständen der mesenzephalen Blickzentren bzw. der nahegelegenen schlafsteuernden Zentren, z. B. nach Enzephalitis, und als Komplikation der Behandlung mit Neuroleptika. Auftretende Dauerbewegung der Augen, als starrer Geradeausblick oder als okulogyrer B., z. B. nach schräg oben. Tritt anfallartig auf und wird zwanghaft erlebt.

Blicklähmung: durch Störungen der supranukleären Bahnen des Gesichtssinnes oder der Blickzentren auftretende gleichmäßige Funktionseinschränkung für bestimmte Blickrichtungen. Zu beobachten als meist kombinierte assoziierte und konjugierte B. bei Erkrankungen im Pons- und Vierhügelgebiet und als dissoziierte B. mit Divergenz-, Konvergenz- und Vertikalparesen mit Doppelbildern.

Blickrichtungsnystagmus: Spontannystagmus beim Blick nach oben–unten oder nach rechts und links. Eine zentrale Vestibularisstörung liegt vor bei Links-, Rechts-, Vertikalnystagmus nach oben oder unten.

Blickzentrum: Gebiete des ZNS für die Koordination der Augenbewegungen. Die folgenden Zentren sind mit anderen Hirnrindenbezirken untereinander und mit den Augenmuskelkernen verbunden und ermöglichen so eine bewußte und unbewußte Koordination. Zentrum für die assoziierten, willkürlichen Augenbewegungen in der mittleren Stirnwindung, in der Area striata des Hinterhauptlappens für reflektorische Augenbewegungen das optomotorische B., im Vierhügelgebiet und subkortikal in der Nähe des Abduzenskerns ein Zentrum für vertikale und seitliche Augenbewegungen. Für die Koordination auf Hörreize in der Hörrinde das akustische B., ein Konvergenzzentrum im Teilkern des Okulomotoriuskerns (PERLIA-Kern), ein Koordinationszentrum im Kleinhirn.

Blinzelreflex: reflektorischer Lidschluß je nach Reizung als akustischer Lidreflex, Konjunktival- bzw. Kornealreflex und visueller Orbikularis-, optikofazialer Reflex.

Blitz-(Nick-Salaam-)Krämpfe, blitzartiges Zusammenzucken, Vorwärtsschleudern der Arme und Beine, nickende Kopfbewegungen, Kopfneigung mit Vorbeugung und Zusammenführung der Arme vor dem Brustkorb. Epilepsieform des Kleinkindes (WEST-Syndrom).

BLOCH-Zeichen: 1) (MARTIN B., 1866 bis 1908, deutscher Neurologe): Pathologischer Pyramidenbahnreflex: klonischer Fußkrampf im Sitzen nach Aufsetzen des angewinkelten Beines auf die Zehenspitze.

2) (MARCEL B., 1885–1925, französischer Internist): Hinweis auf eine echte Ataxie: beim Stehen mit geschlossenen Augen unwillkürliches Hochziehen der Patella.

Blockade: 1.: als Ganglien-, Nerven-, Paravertebralblockade spontane, oft vorübergehende Unterbrechung der Leitungsfunktion. 2.: Im EEG nach äußerem oder innerem Reiz Verschwinden eines definierten EEG-Rhythmus ohne Ersatzrhythmus. 3.: In der Anaesthesiologie Unterbrechnung der Leitungsfunktion durch örtliche Injektion von Lokalanaesthetika.

Blockademittel: Lokalanaesthetika.

Blocksyndrom, spinales: NONNE FROIN-Syndrom.

Blut-Hirn-Schranke: der Schrankeneffekt des Kapillarendothels der die Blutgefäße umgebenden Gewebe und des Kapillarendothels für bestimmte nicht lipoidlösliche Substanzen und Proteine. Die B. kann bei Erkrankungen und Intoxikationen durchbrochen werden.

Blutung, intrazerebrale: siehe BNS-Krämpfe: Blitz-Nick-Salaam-Krämpfe.

BOBATH-Methode: konservative Methode zur Therapie der infantilen Zerebralparese. Durch Antireflexhaltungen Übung zur Rückbildung noch vorhandener primitiver Reflexmechanismen. Ziel ist die normale Tonuslage und Anbahnung der normalen, altersentsprechenden Reflexe.

BOLLINGER-Spätblutung: nach Schädeltrauma auftretende Hirnblutung mit Symptomen einer Apoplexie.

Bolustod: durch Fremdkörper bedingte Kehlkopf-Verlegung, durch Vagusreizung Schock- oder Erstickungstod, Kreislaufversagen und reflektorischer Herzstillstand.

BONNIER-Syndrom (PIERRE B., 1861 bis 1918, französischer Otologe)**:** bei Prozessen in der bulbopontinen Region bzw. des DEITERS-Kernes auftretende Symptomatik; Hörstörungen, Nystagmus, Okulomotoriusausfälle, Schwindelgefühl, Trigeminusneuralgie und Übelkeit.

Bornholmsche Krankheit: Coxsackie-Virus-Infektion, die zu Enzephalitis und Myalgien führen kann.

Borreliose: Infektion durch Lyme-Spirochäten mit nachfolgender und/oder Meningoenzephalitis, Radikuloneuritis.

Bors-Reflexe: Anal-, Bulbokavernosus- bzw. Harnblasenreflex, durch kaltes Wasser auslösbar. Verlauf über den Conus medullaris.

Bothriocephalosis: Magen-Darm-Beschwerden und Anämie durch Cobalaminverbrauch des Bandwurms Diphyllobothrium latum oder Bothriocephalus latus. Bei Verzehr roher Fische; besonders in Ostasien bekannt, bei uns als Fischbandwurm bekannt.

Botulinustoxin: Gift des Botulinusbazillus Clostridium botulinum, wird durch Erhitzen unwirksam. Bei falscher Konservierung von Lebensmitteln unter anaeroben Bedingungen sich bildend. Nach Resorption im Magen und Jejunum toxische Wirkung in der Medulla oblongata und in der motorischen Endplatte. Symptome nach 30 Minuten bis 8 Tagen: Sekretionsstörungen im Verdauungstrakt, Magen-Darm-Atonie, Hirnnervenlähmung, symmetrische Extremitätenlähmung – Botulinus (Polyneuropathie, bis zu 50% letal), Vergiftungserscheinungen (Botulismus).

Botulismus: zentrale, neurologische Störungen nach Lebensmittelintoxikation mit Augenmuskelparesen und häufig letalem Ausgang infolge (siehe) Atemlähmung, zentrale.

Boxerenzephalopathie, traumatische, Encephalopathia pugitistica: traumatische Hirnschädigung der Boxer nach Kopftreffern als Folge von Mikroblutungen oder akutem Hirndruck oder subduralem Hämatom. Symptome: motorische und psychische Funktionseinbußen bis zu schwersten motorischen Störungen mit psychopathologischen Auffälligkeiten.

Brachialgia, Brachialgie: Neuropathie im Bereich des Plexus brachialis, auch als B. paraesthetica nocturna mit schmerzhaften Mißempfindungen.

brachialis: zum Arm gehörend.

Brachioradialis-Reflex: Eigenreflex, Armbeugung im Ellenbogen durch Kontraktion der M. brachioradiales, M. brachialis und M. biceps nach Schlag mit dem Reflexhammer gegen die Seitenkante des distalen Radiusrandes.

Brachybasie: extrapyramidale Bewegungsstörung bei Parkinsonismus und im Greisenalter. Symptom: typischer kleinschrittiger Gang.

Bradyästhesie: verzögerte Wahrnehmung von Berührungsreizen.

Bradyakusie: Schwerhörigkeit.

Bradydiadochokinese: verzögerte Diadochokinese bei Kleinhirnerkrankungen.

Bradykinesie: Verzögerung der Bewegungsabläufe bei organischen Hirnerkrankungen.

Bradylalie: verzögertes Sprechtempo durch Pausen (Skandieren) und Langziehen der Silben.

Bradyphasie, -phemie: verzögertes Sprechtempo; z. B. als Bradylalie.

Bradypsychie: langsamer Ablauf der Denkprozesse.

Bramann-Kallotomie: neurochirurgischer Balkenstich.

brennende Füße: siehe Burning-feet-Syndrom.

Brickner-Zeichen: Verminderung der optisch-akustisch ausgelösten Mimik bei Fazialisparese.

Brillenhämatom: Bluterguß in die Augenlider bei Schädelbasisfraktur.

Broca-Aphasie (Pierre Paul B., 1824–1880, französischer Chirurg, Anthropologe)**:** bei krankhaften Prozessen des Sprachzentrums in der unteren Stirnhirnwindung auftretende totale motorische Aphasie.

Brodmann-Areae-Felder (Korbinian B., 1868–1918, deutscher Neurologe**:** fortlaufend numerierte Gebiete der Großhirnrinde des Menschen.

Bromomanie: suchthaft gesteigertes Verlangen nach Brom-Präparaten.

Brown-Ataxie (Sanger B., 1852–1928, amerikanischer Nervenarzt)**:** Friedreich-Ataxie mit geringerer Pyramidenbahnbeteiligung und evtl. mit Optikusatrophie.

Brown-Séquard-Lähmung (Charles Ed Br.-S., 1817–1894, französischer Nervenarzt und Physiologe)**:** die typische Symptomatik bei Halbseitenverletzung des Rückenmarks.

Brown-Symmers-Krankheit (Charles Leon B., 1899–1959, amerikanischer Internist, Douglas S., 1925): hochakute, oft tödliche seröse Enzephalitis mit Meningismus, Symptomen des Magen-Darmtraktes und des verlängerten Rückenmarks (Medulla oblongata), Koma, Krämpfen; meistens bei Kleinkindern.

Brudzinski-Zeichen (Josef v. B., 1874–1917, polnischer Pädiater): Zeichen bei meningealer Reizung.

Brücken-Mittelhirn-Syndrome: typische Krankheitssymptome bei kombiniertem Schaden des Pons und des Mesenzephalon, meist als alternierende Lähmung.

Brückensymptome: Symptome bei Schädigung des Pons.

Brückenwinkel: Kleinhirn-Brükkenwinkel.

Bruns-Syndrom (Ludwig B., 1858 bis 1916, deutscher Nervenarzt): Erbrechen, Kopfschmerzanfälle, Schwindel, Übelkeit nach plötzlicher Kopfbewegung bei freiem Zystizerkus des 4. Hirnventrikels.

Buchstabenblindheit: literale Alexie.

Bukkalreflex: Rüsselstellung der Lippen nach Schlag auf die Oberlippe; ein Enthemmungsphänomen bei einer beidseitigen supranukleären Hirnläsion.

bulbär, bulbäres Nervensystem: der im Hirnstamm gelegene Teil des vegetativen Nervensystems. – bulbäre Neuritis: Neuritis der von der Medulla oblongata ausgehenden Hirnnerven. – bulbäres Syndrom: siehe Bulbärparalyse.

Bulbärparalyse: Sammelbezeichung für Syndrome als Folge von Ausfällen der Medulla oblongata oder der zugehörigen Hirnnerven.

Bulbärsyndrom, akutes apoplektiformes: Symptome der Bulbärparalyse, bedingt durch Blutzirkulationsstörungen im Vertebralis-Basilaris-Gebiet.

Bulbokavernosus-Reflex: aufgehoben bei Läsion der unteren Sakralsegmente.

bulbomimischer Reflex (Mondonesi): Muskelkontraktion im Fazialisbereich während oder nach Druck auf den Augapfel bei Komatösen.

Bulbus(druck)reflex (Aschner): Brechreiz und Bradykardie bei Vagusreflex durch glaukombedingte Erhöhung des Augeninnendrucks.

Bulbussymptom: Druckunempfindlichkeit der Augäpfel bei Tabes dorsalis.

Bulimie: pathologisch gesteigertes Hungergefühl.

Burning-feet-Syndrom: schmerzhaftes Brennen der Füße; anoxämische periphere Neuropathie auch bei Polyneuropathie. Bedingt durch Störungen der Ernährung, des Metabolismus und dadurch Hypovitaminosen (Thiamin-, Nikotinsäure-, Pantothensäuremangel).

Burst-suppression-Aktivität: EG-Tätigkeit mit Wechsel von sehr niedriger Grundtätigkeit von einigen Sekunden Dauer (suppression) und Gruppen von unregelmäßigen langsamen und auch raschen Wellen (burst); Zeichen von schwerer Stoffwechselstörung, Intoxikation bei Koma.

Bychowski-(Grasset-)Zeichen (Zygmunt B., polnischer Arzt): bei Halbseitenlähmung das Unvermögen des auf dem Rücken Liegenden, beide Beine gleichzeitig zu heben. Das Anheben eines Beines ist möglich.

C

Café-au-lait-Flecken: Hautpigmentveränderungen beim Morbus RECKLINGHAUSEN.

CAIRNS-Syndrom (HUGH WILLIAM BELL C., 1896–1952, englischer Neurochirurg): kommunizierender Hydrozephalus durch basalen Liquorblock, nach tuberkulöser Meningitis.

Calamus scriptorius: das wie eine Schreibfeder angespitzte, hintere Ende der Rautengrube.

Callotomie: vollständige Durchtrennung des corpus callosum.

Calva, Calvaria: Schädeldach, auch Kalotte oder Hirnschale, bestehend aus Scheitel-, Hinterhaupts- und Stirnbein.

Calvarium: Schädel ohne Unterkiefer.

Canalis: der Zentralkanal des Rükkenmarks.
- **C. craniopharyngeus:** der LANDZERT- Kanal zwischen Rachendachhypophyse und Sella turcica.
- **C. diploici:** die BRESCHET-Kanäle für die Diploe-Venen des Schädeldaches.
- **C. facialis:** der FALLOPIO-Fazialiskanal im Felsenbein des Schläfenbeins für den Nervus fazialis.
- **C. vertebralis, C. spinalis:** von Wirbellöchern (Foramina vertebralia) gebildeter, von den Wirbelbögen und -körpern, Bandscheiben und Ligamenta flava begrenzter Rückenmarks-, Spinal- oder Wirbelkanal; enthält Rückenmark und dessen Häute.

CANAVAN-Syndrom (MYRTELLE C., amerikanische Ärztin): frühkindliche diffuse spongiöse Degeneration des Zentralnervensystems. Wahrscheinlich autosomal-rezessiv vererbt. Als Ursache wird ein nicht näher bekannter Enzymdefekt diskutiert.

CANNON-Gesetz (WALTER B. C., 1871–1945, amerikanischer Physiologe): siehe Denervationsgesetz.
- **C.-Notfallreaktion:** Teilphäno-

men des Adaptionssyndroms. Nach schweren psychischen oder körperlichen Belastungen reflektorische Sympathikusstimulierung.

Capsula, C. externa: die äußere Kapsel, weiße Hirnsubstanz zwischen Putamen und Claustrum.

- **C. interna:** die innere Kapsel des Gehirns; die schalenförmige Ausbreitung der markhaltigen Projektionsfasern des Hirnschenkels zwischen Nucleus caudatus und Thalamus und Nucleus lentiformis lateral.

Carpaltunnel-Syndrom: Läsion des N. medianus im Bereich des Ligamentum transversum, verbunden mit schmerzhaften, bis in den Oberarm ausstrahlenden Parästhesien und Sensibilitätsstörungen sowie motorischen Paresen, auch als Frühzeichen einer klinisch latenten (siehe) Polyneuropathie.

CASSIRER-(CROCQ-)Syndrom (RICHARD C., 1868–1925, deutscher Neurologe): Acroasphyxia chronica hypertrophica: Akrozyanose – konstitutionell bedingte Störung des vegetativen Nervensystems.

Cataphora: tiefe Bewußtlosigkeit mit zwischenzeitlicher Erholung.

Cauda equina: Nervenfaserbündel, gebildet aus allen Sakral- und Kokzygealwurzeln und aus den unteren 3 Lendenwurzeln, wird es in Höhe des 2. Lendenwirbels um das Filum terminale vereinigt und füllt, sich verjüngend, unterhalb des Conus medullaris den Lumbal- und Ossacrum-Teil des Spinalkanals aus.

Cavum, C. cranii: das Gehirn umschließende Schädelhöhle.

- **C. trigeminale:** MECKEL-Raum beidseitig an der Spitze der Felsenbeinpyramide, von 2 Blättern der Dura mater encephali gebildet, enthält das Ganglion trigeminale.

Cebocephalia, Zebozephalie: »Affenkopf«; Fehlbildung mit fehlender oder nur sehr unvollkommen ausgebildeter Nase (häufig auch mit verschlossener Lidspalte).

Central Core Disease: dominant autosomal hereditäre Muskelerkrankung mit Degeneration zentraler Muskelzellenbereiche.

Centrum, C. ciliospinale: vegetatives Zentrum im unteren Hals- und oberen Brustmark für den Musculus dilatator pupillae und für die Gefäßmuskeln im Kopf-, Herz- und Lungenbereich.

- **C. genito-spinale:** Sexualzentrum des Lendenmarks.

- **C. rectovesicale:** vegetatives Reflexzentrum des Sakralmarks.

- **C. semiovale:** weißes Marklager des Großhirns zwischen Hemisphärenrinde und Balken.

Cephalaea, Kephal(a)ea: hartnäkkige, örtlich oder diffus begrenzte Kopfschmerzen.

Cephal(al)gia, C. pharyngotympanica: Kopfschmerz mit Ausstrahlung ins Ohr, bei Tonsillektomie nach Pharyngitis.

cephalicus: zum Kopf gehörend.

Ceratitis neuroparalytica: Keratitis als postoperative Komplikation nach neurochirurgischer Therapie der (siehe) Trigeminusneuralgie und nach (siehe) Herpes zoster.

Cerebellar fit: Kleinhirnanfälle bei Verlegung der Liquorpassage im Bereich des 3. und 4. Ventrikels durch Tumoren.

cerebellare Ataxie: Form der (siehe) Ataxie, die auf einer Schädigung des Kleinhirns beruht.

cerebellaris: das Cerebellum (Kleinhirn) betreffend.

Cerebellum: Kleinhirn, der in der hinteren Schädelgrube unterhalb der Hinterhauptlappen des Großhirns gelegene Teil des Gehirns. Teilt sich auf in Kleinhirnwurm und in 2 Hemisphären. Die Pedunculi cerebellaris superior, medius und inferior bilden die Verbindung zu Brücke, Mittelhirn und Medulla. Die Funktion des C. besteht in der Mitwirkung bei der Aufrechterhaltung des normalen Tonus der Skelettmuskulatur sowie des Körpergleichgewichts. Einzelbewegungen und deren Koordination werden reguliert.

Cerebrale Anfälle: siehe epileptischer Anfall.

cerebralis: das Gehirn betreffend.

Cerebralsklerose: siehe Zerebralsklerose.

Cerebropathia: siehe Enzephalopathie.

Cerebrosidosis: siehe Zerebrosidose.

cerebrospinalis: das Cerebrum (Gehirn) und die Medulla spinalis (Rückenmark) betreffend.

Cerebrum: Teil des Groß- oder Endhirns (Telencephalon), gebildet von Balken und Fornix sowie von den Großhirnhemisphären und deren Kommissuren. Klinische Bezeichnung für das Gehirn.

CESTAN-Zeichen (E. J. M. RAYMOND C., 1872–1932, französischer Nervenarzt): 1) DUPUY-DUTEMPS-C.-Zeichen: leichtes Anheben des gleichseitigen Oberlids bei willkürlichem Augenschluß, bei kompletter peripherer Fazialislähmung. 2) »statuenhaftes« Umfallen, ohne Schwanken, nach Schädelverletzung.

– **C.-CHENAIS-Syndrom** (LOUIS JEAN CH., geb. 1872, französischer Arzt): C.-Paralyse: durch Schäden seitlicher Teile der Medulla oblongata verursachte alternierende Lähmungen, auf der Seite der Schädigung Ausfälle der Hirnnerven IX und X (Gaumensegel- und Stimmbandlähmung, Teillähmung des Schlundschnürers entspr. Constrictor pharyngis), HORNER-Syndrom, zerebellare Ataxie; kontralateral Halbseitenlähmung (Hemiparese und -hypästhesie).

– **C.-LÉJONNE-Syndrom:** X-chromosomal-hereditär bedingter gutartiger skapulo-humero-distaler Typ der Dystrophia musculorum progressiva.

Chagrinlederhaut: charakteristische Hautveränderungen bei der tuberösen Sklerose (Morbus BOURNEVILLE-PRINGLE).

Chandipura-Fieber: von Phlebotomus-Mücken übertragene akute fieberhafte Krankheit (grippös, eventuell auch Enzephalitis) durch das gleichnamige Rhabdovirus der Piry-Gruppe. Bisher nur aus Indien berichtet.

CHARCOT-Gelenk-Krankheit (JEAN-MARTIN CH., 1825–1893, französischer Neurologe): Arthropathia neuropathica bei Tabes dorsalis.

– **Ch.-Syndrom:** 1) myatrophe Lateralsklerose. 2) Ch.-ERB-(GUINON-) Syndrom: spastische Spinalparalyse. 3) Ch.-JOFFROY-Syndrom: Pachymeningitis cervicalis hypertrophica. 4) Ch.-MARIE-(TOOTH-HOFFMANN-) Syndrom (PIERRE M., HOWARD H. T., JOHANN H.): hereditäre, meist im Kindesalter beginnende, chronisch fortschreitende »neurale« Muskeldystrophie mit Degeneration peripherer Nerven und Hypertrophie der SCHWANN-Scheiden. Symptome: symmetrische atrophische Lähmungen der kleinen Fuß- und der Unterschenkelmuskeln im Bereich des Nervus peronaeus, Erlöschen der Sehnenreflexe, Klumpfuß, Parästhesien, krampusartige Schmerzen und trophische Störungen im befallenen Bereich. Durch Abkühlung Verstärkung der Muskelschwäche. 5) Ch.-WEISS-BAKER-Syndrom: Ohnmachts-, Schwindelzustände bei hypersensitivem Karotissinusreflex.

– **Ch.-Trias:** skandierende Sprache, Intentionstremor und Nystagmus als Zeichen bei Multipler Sklerose mit Entmarkungsherden im zerebellaren System.

– **Ch.-Zeichen:** 1) »Steppergang« bei Lähmung der Musculi peronei und extensores hallucis. 2) »Predigerhand« bei kombinierter Medianus- und Ulnarislähmung. 3) Ch.-VULPIAN-Zeichen: Bei Pyramidenbahnschädigung oberhalb des zugehörigen Reflexbogens auftretender Fußklonus nach schneller gewaltsamer Dorsalflexion des Fußes.

CHARLINSCHES Syndrom: atypische Gesichtsneuralgie mit heftigen und langdauernden Schmerzattacken, Tränenfluß und starker Rötung des Augapfels.

Chasma, Chasmus: Gähnkrampf als Symptom bei Hirnhypoxie und

Hirndruck sowie bei der epileptischen Aura.

Chassaignac-Lähmung, -Syndrom (Charles M. E. Ch., 1805–1879, französischer Chirurg): durch Armzerrung bei Kleinkindern auftretende endoparese Symptome: bei passiver Bewegung Schmerzen, Arm hängt in Pronationsstellung herab.

Chavany-Brunhes-Syndrom: durch fortgeschrittene Verhaltung der Falx cerebri auftretende Gereiztheit mit chronischen Stirn-Kopfschmerzen.

Ch(e)iralgia paraesthetica: im Versorgungsgebiet des Ramus superfic. des N. radialis (Daumen, radial am Handrücken) auftretende schmerzhafte Mißempfindungen überwiegend durch mechanische Beeinflussung des Nervs, z. B. Armreif, Schmuckkette am Handgelenk.

Cheirismus: Chirospasmus, Schreibkrampf.

Chiasmasyndrom: Störung des Sehens durch Läsionen der Sehnervenkreuzung (chiasma opticum), bei Sella-Meningiom, Hypophysentumor, Arachnitis optico-chiasmatica auftretende Sehstörung im Sinn einer bitemporalen Hemianopsie, auch »Scheuklappenempfindung«, mit Abnahme der Sehkraft durch progrediente bilaterale, deszendierende Optikusatrophie. Siehe auch Arachnitis.

Chien-de-fusil-Stellung: Jagdhundlage: Seitenlage mit angezogenen Beinen und rückwärts gebeugtem Kopf bei Meningitis.

Cholesteatom: Epidermoid mit gelegentlichem Einbruch in das Felsenbein und in die Paukenhöhle mit möglicher sekundärer Infektion als Mittelohreiterung.

cholinerg, -ergisch: als parasympathischer Überträgerstoff mittels Acetylcholin wirksam; reagiert auf Acetylcholin.

– **ch. Krise:** Miosis, kolikartige Schmerzen, Durchfall, Übelkeit, Speichelfluß, Muskelkrämpfe nach Überdosierung von Acetylcholinesterase-Hemmern.

– **ch. Rezeptor:** Rezeptor für Acetylcholin; kann durch Ganglienblokker blockiert werden.

– **ch. System:** physiologisches Funktionssystem, besteht aus den vegetativen Nervenfasern, an deren Endigungen Acetylcholin gebildet und freigesetzt wird, ferner die motorischen Vorderhornzellen mit Fortsätzen.

Cholinolytikum: Substanz, die in der Lage ist, die Acetylcholin-Wirkung aufzuheben.

Chondrokranium, Knorpelschädel: embryologisch der knorpelig vor- bzw. umgebildete Schädelanteil der späteren Schädelbasis.

Chorda dorsalis, Ch. vertebralis: zentrales Achsenorgan der Chordata vom hinteren Schädelbereich bis ins Schwanzende. Beim Menschen rückgebildet bis auf die Nuclei pulposi.

Chordom(a), Notochordom: seltene Geschwulst an der Schädelbasis, in der Kreuz- und Steißbeingegend, gebildet aus persistierenden Zellen der Chorda dorsalis. Schlechte Prognose, gelegentlich maligne Entartung.

Chordotomie: Durchtrennung der – kontralateralen – spinothalamischen Schmerzbahn zur Ausschaltung unbeeinflußbarer Schmerzen. Nebeneffekt: Temperatursinnstörung.

Chorea: »Veitstanz«, extrapyramidale Störung durch Schädigung des Striatum und zugeordneter Strukturen. Schnelle, unphysiologisch-arrhythmische, unwillkürliche Kontraktionen von Muskeln in fast allen Körperregionen (choreatische Hyperkinese; in leichteren Fällen nur »faxenhaft« oder »ungeschickt« wirkend), z.B. mit Grimassieren, auch mit Beeinträchtigung des Sprechens (Hyperkinesen der Zunge), gemeinsam vorkommend mit Muskeltonusverminderungen (choreatische Hypotonie), auch mit Reflexabschwächungen. 1) Ch. Huntington, ch. chronica progressiva hereditaria, dominant erbliche, hirnatrophische Form der Ch. 2) Ch. minor (Sydenham), Ch. rheumatica s. infectiosa s. juvenilis s. simplex: rheumatischer Prozeß im Gehirnbereich mit entzündlichen und toxisch-degenerativen Veränderungen; mit blitzartigen Bewegungen (Hyperkinesen), schwerer Muskelhypotonie, psychischen Veränderungen (z.B. Aufmerksamkeitsstörungen, Antriebsminderung, Reizbarkeit); Auftreten überwiegend zwischen dem 5. und 15. Lebensjahr. Heilung innerhalb einiger Monate.

– **Ch. epidemica s. major:** Choreomanie.

– **Ch. gravidarum:** meistens nur bei Erstgebärenden vorkommend, in ca. 25% tödlich.

– **Ch. imitativa:** psychogene Bewegungsanomalien als Nachahmung einer echten Ch. der Umgebung.

– **Ch. senilis:** jenseits des 70. Lebensjahres, infolge involutiver, arteriosklerotischer Hirnveränderungen auftretende Ch., keine psychischen Alterationen.

choreatisches Syndrom: Krankheitsbilder mit charakteristischen Bewegungsstörungen im Sinne einer Chorea Huntington oder Chorea minor.

choreiform: nach Art der Chorea.

Choreoathetose: Bewegungsunruhe, serienweise auftretende bizarr geschraubte und zuckende Bewegungen. Bei einer Reihe von Krankheiten des Zentralnervensystems.

Choriomeningitis (Meningitis): mit Beteiligung der Plexus chorioidei mit lymphozytärer Infiltration in USA und Europa; Inkubationszeit von 6 bis 21 Tagen. Symptome: katarrhalische Erscheinungen, Augen- und Atembeschwerden, Glieder- und Rückenschmerzen, Leber-, Milz-, Lymphknotenschwellungen; auch meningitische Form mit biphasischem Fieber. Die Infektion (meist im Spätherbst, Winter) erfolgt durch infizierte, als Virusreservoir fungierende Hausmäuse, aber auch durch entsprechend kontaminierte Speisen oder inhalierte Staubpartikel.

Chromästhesie: Farbempfindung bei Gefühls-, Gehörs-, Geruchs- oder Berührungswahrnehmung.

Chromatolyse, Tigrolyse: Schwinden der NISSL-Schollen aufgrund Durchtrennung des Neuriten oder infolge infektiöser und toxischer Schädigung der Nervenzelle.

Chromophobes Adenom: siehe Hypophysentumor.

Chronaxie, Kennzeit: die minimale Zeit, über die ein Reiz von doppelter Rheobasenstärke fließen muß, um noch eben erregend zu wirken.

CHVOSTEK-Zeichen (FRANZ CHV., 1835–1884, österreichischer Internist): Chv.-Fazialisphänomen: kurze Zuckung in der Gesichtsmuskulatur infolge eines Klopfreizes am Stamm des Nervus facialis vor dem Kiefergelenk.

Cillosis: spastisches Zittern des Oberlides.

Circulus, arteriosus cerebri: Basis des Zwischenhirns umfassender Schlagadernkranz.

Cisterna cerebellomedullaris: größte subarachnoidale Zisterne zwischen verlängertem Rückenmark und Kleinhirn.

CLARK-Paralyse (LEON D. P. CL., 1870–1933, amerikanischer Nervenarzt): Parese als zerebrozerebellare Diplegie aufgrund mangelhafter Differenzierung des Zentralnervensystems, primäre Entwicklungsstörung oder Folge frühkindlichen Hirnschadens.

CLARKE-Bündel (JACOB AUG. L. CL., 1817–1880, englischer Neurologe): Nervenfaserbündel im Brust- und oberen Lendenteil des Rückenmarks, verbindet den Fasciculus cuneatus mit dem Nucleus dorsalis in Form des Tractus spinocerebellaris.

CLAUDE-(LOYEZ-)Syndrom (HENRY CHARL. J. CL., 1869–1945, französischer Nervenarzt): unteres Syndrom des Nucleus ruber im Mittelhirn mit Lähmung des N. III oder Blickparese, Hemiparese, Rigor, Intentionstremor, Hemiataxie.

Claudicatio intermittens cerebralis: Kopfschmerz, Schwindel mit flüchtigen Bewußtseinsstörungen und Paresen bei essentieller Hypertonie.

Cobalamine, Kobalamine: Sammelbezeichnung für Substanzen mit Vitamin-B_{12}-Wirkung, z. B.: Cyanocobalamin, Hydroxocobalamin, Aquocobalamin, Nitritocobalamin, 5′-Desoxyadenosyl-Coenzym B_{12}, Methylcobalamin.

Cobamin: Vitamin B_{12}.

Coca-Alkaloide: Alkaloide von Erythroxylum coca und novogranatense; werden von verschiedenen Bevölkerungsgruppen in Südamerika als Stimulans und Rauschmittel verwendet.

Cocainum, Kokain, Erythroxylin, 1-Ψ-Cocain: Benzoylekgoninmethylester, Coca-Alkaloid; bittere, farblose Kristalle mit starker vasokonstriktorischer und lokalanästhetischer Wirksamkeit. Erstes bedeutendes Lokalanästhetikum.

Cocarboxylase, -um: Thiaminpyrophosphat, u. a. wirksam als Coenzym beim Abbau der Kohlenhydrate, mindestens 24 Enzyme sind bekannt, die Thiaminpyrophosphat als Coenzym enthalten. Außerdem ist Thiaminpyrophosphat für die Erregungsbildung in peripheren Nerven und für die Erholungsprozesse nach der Erregung von Bedeutung. Aus Thiaminpyrophosphat wird bei der Stimulierung peripherer Nerven Thiamin freigesetzt.

Coccygodynie, Kokzygodynie: starke Druckempfindlichkeit und umschriebene Schmerzen in der Steißbeingegend, vorwiegend bei Frauen, meist durch Steißbeinfrakturen oder Stauchungstraumen verursacht.

Cocktailparty-Syndrom: hirnorganisches Psychosyndrom bei Hirnatrophie, charakteristisch ist inhaltsloses, überwiegend noch formal richtiges stereotyp-phrasenhaftes Geschwätz.

Coleman-(Meredith-)Syndrom (Claude C., 1879–1953, amerikanischer Neurochirurg): nach überwiegend stumpfer, kombinierter Halswirbelsäulen-, Schultergürtel- und Hinterhauptverletzung und Contusio cerebri, Schädelbruch sowie multiple Frakturen und Dislokationen der Halswirbelsäule mit irreversiblen neurologischen Funktionsausfällen.

Coma, Koma: Stadium tiefer Bewußtlosigkeit ohne Reaktion auf Anruf, meist auch auf stärkere Schmerzreize, pathogenetisch durch Stoffwechselkrisen verursacht, z. B. C. diabeticum, C. hepaticum, C. hypoglycaemicum.

Coma vigile: Funktionsausfall des Hirnmantels, klinischer Tod.

Commissura, Kommissur: verbindende Struktur.

Commotio, Kommotion: Erschütterung einer Körperregion oder eines Organs. Auch Kurzbezeichnung der C. cerebri.
- **C. cerebri:** Kommotionssyndrom.

Compressio: Quetschung einer Körperregion oder eines Organs mit den entsprechenden Folgeerscheinungen.
- **C. cerebri:** selten direkte Quetschung, häufiger durch einen erhöhten intrakraniellen Druck sich bildende »Hirnquetschung«.
- **C. (medullae) spinalis:** Rückenmarkkompression.

Computertomographie: computergestützte Röntgendarstellung des Gehirns und Rückenmarks; CCT gebräuchlicher Ausdruck für kraniale Computertomographie.

Conn-Syndrom: mit Myalgien verbundene Lähmungszustände, Blutdruckerhöhung, Ödemen und Polyurie auf Grund eines aldosteron-produzierenden Nebennierentumors.

Contusio, Kontusion: Prellung, stumpfe Organverletzung mit sichtbaren Folgen.
- **C. cerebri:** Hirnkontusion, gedeckte Hirnverletzung bei stumpfem Schädeltrauma.

Conus medullaris, C. terminalis: unteres kegelförmiges Ende des Rükkenmarks in Höhe des 1. oder 2. Lendenwirbels.

Cornealreflex: siehe Fremdreflex, abgeschwächt oder aufgehoben bei Störungen im Trigeminusbereich.

Cornu: (latein.: Horn), hornartiges Gebilde z. B. im Gehirn als C. Ammonis der Pes hippocampi und C. frontale, C. occipitale und C. temporale das Vorder-, Hinter- bzw. Unterhorn des Seitenventrikels; im Rükkenmark, auf dem Querschnitt, als C. dorsale, C. laterale und C. ventrale, das Hinter-, Seiten- und Vorderhorn der Substantia grisea.

Corona: C. radiata: der »Stabkranz« des Gehirns, zwischen Capsula interna und Hirnrinde strahlig ausgebildete Masse der Projektionsfasern der Großhirnhemisphären.

Corpus: C. callosum: Commissura magna cerebri, der »Balken«; eine die beiden Großhirnhemisphären verbindende Masse markhaltiger, quer verlaufender Nervenfasern im Grunde der Hirnlängsspalte über dem 3. Hirnventrikel.

Corpus pineale: Hirnanhangdrüse.

Corpuscula: C. nervosa terminalia, Terminal- oder Nervenendkörperchen als Endorgane im Dienste der Sensibilität.

Cortex, Kortex: Rinde.

C. cerebelli: zweischichtige, graue, nervenzellhaltige »Kleinhirnrinde«.
– **C. cerebri:** in den Hemisphären als Neokortex mit 6 Schichten, Großhirnrinde.

corticalis: zur Rinde gehörend.

CR: Abkürzung für Cremasterreflex.

Crampus, Krampus: schmerzhafter Muskelkrampf.

Crampussyndrom, -neurose: anfallsweise, sehr schmerzhafte Kontraktion von Muskelgruppen.

cranialis, kranial: 1) zum Schädel gehörend. 2) kopfwärts gelegen.

Cranium, Kranium: der knöcherne Schädel. 1) C. cerebrale (Schädelbasis und Schädeldach) und 2) C. viscerale (Eingeweide-, Gesichtsschädel).

Crista: Leiste, Kamm. Cr. obturatoria interna: mediane Leiste an der Innenseite der Hinterhauptsschuppe.

Crus: Schenkel.
– **Cr. cerebri:** der paarige Hirnschenkel.
– **Cr. fornicis:** der paarige, als Fimbria hippocampi entspringende hintere Ursprungsteil des Fornix des Gehirns.
– **Cr. posterius capsulae internae:** das zwischen Thalamus und Linsenkern liegende CHARCOT-Bündel der »inneren Kapsel« des Gehirns.

Crush-Syndrom: diffuse Parenchymnekrosen der Muskulatur, Niere und Leber nach Traumen, Elektrounfällen, Intoxikationen, Myositiden mit nachfolgenden Schocksymptomen.

CSIKY-Symptom (JOSEF V. CS., 1881–1929, ungarischer Internist): die Fähigkeit, sich mit den durchgedrückten Knien so tief zu bücken, daß der 7. Halswirbel unter die Trochanterebene kommt. Zeichen der muskulären Hypotonie bei Tabes dorsalis.

Culmen: höchste Erhebung des Vermis cerebelli.

CURTIUS-Syndrom (FRIEDRICH C., 1896–, deutscher Internist): vegetativ-endokrines Syndrom der Frau: wahrscheinlich dominant-hereditäre dienzephal-hypophysäre Regulationsstörung mit Vasolabilität, Hypogenitalismus, Menses-Unregelmäßigkeiten bis Amenorrhö, Ovarialinsuffizienz, habitueller Obstipation und Fluor.

CUSHING Operation: (HARVEY W. C., 1869–1939, amerikanischer Chirurg). 1) bei Hirndruck »subtemporale Dekompression« mittels osteoklastischer Entlastungstrepanation. 2) Neurotomie des Trigeminus bei Trigeminusneuralgie.
– **C.-Syndrom:** Symptomatik des Kleinhirn-Brückenwinkel-Syndroms bei Tumor an Brücke oder Kleinhirn, örtlichem Gefäß- oder Entzündungs-

prozeß, Akustikus-Neurinom; typisch mit Ausfall der gleichseitigen Hirnnerven VI und VII, eventuell auch VIII (Hörstörung), Kleinhirnsymptomen, Hirndruckzeichen.

- **C.-Tumor:** vom kleinen Keilbeinflügel ausgehendes Meningiom.

- **C.-Ulkus:** Streßulkus bei Erkrankung des Zentralnervensystems.

CUSHINGOID: transitorisches CUSHING-Syndrom (I).

Cysticercus, Zystizerkus: der »Blasenwurm« als Typ der Bandwurmfinne (bei Taenia, Taeniarhynchus, Hydatigera); eine flüssigkeitsgefüllte Blase mit Kopfteil. Symptome: Stauungspapille, Drucklähmung, Hydrozephalus, reaktive Psychosen.

D

Dachdeckerlähmung: Parese des N. fibularis und N. ischiadicus bei Dachdeckern aufgrund eines chronischen, durch dauernde Hockstellung und Knien bedingten Kompressionsschadens dieser Nerven.

Dämmerattacke: psychomotorischer Anfall als Form des Dämmerzustandes.

Dämmerschlaf: medikamentös erzielter Dämmerzustand.

Dämmer(ungs)zustand: lang anhaltende, stunden- bis tagelange Bewußtseinseinengung, mit Herabsetzung der Auffassungs- und geistigen Leistungsfähigkeit bei erhaltener Orientierung und relativ unauffälligem Verhalten (»orientierter« oder »besonnener D.«). Andererseits deliranter oder desorientierter D., ein Zustand stärkerer Bewußtseinstrübung, z. B. als »exogener Reaktionstyp« bei Infektionskrankheiten, bisweilen mit Übergang in Sopor und Koma, bei dem häufig auch Automatismen auftreten und dem Erinnerungslücken bis -losigkeit folgen. Ursachen: hochgradige Erschöpfung, Toxikomanie (Sucht), affektive Einflüsse, Epilepsie, progressive Paralyse, pathologischer Alkoholrausch, Hypnose; Ursache des nur abortiven D. ist z. B. eine akute Hirnverletzung.

- **D., organischer:** Zustand des akuten Reaktionstypus, z. B. nach Vergiftung, Hirnerkrankung.

- **D., psychogener:** D. als Folge hohen Affektdrucks.

- **D., traumatischer:** D. nach Hirnverletzung; erscheint besonnen, nicht lang anhaltend und mit teilweiser Amnesie verbunden.

Dahlgren-(Stille-)Zange (Karl Peter D., 1864–1924, schwedischer Chirurg): für die Schädeltrepanation duraschonende, als Stanze wirkende Knochenzange.

Dakar-Vakzine: French neurotropic virus vaccine, FNN-Vakzine: neurovirulente und neurotrope Gelbfiebervakzine, die in Afrika verwendet wird.

Dalcarnie-Virus: ein bisher nicht klassifiziertes ARBO-Virus.

Daltonismus: Farbenblindheit.

DANA-Operation (CHARLES L. D., 1852–1935, amerikanischer Neurologe): Durchtrennung der hinteren Spinalnervenwurzeln nach vorangehender Laminektomie.

– **D.-Syndrom:** funikuläre Spinalerkrankung.

DANDY-Syndrom (WALTER EDW. D., 1886–1946, amerikanischer Neurochirurg): inkompletter, nur bei Lordosierung eintretender lumbaler Bandscheibenvorfall.

– **D.-Operationen:** 1) teilweise bis komplette brückennahe Durchtrennung der hinteren Trigeminuswurzel bei Trigeminusneuralgie. 2) Ventrikulostomie der III. Hirnkammer mit den basalen Zisternen bei nichtkommunizierendem Hydrocephalus internus. 3) die geschlossene, unter Einführung eines Operations-Ventrikuloskops erfolgende Koagulation des Plexus choroideus des Seitenventrikels bei hypersekretorischem Hydrozephalus. 4) beidseitige intradurale Durchtrennung der vorderen Spinalnervenwurzeln C_1–C_3 und der spinalen Akzessoriuswurzel bei spastischem Schiefhals.

– **D.-Ventrikulographie:** Pneumenzephalographie nach Liquor-Austausch durch Luft nach beidseitiger Ventrikelpunktion.

– **D.-Zeichen:** 1) heftige segmentäre Schmerzausstrahlung nach kräftigem Reflexhammerschlag neben die Lendenwirbelsäule (Höhe L IV–S I) bei Neuralgie lumbaler Spinalnervenwurzeln oder präsakraler Nerven, bei bandscheibenbedingter Irritation des Nervus ischiadicus. Das von der Ausstrahlung betroffene Hautfeld und der örtliche Schmerz erlauben eine Höhendiagnose des Bandscheibenschadens. 2) Steigerung einer Ischialgie durch Niesen, Husten, Schneuzen als Zeichen für einen Bandscheibenschaden, diagnostisch gleichwertig sind eine segmentale Hypästhesie und die Abschwächung oder Aufhebung des Achillessehnenreflexes.

Dandy-Fieber: mit stutzerhaftem Benehmen einhergehendes Dengue-Fieber.

DANIELSSEN-(BOECK-)Krankheit: Lepra maculoanaesthetica.

Darmreflexe: von Mechano-, möglicherweise auch Chemorezeptoren des Darms über die Plexus myentericus und submocusus ausgelöste reflektorische Kontraktion der Darmmuskulatur, z. B. der gastrokolische und gastroileale Reflex.

Daumenballenatrophie: verursacht durch Läsion des N. medianus, vorwiegend beim Carpal-Tunnel-Syndrom.

Daumenreflex: Flexion im Daumenglied nach Reflexhammerschlag auf die Sehne des M. flexor pollicis longus oberhalb des M. pronator quadratus; physiologischer Eigenreflex.

DCA: Abkürzung (engl.: **d**etectable **c**ortical **a**ctivity), Ableitbarkeit von Potentialschwankungen im EEG.

Deafferentierung: operative Unterbrechung der segmentären sensiblen Fasern der hinteren Spinalnervenwurzeln, Folge: Stopp der sensiblen Reizleitung.

debil, debilis: schwachsinnig, schwächlich.

Debilität, Debilitas: 1) Geistige Schwäche im allgemeinen Sinn. 2) D. mentalis: perinatal erworbener oder angeborener Intelligenzdefekt, geringster Grad des Schwachsinns, entspricht maximal dem geistigen Niveau eines 9–10jährigen. Nach CHASLIN Begriff für das ungenügende und falsche Urteilsvermögen, unabhängig vom Intelligenzgrad.

– **D., motorische:** auffallende Ungeschicklichkeit bei Oligophrenie, häufig kombiniert mit lebhaften Sehnenreflexen und motorischer Unruhe.

Décanulement: Dekanülierung.

Decussatio: Nervenbahnenkreuzung.

– **D. lemniscorum medialium:** die Kreuzung des linken und rechten Tractus bulbothalamicus in der Medulla oblongata; die gekreuzten sensiblen Fasern vereinigen sich mit Fasern aus dem Trigeminuskern.

– **D. pedunculorum cerebellarium superiorum, D. brachii conjunctivi:** große Haubenkreuzung in Höhe der hinteren Vierhügel.

– **D. pyramidum:** Pyramidenbahnkreuzung: die Kreuzung der beiden Pyramidenbahnen in Höhe der Austrittsstelle des 1. Halsnervs, an der Grenze zwischen Medulla oblongata und dem Rückenmark; die gekreuzten 90% der Pyramidenbahn bilden den paarigen, beidseitigen Tractus corticospinalis lateralis.

– **D. tegmenti:** die Haubenkreuzungen, Decussatio t. dorsalis die Kreuzung der medialen Fasern des beidseitigen Tractus tectospinalis in der Mittelhirnhaube zwischen den roten Kernen und oberhalb der D. t. ventralis, der Kreuzung der beidseitigen Tractus rubrospinalis und rubroreticularis.

Defäkationszentrum: 1) D., spinales: ein Verband vegetativer Neuronen der grauen Substanz des Conus terminalis des Rückenmarks (S_{3-5}). 2) D., zerebrales: Großhirnstrukturen, rostrale Teile des Hypothalamus, limbischer Kortex, Area 4 und 6; letzterer für die willkürliche Kontrolle auch der Miktion, lösen und modifizieren das Defäkationsgeschehen im anospinalen D.

Defatigatio: Ermüdung, Erschöpfung.

Defrontalisation: Leukotomie.

Degeneratio, Degeneration: Oberbegriff für Austausch normaler Zellen durch minderwertige auch unter Bezugnahme auf qualitative Teilschäden der Zelle als Ergebnis zellulärer und geweblicher Stoffwechselstörungen.

– **D., absteigende:** die D. der von zentralen Abschnitten des Nervensystems ausgehenden Nervenfasern motorischer Bahnen jenseits, also peripher einer Unterbrechung, d. h. bei Sitz der zugehörigen Ganglienzellen oberhalb der Schädigung.

– **D. adiposa:** fettige D.

– **D. albuminöse s. albuminoide:** trübe Schwellung.

– **D. aufsteigende:** die D. der zentralwärts leitenden Nervenfasern der Bahnen des Rückenmarks oberhalb einer Unterbrechung, d. h. bei Sitz der zugehörigen Ganglienzellen unterhalb, also peripher der Schädigung.

– **D. grisea:** 1) unter grauer Verfärbung erfolgende Entmarkung und Atrophie der Hinterstränge bei Tabes dorsalis. 2) Schrumpfung, Verhärtung und Grauverfärbung der Nervensubstanz als Endzustand der absteigenden D. 3) D. der Oligodendroglia mit Bildung gelatinöser Substanzen, die nach Zellauftreibung und -zerfall als Schollen frei im Gewebe liegen.

– **D., transneuronale oder transsynaptische:** D. von Nervenzellen und Neuriten, die dem primär geschädigten Neuron vor- oder nachgeschaltet sind.

Degenerationsmerkmal, -stigma: körperliches Merkmal als Hinweis auf eine »schlechte« Konstitution, ursprünglich als Zeichen einer psychiatrisch konzipierten Degenerationslehre. Als bekannte Merkmale z. B. Gaumenfehlbildungen, Mikrozephalie, fliehendes Kinn, Hasenscharte, Hypertrichose, angewachsene Ohrläppchen.

degenerativ: durch Degeneration bedingt oder mit Degeneration einhergehend.

Dehnungsreflex: tonischer Eigenreflex, für den glatten Bewegungsablauf beim Gesunden. Der Reiz erfolgt durch aktive oder passive Dehnung eines bewegten Muskels, Reflexerfolg: Widerstand des Muskels gegen Dehnung und Tendenz, sich zusammenzuziehen. Die Reflexleitung erfolgt über den einfachen Reflexbogen bis zu den verschiedenen zerebralen Stationen wie Hirnstamm, Kleinhirn, Stammganglien, Kortex und zurück. Die Prüfung erfolgt durch passive Dehnung eines Muskels mit seiner Palpation.

Dehnungsrezeptoren: Mechanorezeptoren, die auf Dehnungsreize ansprechen, in Lunge, Magen-Darmtrakt, Muskeln, Herzvorhöfen und in den sogenannten vasosensiblen Zonen.

Deites: (Otto F. K., 1834–1863, deutscher Anatom): beschrieb das (siehe) Déjà-vu-Phänomen.

Déjà-vu-Phänomen: optische und akustische Halluzinationen mit deutlichen Geschmacks- und Geruchssensationen. Dieses Phänomen erscheint subjektiv fremd und trotzdem vertraut.

Déjerine-Phänomen (Joseph Jul. D., 1849–1917, französischer Nervenarzt): D.- Lichtheim-Phänomen (Ludwig L.): bei der reinen motorischen Aphasie das Vermögen, die Betonung und Silbenzahl der Wörter durch Klopfzeichen wiederzugeben.

– **D.-Syndrom:** 1) diphterische Pseudotabes. 2) D.-Roussy-Syndrom (Gustave R.), Thalamussyndrom: Seh- und Empfindungsstörungen durch Thalamusausfälle. Symptome: homonyme Hemianopsie und – herdgegenseitig – Hyperreflexie der Sehnen- und Periostreflexe sowie verminderte Hautsensibilität mit Hemialgie und -hyperpathie (insbesondere an Fingern, Zehen, Wangen, Stirn und Augenhöhlen), Störung der Tiefensensibilität, auch begleitet von Skelettmuskelatrophie. 3) D.-Sottas-Syndrom (Jules S., geb. 1866, französischer Neurologe): autosomal-dominant erbliche neurale Muskelatrophie infolge Wucherung der Schwann-Zellen. 4) D.-Thomas-Syndrom (André Th.), olivopontozerebellare Atrophie. 5) D.-Verger-Syndrom, das Parietalhirn-Syndrom.

Déjerine-Klumpke-Lähmung (Augusta D.-K., 1859–1927, französische Nervenärztin): untere Plexuslähmung.

Dekortikationsstarre: Körperstarre mit Beugestellung der Arme und Streckstellung der Beine bei Funktionsausfall der Hirnrinde im 2. Stadium des posttraumatischen Komas, in dem die hirnrindenabhängigen Leistungen erloschen sind.

Delirium tremens: hochgradiger Verwirrtheitszustand mit Desorientiertheit, psychischen Alterationen und motorischer Unruhe.

Deltoideuslähmung: Funktionsausfall des Musculus deltoideus, beeinträchtigt Abduktion sowie Vor- und Rückwärtsbewegung des Armes. Später nach Atrophie »eckige Schulter«.

dement: an Demenz leidend.

Dementia, Demenz: Verlust erworbener intellektueller Fähigkeiten. Verblödung.

– **D. alcoholica:** Alkoholdemenz.

– **D. apoplectica:** D. als Folge Hirnapoplexien mit Desorientiertheit, auffallender Kritiklosigkeit, Weitschweifigkeit, Mißtrauen, Echomatismen, Affektionskontinenz, sexuellen Entgleisungen.

– **D. arteriosclerotica:** D. bei Zerebralsklerose.

– **D. choreatica:** D. bei Chorea Huntington.

– **D., exogene:** D. nach Hirnverletzung, Infektionskrankheiten, Vergiftungen und bei Hirntumor; mit Urteils-, Kombinations- und Auffassungsschwäche und Gedächtnislükken ausfüllende Konfabulationen.

– **D. infantilis:** D. im Kindesalter als Folge von Stoffwechsel- oder (heredo-)degenerativen Krankheiten.

– **D. paralytica:** D. als Kernsymptom der progressiven Paralyse; mit Abbau ethischer Verhaltensweisen und persönlichkeitsfremden sozialen Entgleisungen. Übergang in schwerste Verblödung.

– **D. praecocissima:** bereits im Kleinkindalter bei zuvor unauffälligem psychischem Verhalten auftretende D.

– **D. praecox:** rasch zu Verblödung führendes »Jugendirresein«. Nach Kraepelin Sammelbegriff für die Paranoia, Hebephrenie und Katatonie.

– **D. präsenilis:** D. im mittleren Lebensalter.

– **D. senilis:** D. oder der »Altersschwachsinn« durch Involution, Zerebralsklerose.

– **D. simplex:** D. als symptomenarme Form der Schizophrenie mit Persönlichkeitsabbau.

Demyelinisierung: Myelinverlust, Entmarkung.

Dendrit: 1) relativ kurzer, breitbasiger, sich peripher stark verzweigender und meist mehrfach vorhandener Zytoplasmaausläufer der bi- und multipolaren Nervenzellen.

dendriticus, dendritisch: verzweigt, auf Dendriten bezogen.

Denervationsgesetz (Cannon): Denervierte Nervenzellen werden gegenüber Transmitter-Substanzen übererregbar infolge Abnahme der spaltenden Enzyme und erhöhter Empfindlichkeit der postsynaptischen Membranstrukturen.

Denervationspotential: nach Denervierung sich zeigende Potentialschwankung in einer erregbaren Struktur; im Skelettmuskel u. a. als sogenanntes Fibrillationspotential.

Denervierung, Denervation: die »Entnervung« bzw. »Enervation«, also die teilweise oder totale Trennung eines Organs oder Großhirngebiets von seinen nervalen Verbindungen durch gezielte Unterbrechung der entsprechenden Nerven oder der zentralen Leitungsbahnen bzw. Assoziationsfasern.

Denkstörung: Störung des Denkvollzuges.
- **D., alogische:** D. mit Begriffs-, Wortarmut; bei Stirnhirnausfall.
- **D., formale:** Denkablaufstörung mit Denksperre, -hemmung, Ideenflucht, Zusammenhanglosigkeit.
- **D., inhaltliche:** D. als z. B. Zwangs-, Wahnvorstellungen.

Depravation: psychisch der vom Intelligenzgrad unabhängige Verfall der sittlichen und moralischen Verhaltensweisen, meist als Suchtfolge.

Dermatom: segmentales oder radikuläres D.: der primär von einer hinteren Spinalnervenwurzel innervierte Hautbezirk.

Dermatomyositis: entzündliche Muskelerkrankung mit gleichzeitiger Dermatitis.

Dermoid des Schädels: sogenannte Perlgeschwulst mit meist jahrzehntelangem Wachstum, vor allem an den Schließungslinien der Schädelknochen lokalisiert.

Dero(di)dymus: Dizephalus als Fehlbildung mit Verdoppelung auch im Halsbereich.

Desorientiertheit: mangelhafte bis fehlende Fähigkeit, sich in Raum und/oder Zeit und Situationen sowie zur eigenen Person (autopersonell) zu orientieren, bei schwerer Demenz, Bewußtseinstrübung.

Déviation conjuguée: Augenzwangsbewegungen bei einseitigen Läsionen oder Reizungen der optomotorischen Zentren, z. B. koordinierte Blickbewegung zur Gegenseite der Halbseitenlähmung, also zum Herd hin, beim Schlaganfall.

Dezerebration: 1) im Tierexperiment die Ausschaltung des Großhirns. 2) Ausfall des Großhirns als Folge einer Verletzung, Blutung, Tumorbildung mit Unterbrechung der Hirnrinden-Hirnstammverbindung, bietet das Bild der Enthirnungsstarre sowie einen Zustand mit hirnstammgesteuertem primitiven Schlaf-Wachrhythmus sowie Mutismus, Paresen, Akinesen, oralen Reflexautomatismen, extrapyramidalen Störungen.

Diabetes insipidus: symptomatische Form des Diabetes als häufigstes endokrines Syndrom bei Tumoren der Chiasmagegend.

Diabetes neurohormonalis: gekennzeichnet durch die Störung der Wasserrückresorption im Tubulussystem der Niere, verursacht durch Mangel an antidiuretischem Hormon. Vorkommen bei geschwulstbedingter, entzündlicher Schädigung des Hypothalamus-Neurohypophysen-Systems, bei Pyelonephritis, nach Hypophysektomie.

Diadochokinese: koordinierter Bewegungsablauf.

Dialyseenzephalopathie: schwerer Hirnschaden nach langjähriger extrakorporaler Dialyse.

Diameter, frontooccipitalis: als größte Hirnschädellänge der Glabella-Opisthokranionabstand; normal beim Neugeborenen 12 cm.
- **D. occipitomentalis:** der größte schräge Durchmesser des Kopfes des Neugeborenen, von der Kinnspitze zum entferntesten Punkt des Hinterhauptes; normal ca. 13,5 cm.
- **D. submentobregmatica:** gerader Durchmesser des Kopfes des Neugeborenen von einer Stelle dicht unterhalb des Kinns zur großen Fontanelle; normal 9,5 cm.
- **D. suboccipitobregmatica:** gerader Durchmesser des kindlichen Kopfes von der Mitte der großen Fontanelle zum Nacken; normal 9,5 cm.

Diathese, Diathesis: D., vasoneurotische, angioneurotische D.: Gefäßdysregulation mit Gefäßkrämpfen.

Diazepam: Benzodiazepinderivat, ein minor tranquilizer oder anxiolytisches Medikament.

Diffuse Sklerose: SCHILDERsche Krankheit.

Diplegia, -plegie: beidseitige Lähmung des gleichen Körperabschnitts, oft Folge einer symmetrischen Schädigung motorischer Kerngebiete oder ihrer peripheren Fasern oder einer beidseitigen Pyramidenbahnschädigung.
- **D. atonica congenita:** die hereditär bedingte zerebellare oder infantile zerebrozerebellare D.
- **D. facialis:** beidseitige Fazialislähmung.
- **D., familiäre progressive zerebrale:** heredofamiliäre fortschreitende Erkrankung.
- **D. inferior:** Lähmung beider Beine durch Schädigung der peripheren motorischen Neuronen oder der Pyramidenbahnen.
- **D. masticatoria:** Kaumuskellähmung bei beidseitiger motorischer Trigeminuslähmung.
- **D. spastica cerebralis, D. spastica infantilis:** LITTLE-Krankheit.
- **D. spastica progressiva:** Spinalparalyse.
- **D. superior:** Lähmung beider Arme bei beidseitiger Verletzung des Plexus brachialis oder bei umschriebener Halsmarkschädigung.

Dipsomanie: periodische Trunksucht mit zwischenzeitlicher, wochen- oder auch monatelanger Abstinenz. Dauer der D. ca. 1 Woche. Vorkommen vor allen Dingen bei periodischen Verstimmungszuständen.

Disäquilibriumsyndrom, zerebrales: Hirnsymptome als Folge der Hämodialyse bei Urämie durch zu schnelle Harnstoffausscheidung, Zunahme des Hirnödems durch Störung des bestehenden osmotorischen Gleichgewichts. Symptome: Unruhe, Kopfschmerzen, Schwindelgefühl, Müdigkeit, Unwohlsein, Bewußtseinsstörungen.

Diskusprolaps: siehe Bandscheibenvorfall.

Dissociation albuminocytologique: Eiweißvermehrung im Liquor, am häufigsten bei der aufsteigenden Polyradikulitis, auch als GUILLAIN-BARRÉ-Syndrom bekannt.

dissoziierte Sensibilitätsstörung: dissoziierte Empfindungsstörung mit Störung des Kalt-Warmempfindens.

Divergenzparese: starke Einwärtswendung der Augäpfel bei Brückenhaubenschädigung.

Dogliotti: D.-**Periduralanästhesie:** segmentäre Periduralanästhesie mit 1%iger isotonischer Novocain-Kochsalz-Lösung und Adrenalinzusatz, fraktioniert durch die Foramina intervertebralia (Th 11–12) appliziert; veraltete Methodik.

Dolichocephalus: Langschädel verursacht durch vermehrtes Längenwachstum bei vorzeitiger Verknöcherung der Pfeilnaht.

DOLLINGER-BIELSCHOWSKY-Syndrom: (ALBERT D., deutscher Pädiater; MAX B., 1869–1940, deutscher Neuropathologe): amaurotische, spätinfantile Idiotie bei rezessiv-hereditärer Gangliosidose. Symptome: gestörte frühkindliche geistige Entwicklung mit Verlernen des Sprechens und Laufens und allmählicher Erblindung; oft Kleinhirnausfälle.

Dolor: Schmerz.

DOPA, Dopa: 3,4-Dihydroxyphenylalanin.

DOPA-Decarboxylase: in der Leber, Niere und dem Nervensystem vorkommendes Enzym, decarboxyliert am aromatischen Kern substituierte Phenylalanin- und Phenylserin-Derivate zu biogenen Aminen.

Dopamin(um): 3,4-Dihydroxy-β-phenyläthylamin.

Doppelbilder: Funktionsstörung der Augenmuskelnerven und dadurch der Augenmuskeln. Sie entstehen durch Ausfall eines oder mehrerer Muskeln, auch als Diplopie bezeichnet.

Doraphobie: krankhafte Furcht vor Tierfellen und -häuten.

Dorsalflexion: Hand- bzw. Fußbeugung in Richtung Hand- bzw. Fußrücken.

Dorsalwurzel: hintere Spinalnervenwurzel, Radix dorsalis.

Drehnystagmus: Nystagmus durch Beschleunigung auf dem Drehstuhl, zu Beginn der Körperdrehung in Drehrichtung, nach längerer Drehung gefolgt von einem jeweils schwächeren Drehnachnystagmus, in mehreren Folgen,mit jeweils entgegengesetzter Schlagrichtung.

Drehprüfung: experimentelle Gleichgewichtsprüfung, Drehung von Probanden auf einem Drehstuhl oder mehrmaliges Hin- und Herdrehenlassen des Kopfes.

Drehschwindel: labyrinthärer Schwindel mit folgender Erscheinung: die Umgebung dreht sich um einen oder man selbst dreht sich bei stillstehender Umgebung, mit Nystagmus, meistens auch mit vegetativen Symptomen. Physiologisch als Drehnachempfindung, krankhaft bei Schädigung des Nervus vestibularis, des Kleinhirns, des Labyrinths.

Druckneuritis: Neuritis eines peripheren Nervs durch mechanischen Druck, z. B. bei Narkosen.

Druckpuls: langsamer gespannter Puls, der später klein und frequent wird, verursacht durch Hirndruck.

Drucksella: Erweiterung des Sellaeinganges und Atrophie der Processus clinoidei post., verursacht durch chronischen Hirndruck.

Drucksinn: das der Druckempfindung dienende nervöse System.

Drucksteigerung, intrakranielle: der sogenannte Hirndruck bei Subarachnoidalblutung, Kraniostenose, Hirnödem, Hirntumor, Hydrozephalus, duralem Hämatom. Symptome: Stauungspapille, Übelkeit, Kopfschmerzen, Bewußtseinstrübung, Erbrechen, Druckpuls, systolische Blutdruckerhöhung mit späterem Abfall, präfinal Druckkonus und Enthirnungsstarre.

DUNINI-Syndrom (ANGELO D., 1813–1902, italienischer Arzt): seltene Myoklonie-Form der epidemischen Enzephalitis.

DUCHENNE-Syndrom (GUILLAUME BENJ. A. D., 1806–1875, französischer Nervenarzt): 1) Tabes dorsalis. 2) D.-Lähmung, Tripelparalyse: fortschreitende Bulbärparalyse meist des Lippen-Mund-Schlundbereiches bei primär degenerativer Erkrankung der Kerne motorischer Hirnnerven. Symptome: Atrophie der Kau- und mimischen Muskulatur, verbunden mit fehlendem Lidschluß, faszikulären Zuckungen, auch mit Zwangsweinen und -lachen. Terminal: Blutdruck- und Atemdysregulation. 3) D.-ARAN-Syndrom: spinale progressive Muskelatrophie. 4) D.-ERB-Syndrom: obere Armplexuslähmung. 5) D.-GRIESINGER-Syndrom: Sammelbegriff für das DUCHENNE-ARAN-Syndrom. 6) D.-LANDOUZY-Atrophie: die fazioskapulohumerale Form der Dystrophia musculorum progressiva. 7) D.-v.-LEYDEN-Syndrom: die mit Pseudohypertrophie der Muskulatur verbundene Beckengürtelform der Dystrophia musculorum progressiva.

DUENSING-Fremdreflex (FRIEDRICH D., 1910–, deutscher Neurologe): durch schnelles Streichen der Haut oder durch Hammerschlag Verformung der Haut; Effekt erfolgt durch Zuckung im dazugehörigen Muskel. Reflexzeit länger als beim Eigenreflex. Der D. gehört zu den extrapyramidalmotorischen pathologischen Fremdreflexen.

Dunkelnystagmus: Pendelnystagmus bei Kleinkindern, die in dunklen Wohnungen aufwachsen, sowie das Augenzittern der Bergleute.

Dura: Kurzbezeichnung für die (siehe) Dura mater.

Dura mater: äußere, straffe Hüllhaut des Zentralnervensystems, besteht aus kollagenem Bindegewebe und einer niedrigen inneren, einschichtigen Epithelschicht; getrennt durch das Cavum subdurale von der Arachnoidea.
– **D. m. encephali, Pachymeninx:** die harte Hirnhaut.
– **D. m. spinalis:** die harte Rückenmarkshaut als Fortsetzung der D. m. cerebri vom großen Hinterhauptsloch.

Durchgangssyndrome: körperlich begründbare, unspezifische Psychosen, die durch Rückbildung in Stunden bis wenigen Tagen und durch Fehlen einer Bewußtseinsstörung imponieren.

DURET-(Berner-)Blutung (HENRI D., 1849–1921, französischer Chirurg): Blutung in das Mittelhirn und in den IV. Ventrikel bei gedeckter Kopfverletzung.

Dysästhesie: schmerzhafte Mißempfindung.

Dysakusis: Störung der Gehörempfindung.

Dysanagnosie: Dyslexie.

Dysantigraphie: Schreibstörung, Unvermögen, einen Text fortlaufend abzuschreiben.

Dysaphie: Störung des Tastsinns und der Formerkennung.

Dysarthrie: Sprachstörung durch Störung der Aussprache.
– **D., bulbäre:** D. bei Bulbärparalyse.
– **D., extrapyramidale:** zentrale D. bei Störungen des strio-pallidären Systems, Wort-, Satzteilwiederholungen.
– **D., laryngeale:** D. als Teilerscheinung der extrapyramidalen D., als Sprachveränderung mit Störungen der Stimmbildung und der Lautbildung, kombiniert mit Atemstörungen.
– **D., pyramidale:** zentrale Sprachstörung durch Spastik der Artikulationsmuskulatur bei Dysregulation durch das Pyramidenbahnsystem, die

Sprache ist explosiv, verwaschen, die Stimme hyperkinetisch, gepreßt oder hauchig bis fast aphonisch.

Dysbarognosis: Störung der – zur Oberflächensensibilität gehörenden – Druckempfindlichkeit.

Dysbasia, Dysbasie: Gehstörung; bei Erkrankungen des Nervensystems wie Lähmungen, Chorea, Ataxie, Spastik, Muskeldystrophien.

Dysbulia: Störung der Willensbildung; Willenshemmung.

Dysdiadochokinese: unkoordinierter Bewegungsablauf.

Dysenzephalie: Oberbegriff für morphologische und funktionelle Gehirnanomalien.

Dysglossie: Sprachstörung durch anatomische Anomalien der peripheren Sprechwerkzeuge.

Dysgrammatismus: Sprachstörung, besonders grammatische und Syntaxfehler.

Dysgraphie: Schreibstörung.

Dysgrypnie: Schlafstörung.

Dysgyrie: Störung der Bildung der sekundären Hirnwindungen der Hirnrinde.

Dyshormie: Antriebsstörung infolge mangelnder Koordination der seelischen Bewegungsantriebe.

Dyskalkulie: Rechenstörung durch Leseschwäche oder bei einer Hirnerkrankung.

Dyskatabrosis, Dyskataporie: Dysphagie.

Dyskinesien: spontane unwillkürliche Bewegungen der mimischen sowie Zungen- und Schlundmuskulatur, z. B. bei (siehe) Chorea und bei PARKINSON-Krankheit.

Dyskoimesis: Schlaflosigkeit, besonders Einschlafstörung.

Dyskorie: Entrundung und Verlagerung der Pupille, abnorme Pupillenreaktion.

Dyskranie: krankhafte Schädelform.

Dyslalie, Stammeln: Sprachstörung als Artikulationsstörung mit Auslassen einzelner Laute, abartiger Bildung oder Ersatz durch andere Laute.

Dyslexie: erschwertes Lesevermögen, leichte Alexie als Herdsymptom.

Dyslogia: Sprachstörung aufgrund einer Geistesstörung.

Dysmegalophanie: optische Größentäuschung infolge Sehbahnstörung.

Dysmegalopsie: optische Größentäuschung durch Störung der peripheren Reizempfindlichkeit.

Dysmetrie: Dysregulation der willkürlichen Bewegungsabläufe als Entfernungsfehlleistungen.

Dysmimie: Störung von Gestik und Mimik.

Dysmnesie: Gedächtnisstörung.

Dysmorphia, Dysmorphie: Fehlbildung als anlagebedingte Deformität.

Dysnomie: Gedächtnisschwund ausschließlich für Namen.

Dysosmie, Dysosphresie: Störung des Geruchssinns.

Dysostosis cranio-facialis: multiple Nahtsynostosen mit meist vorgebuckelter Fontanelle kombiniert mit Hydrocephalus int., Exophthalmus, Stauungspapille und sekundärer Opticusatrophie, abzugrenzen vom Turmschädel.

Dysphagia, Dysphagie: Dysregulation des Schluckaktes mit Schmerz oder Druckgefühl hinter dem Brustbein oder im Oberbauch. Erkrankung des Zentralnervensystems (z. B. bei Lyssa), beim PLUMMER-VINSON-Syndrom, bei neurovegetativer Dystonie.

Dysphasie: Sprachausdrucksstörung als leichte Aphasie oder Herdsymptom.

Dysphemie: Stottern.

Dysphorie: banale Alltagsverstimmung sowie krankhafte Stimmungen bei hirnorganischen Erkrankungen.

Dysreflexie: Störung der Reflexe, z. B. bei Dysrhaphie.

Dysrhaphiesyndrom: Status dysrhaphicus, dysraphische Myelodysplasie: dominant hereditäre und allgemein vielfältige Fehlbildungen als Folge einer Dysrhaphie.

Dystaxia: Störung der Koordination von Bewegungsabläufen.

Dysthermie: Dysregulation des Temperatursinns und/oder der Wärmeregulation.

Dystonie: Störung eines natürlichen Spannungszustandes.

Dystrophia musculorum progressiva: chronisch degenerative, erbliche Muskelerkrankung mit primärem, schicksalhaft fortschreitendem Muskelschwund.

Dyszephalie: krankhafte Abweichung der Kopfform.

Dyszephaliesyndrome: Sammelbezeichnung für Hirnschädel- oder Kopfformen, die vom normalen Durchschnitt abweichen.

dyszerebral: mit ungenügender Gehirnausbildung und/oder -funktion zusammenhängend.

E

EAE: experimentelle allergische Enzephalitis.

Ebrietas: unkomplizierter Alkoholrausch.

Ebriositas: Trunksucht.

Echoästhesie: Reizwahrnehmung fern vom Reizort.

Echopalilalie, Spiegelsprache: krankhafte Wiederholung gesprochener Wörter.

Edelmann-Reflex (Adolf E., 1885–1939, österreichischer Arzt): Dorsalflexion der Großzehe bei passiver Beugung des gestreckten Beins als Hirndruckzeichen.

EEG: siehe Elektroenzephalogramm.

Efferenz: von Nervenzellen über Neuriten zur Peripherie geleitete Erregungen.

Ehret-Lähmung: nach Wiederherstellung der elektrischen Erregbarkeit des Muskels fortbestehende Parese durch psychische Fixation oder Verlust der Innervationsbahnung.

Eigenreflex, propriozeptiver Reflex: Empfangs- und Erfolgsorgan liegen im gleichen Gebilde, dem Muskel. Typische Eigenschaften des E. sind: Unermüdbarkeit, kurze Refraktärzeit, Unfähigkeit zur Summation, Unabhängigkeit der Latenzdauer von der Reizstärke. E. dienen der relativen Anpassung der Muskelspannung gegenüber Veränderungen der Gelenkstellung. Physiologische E. sind schon beim Gesunden vorhanden, pathologische treten erst bei Erkrankungen hervor.

Einschlußenzephalitis: maligne subakute Enzephalitis.

Eklampsie, Eclampsia: schwangerschaftsbedingtes Auftreten von plötzlichen, blitzartigen tonisch-klonischen Krämpfen mit Bewußtlosigkeit, selten als Aufpfropfgestose, aber auch ohne Krämpfe primär in ein tiefes Koma übergehend. Ursache besteht wahrscheinlich in Dysregulationen i. S. einer Engstellung von Blutgefäßen im Gehirn.

Elektroenzephalogramm, EEG: das durch Elektroenzephalographie dargestellte Kurvenbild.

Elektroenzephalographie: Methode zur Registrierung bioelektrischer Potentialschwankungen des Gehirns.

Elektrokortikogramm: intraoperativ dargestelltes Hirnstrombild direkt von der freigelegten Hirnoberfläche.

Elektromyographie, EMG: das Ableiten der bioelektrischen Begleitphänomene bei der Willküraktivität der Skelettmuskulatur, wird mit Nadelelektroden vorgenommen, da eine Ableitung mit Oberflächenelektroden keine näheren Aufschlüsse gibt. Mit Hilfe der Nadelableitung wird dagegen das bioelektrische Korrelat der kleinsten funktionellen Einheit der peripheren Motorik (motorische Einheit nach SHERRINGTON) untersucht. Das Muskelaktionspotential ist abhängig von der Zahl und der räumlichen Verteilung der Muskelfasern. Anhand typischer Potentialveränderungen können vor allen Dingen folgende diagnostische Fragen geklärt werden: peripher-neurogene oder myogene Parese, morphologische Läsion usw.

Elektroneuraltherapie: Anwendung elektrischer Ströme an verschiedenen Punkten des Körpers als Therapie für das vegetative System, z. B.: Elektroakupunktur.

Elektroneurographie, ENG: Nach perkutaner Reizung eines peripheren Nervs wird die Latenzzeit bis zum Einsetzen der Muskelkontraktion gemessen. Durch Reizung an zwei verschiedenen Stellen kann die Nervenleitgeschwindigkeit nach der Formel: Geschwindigkeit = Weg/Zeit errechnet werden. Der Aussagewert wird allerdings durch die Tatsache einer großen physiologischen Streubreite eingeschränkt. Eine Verlangsamung von Latenzzeiten oder der Nervenleitgeschwindigkeit ist zu erwarten, wenn der Markscheidenapparat, der die normale Geschwindigkeit der Impulsfortleitung garantiert, geschädigt ist.

Elektronystagmographie: Darstellung und objektive Erfassung des Nystagmus nach Frequenz und Amplitude der Ausschläge von der Mittelstellung.

Elektroophtalmographie: 1) Elektromyographie der äußeren Augenmuskeln. 2) Elektrookulographie.

Elektrostimulation: therapeutische Anwendung elektrischer Stromstöße als Ersatz natürlicher Reize, z. B. als E. der Harnblase bei Querschnittslähmung.

Elephantiasis: Riesenwuchs.

Emotionsstupor: Emotionslähmung, Affektschock, Affektstupor. Zustand des Versagens aller psychischen, gelegentlich auch motorischen Fähigkeiten.

Empfindungslosigkeit: Anästhesie, Analgesie.

Empfindungsschwelle: die geringste Stärke eines adäquaten Sinnesreizes, die gerade ausreichend ist, eine Empfindung auszulösen.

Empfindungsstörung: Abschwächung bis Ausfall einer Sinnesempfindung.

- **E., dissoziierte:** Empfindungsdissoziation mit verminderter Schmerz- und/oder Temperaturempfindung z. B. bei erhaltener Berührungs- und Tiefensensibilität durch Schädigung der Kreuzung der spinothalamischen Bahn in der Nähe des Zentralkanals oder bei Prozessen im Vorderseitenstrang.

Emprosthotonus, Episthotonus: Spannungszustand des Körpers bei nach vorn gebeugter Haltung.

Encephalitis, Enzephalitis: Gehirnentzündung; akute oder chronische Entzündung von Hirngewebe durch eine Infektion mit Bakterien, Rikkettsien, Chlamydien, Viren sowie durch Begleitenzephalitis mit infektiös-toxischer Ursache oder als allergisches Geschehen. Siehe Borreliose, FSME-Enzephalitis, Zeckenenzephalitis.

Encephalitis japonica: in Indien, Japan und Malaya auftretende, durch ein ARBO-Virus B (siehe Japan-Enzephalitis-Virus) verursachte E., mit Somnolenz, epileptischen Krisen, akuten Psychosen, bei älteren Erwachsenen bis zu 80% tödlich.

Encephalitis, maligna subacuta: eine E. (meist bei Knaben) mit schleichendem Beginn und dreiphasigem Verlauf (Apathie, dann Muskelzukkungen als Myoklonien und epileptische Anfälle, danach Persönlichkeitsveränderung und Enthirnungsstarre). Histologisch werden Gliaknötchen und -wucherungen, subkortikale Entmarkung sowie typische Einschlußkörperchen gefunden.

Encephalitis metastatica: durch embolische Verschleppung von Eitererregern.

Encephalitis postvaccinalis: siehe Impfenzephalitis.

Encephalitis purulenta: eitrige E., siehe Hirnabszeß.

Encephalitis rheumatica: Rheumatismus cerebralis.

Encephalodystrophia neonatorum: Hirnveränderung mit herdförmiger Verfettung und entsprechenden Herdsymptomen durch Verletzung bei der Geburt.

Encephalomalacia, Enzephalomalazie: überwiegend herdförmige Hirnerweichung durch arterielle Thrombose, Hirnembolie oder chronischen Sauerstoffmangel, der vollständige oder teilweise Gewebsuntergang führt zu entsprechenden Herdsymptomen; später Abbauvorgänge mit Narbenbildung.

Encephalomeningitis: siehe Meningoenzephalitis.

Encephalomyelitis, Enzephalomyelitis: Entzündung des Gehirns und Rückenmarks; überwiegend als Infektion, z. B. durch Viren, auch toxisch-allergisch.

Encephalomyelitis postvaccinalis: Impfenzephalomyelitis.

Encephalon, Enzephalon: Gehirn.

Encephalopathia, Enzephalopathie: krankhafte, nicht entzündliche Hirnveränderung.

Encephalopathia diabetica: verbreitete degenerative Hirnveränderungen bei Diabetes mellitus.

Encephalopathia hepatica: hepatozerebrales Syndrom.

Encephalopathia hypertensiva: Hypertensionsenzephalopathie.

Encephalopathia, metabolische: E. durch Stoffwechselstörungen.

Encephalopathia posticterica infantum: Kernikterus.

Encephalopathia, postkombustionelle: E. nach großflächigen Verbrennungen.

Encephalopathia saturnina: Bleienzephalopathie.

Encephalopathia traumatica: Durch Schädelhirntrauma(Boxen, Verkehrsunfälle) ausgelöste Enzephalopathie.

Encephalorrhagie: siehe ,,Massenblutung'' im Bereich des Gehirns.

Endhirn: Telencephalon.

endokranial: im Schädelinnern.

Endokranium: 1) Dura mater encephali. 2) Chondrokranium.

Endoneurolyse: interfaszikuläre Neurolyse; die Freipräparierung einzelner Nervenfaserbündel eines peripheren Nervs.

Endplatte, motorische: Endorgan der Erregungsübertragung von der motorischen Nervenfaser zum quergestreiften Muskel.

Enervierung: Denervierung, siehe Spontanaktivität.

ENG: **E**lektro**n**euro**g**raphie.

Engpaßsyndrome, des peripheren Nerven: auf Grund anatomischer Gegebenheiten bestehende Engpässe des peripheren Nerven, z. B. Karpaltunnelsyndrom, Sulcus-ulnaris-Syndrom, Tarsaltunnelsyndrom. Ausgelöst durch mechanische Überbeanspruchung oder auch infolge einer erhöhten Vulnerabilität des peripheren Nerven bei klinisch latenten Polyneuropathien infolge mechanischer Beanspruchung.

Engramm: Gedächtnisspur im ZNS.

Enophthalmie, Enophthalmus: Zurücksinken des Augapfels in die Augenhöhle.

Enthirnungsstarre, Dezerebrierungsstarre: nach Hirnstammunterbrechung unter Bewußtseinsverlust hervortretende spastische Streckhaltung des Rumpfes und der Gliedmaßen, mit Pupillenerweiterung und Lichtstarre.

Entlastungstrepanation: Schädeltrepanation als Palliativoperation zur Entlastung bei Hirndruck.

Entmarkung, Demyelinisierung: Schädigung und Verlust von Myelin des zentralen oder peripheren Nervs.

Entmarkungskrankheiten: Erkrankungen mit entzündlicher oder degenerativ-metabolischer Entmarkung. Siehe Multiple Sklerose.

Entwicklungsstörungen bei angeborener Lues: Die Infektion erfolgt zu einer Zeit, in der sich die Organe ausbilden, daher Fruchtschäden, die sich an allen Organen einschließlich des Zentralnervensystems auswirken.

Enzephalitis: siehe auch Encephalitis.

Enzephalitis, retikulohistiozytäre granulomatöse, primäre Retikuloendotheliose des Gehirns: seltene, überwiegend im 5. und 6. Lebensjahrzehnt nach chronischen Infektionskrankheiten auftrende E.

Enzephalitis, russische: Frühjahr-Sommerenzephalitis.

Enzephalödem: Hirnödem.

Enzephalographie: mittels Ultraschall Darstellung der Hirnventrikel und intrakranieller Massenverschiebung (A- und B-Bild-Verfahren): mittels Luft Darstellung des Ventrikelsystems.

Enzephalomalazie: Encephalomalacia.

Enzephalomeningismus: infolge Eindringens von Infektionserregern und/oder deren Toxinen in das zentrale Nervensystem hervorgerufene Reizerscheinungen an Gehirn und Hirnhäuten.

Enzephalomeningitis: Hirn- und Hirnhautentzündung.

Enzephalomyelitis dissiminata: siehe Multiple Sklerose.

Enzephalomyelographie: gleichzeitige Kontrastdarstellung der Hohlräume des Gehirns und Rückenmarks. Das Kontrastmittel wird in den Subarachnoidalraum injiziert.

Enzephalon: das Gehirn.

Enzephalorrhagie: Hirnblutung.

Enzephaloschisis: Hirnfehlbildung in Form einer durchgehenden medianen Spalte.

Enzephalose: Sammelbegriff für degenerative Hirnerkrankungen und nicht-entzündliche Hirnschädigungen.

Enzephalotomie: operativer Hirnschnitt, als Undercutting, Balkenschnitt, Lobo-, Leukotomie.

Enzephalozele: Hemmungsfehlbildung mit fehlerhafter Gehirnanlage und medianer Schädellücke.

Eosinophiles Adenom: Hypophysentumor mit innersekretorischen Anomalien.

Ependymoblastom: bösartige Geschwulst, aus Ependymoblasten sowie Spongioblasten als Ependymoblastenvorstufen.

Ependymom, Ependym(o)epitheliom, -gliom, -zytom, Pfeilerzellgliom: vom Ependym ausgehende Geschwulst mit balken- oder mosaikförmigem Aufbau.

Ependymzyste, Plexuszyste: vom Ependym der Hirnventrikel gebildete erbs- bis kirschgroße Kolloidzyste.

Epidermoid des Schädels: siehe Dermoide des Schädels.

epidural, extra-, supradural: auf der Dura mater; am Schädel zwischen äußerem Durablatt und dem Schädelknochen, im Wirbelsäulenbereich auf dem Durasack oder zwischen dem Periost des Wirbelkanals und dem Durasack.

Epiduralanästhesie, extradurale Spinalanästhesie: Leitungsanästhesie der Spinalnerven durch Injektion eines Lokalanästhetikum in den Epiduralraum.

Epiduritis: Entzündung des der Dura außen angrenzenden Gewebes.

Epilepsia, Epilepsie, Fallsucht, St. Valentins-Krankheit, Morbus sacer: chronische, zerebrale Funktionsstörung, als Oberbegriff für Elementaranfall und Anfallsleiden verschiedener Ursachen.

Epilepsia, adversive: Adversivepilepsie. Siehe Adversivanfall.

Epilepsia, akinetische: epileptische Anfälle mit plötzlichem Bewegungsstillstand.

Epilepsia, audiogene, akustikogene E.: Reflex-E., Anfälle werden durch einen akustischen Reiz ausgelöst.

Epilepsia, audiotive: epileptische Anfälle mit akustischen Sinnestäuschungen.

Epilepsia convulsiva: allgemeine oder begrenzte, nichtgeneralisierte Krämpfe (E. major = generalisierte E. = Grand mal bzw. partielle oder fokale E.) oder ohne Krämpfe bzw. nur mit Anfällen kurzer Dauer (Petit mal); alle evtl. mit klassischer Aura. Das EEG zeigt Folgen von Spitzen, steilen Wellen oder Spitze-Wellen-Komplexen, deren Dauer kurze, ohne klinische Begleitzeichen auftretende Paroxysmen und epileptische Statusformen mit Verhaltensstörungen oder Dämmerzuständen zu erkennen hilft.

Epilepsia corticalis: Rindenepilepsie, fokale Epilepsie.

Epilepsia cursiva, Dromolepsie: E. mit Anfällen von Bewußtseinseinschränkung und Automatismen, die zu Gehbewegungen führen.

Epilepsia, diffuse: 1) E. mit regellos auftretenden generalisierten Anfällen. 2) symptomatische E. bei Hirnschäden.

Epilepsia diurna: E. im Wachzustand, am Tag.

Epilepsia, emotionelle: durch Gemütsbewegungen ausgelöst.

Epilepsia, fokale: E. mit partiellen, z. B. auf bestimmte Muskelgruppen begrenzten, von einem bestimmten Bezirk der Hirnrinde ausgehenden Anfällen.

Epilepsia, generalisierte: E. mit Anfällen, die auf gleichzeitiger Entladung von Nervenzellen beider Großhirnhemisphären beruhen und sich an beiden Körperhälften äußern.

Epilepsia, genuine, endogene, essentielle, idiopathische oder kryptogenetische E.: E. ohne bisher nachweisbare Ursache.

Epilepsia, halluzinatorische: E., deren nichtgeneralisierte Anfälle nur oder hauptsächlich aus Sinnestäuschungen bestehen.

Epilepsia, hereditäre, familiäre oder genetische E.: genuine E., bei der eine familiäre Belastung angenommen werden kann.

Epilepsia, idiopathische: genuine E.

Epilepsia laryngealis: falsche Bezeichnung für respiratorische Affektkrämpfe.

Epilepsia, limbische: partielle psychomotorische E. Dämmerattacken mit psychomotorischen und/oder -sensorischen Symptomen.

Epilepsia major: generalisierte E.

Epilepsia, metabolische: funktionelle E., deren Anfälle metabolisch bei entsprechender Prädisposition bedingt sind.

Epilepsia minor: Petit mal, minor epileptic status.

Epilepsia, myoklonische: E. mit Anfällen von isolierten oder in Serien auftretenden, lokalisierten oder massiv-generalisierten Myoklonien.

Epilepsia nocturna: E., die überwiegend nachts im Schlaf auftritt.

Epilepsia nonconvulsiva: E. mit Anfällen ohne Krämpfe.

Epilepsia partialis: E., die auf der lokalisierten Entladung von Neuronen nur einer Großhirnhemisphäre beruht, mit nichtgeneralisierten Anfällen.

Epilepsia partialis continua (Kojewnikow): partielle E. mit somatomotorischen Anfällen ohne Bewußtseinsverlust, aber langer Anfallsdauer.

Epilepsia, photogene: Reflexepilepsie, durch Lichtreize ausgelöst.

Epilepsia propulsiva: E. mit Anfällen, mit Vorwärts-, d. h. Propulsivbewegungen durch massive allgemeine Myoklonien des Rumpfes und der Gliedmaßen, meist als Propulsiv-petit-mal.

Epilepsia, psychogene: Affektepilepsie.

Epilepsia, psychomotorische: E. mit Anfällen und zusätzlichen psychischen Störungen oder Bewegungsautomatismen, meist bei Entladungen im Schläfenhirn.

Epilepsia, salivatorische: E. mit partiellen Anfällen sowie Bewußtseinstrübung und starker Speichelabsonderung.

Epilepsia senilis: in höherem Lebensalter auftretende E., meist durch Hirngefäßsklerose bedingt.

Epilepsia, sensorische: partielle E. mit Trugwahrnehmungen.

Epilepsia, symptomatische: organische, beruht auf einer anfallsauslösenden Erkrankung des Gehirns.

Epilepsia tarda sive tardiva, Spätepilepsie: E., bei der Anfälle überwiegend nach dem 30. Lebensjahr auftreten.

Epilepsia traumatica: symptomatische E. durch Hirnverletzung.

Epilepsia, versive: E. mit partiellen Anfällen in Form von Drehbewegungen.

Epilepsia, visuelle: E. mit anfallsweisen optischen Sinnestäuschungen.

Epilepsia, zentrenzephale: generalisierte E., Anfälle mit vermutetem Auslösemechanismus im Zwischen- oder im Mittelhirn.

Epilepsia, zerebellare: Anfälle durch Störung von Kleinhirnstrukturen.

epileptiform: epilepsieartig, jedoch nicht sicher epileptisch.

epileptisch: die Epilepsie betreffend, durch E. hervorgerufen, an E. leidend.

epileptischer Anfall: siehe Epilepsie.

epileptische Wesensänderung: unsichere Bezeichnung für die typischen seelischen und charakteristischen Veränderungen des Epileptikers.

epileptogene Zone: Körperbereich, dessen Reizung einen epileptischen Anfall auslöst.

epileptoid: epilepsieartig.

Epineurium: bindegewebige Hülle des peripheren Nervs.

Epipharynxkarzinom: Tumore, welche die Schädelbasis von caudal her infiltrierend durchwachsen.

Epithalamus: der hintere, dem Thalamus aufliegende Teil des Zwischenhirns.

ERB-Dystrophie: siehe Dystrophia musculorum progressiva.

ERB-HINKEN (WILHELM H. E., 1840–1921, deutscher Neurologe): Claudicatio intermittens.

ERB-Lähmung, E.-Paralyse, E.-DUCHENNE-Lähmung: die obere Armplexuslähmung.

ERB-Sklerose: primäre Form der spinalen Lateralsklerose.

ERB-Zeichen: 1) bei Tabes dorsalis das Fehlen der Pupillenerweiterung nach Schmerzreizung der Wangenhaut. 2) gesteigerte galvanische Erregbarkeit der motorischen Nerven als Zeichen der Tetanie. 3) E.-WESTPHAL-Zeichen: starke Abschwächung bis Fehlen des Patellarsehnenreflexes bei Tabes dorsalis.

erethisch: erregbar, reizbar, gereizt.

Ergotismus: chronische Ergotaminvergiftung.

Erregung: Reaktion erregbarer Systeme auf einen Reiz, allgemein jede Änderung der bioelektrischen Zellmembranspannung.

Erregungsleitung: Weiterleitung eines Aktionspotentials; in muskel- und markarmen Nervenfasern als kontinuierliche E., in markreichen Nervenfasern als saltatorische E.

Erregungsrückbildung, Repolarisation: Wiederherstellung des Ruhemembranpotentials und der positiven Außenladung nach der Erregung des Nervs oder des Muskels.

État criblé: siebartige Lückenbildungen in der Gehirnsubstanz.

État lacunaire: Gewebsdefekte von der Größe eines Hirsekorns oder einer Erbse im Gebiet der Stammganglien und der inneren Kapsel.

État vermoulu: gekammerter zystischer Gewebsdefekt - kraterförmige Einsenkung an den Windungskappen. Im (siehe) Computer-Tomogramm können Ausziehungen an den Ventrikeln dargestellt werden infolge von Narben im Hirngewebe.

Ethmozephalie: Schädel-Hirnfehlbildung, Arrhinenzephalie; Engstellung der Augen, fehlende oder rudimentäre Nase, Sieb- und Nasenbein fehlt.

Eupraxie: ungestörte, zweckmäßige, koordinierte Bewegung.

Eureflexie: physiologisches Reflexverhalten.

Exophthalmus, einseitiger: verursacht durch Aneurysmen im Bereich des Sinus cavernosus und durch Destruktionen der knöchernen Schädelbasis.

explosive Sprache: Sprachstörung bei Schaden der kortikobulbären Leitungsbahnen sowie bei Kleinhirnschaden. Symptom: Wörter werden explosiv ausgesprochen.

extero(re)zeptiv: von der Umwelt kommende akustische, thermische, optische, olfaktive, gustative, mechanische Reize empfangend.

Exterorezeptor: Rezeptor für Umweltreize, wie Photorezeptor oder Mechanorezeptor.

extradural: außerhalb der Dura mater.

extrakranial: außerhalb des knöchernen Schädels.

extrapyramidal: außerhalb der Pyramidenbahn.

extrapyramidaler Symptomenkomplex, extrapyramidales Syndrom: Krankheitsbilder bei Erkrankung/Schädigung im extrapyramidal-motorischen System. Symptome: Dysregulationen der Bewegungsabläufe und des Muskeltonus in Form von hypokinetisch-hypotonen Syndromen, extrapyramidalen Paroxysmen sowie hyperkinetischen Formen. Siehe PARKINSON-Krankheit.

extrapyramidalmotorisches System: außerhalb des Pyramidensystems gelegene Teile des zentralen Nervensystems.

F

facialis: das Gesicht betreffend. Facialis: Kurzform für Nervus facialis.

Facies leontina: „Löwengesicht" Umbauvorgänge am Schädelknochen beim Morbus PAGET: Löwengesicht.

Facies myopathica: typische Gesichtsveränderung bei CURSCHMANN-STEINERTSCHER Erkrankung.

FAHR-Syndrom (THEODOR F., 1877–1945, deutscher Pathologe): intrazerebrale Gefäßverkalkung der Basalganglien und des Nucleus dentatus. Abscheidung kolloidaler, eiweißreicher Flüssigkeit, verkalkt sekundär. Die Ätiopathogenese ist unklar. Symptome: extrapyramidale und Kleinhirnsymptome, Paresen, Schwachsinn, Krampfanfälle.

Fakirhand: Einbohren der Fingernägel, unter dem Druck stark gebeugter Finger in die Hohlhand, bei Paralysis agitans.

Fallhand: typische Lähmungserscheinung nach Läsion des N. radialis, meist traumatischer Genese, aber auch initial bei Bleivergiftung.

Falx: sichelförmige Bindegewebsplatte bzw. Duplikatur der harten Hirnhaut.
- **F. cerebelli:** Kleinhirnsichel.
- **F. cerebri:** Großhirnsichel.

Falxmeningiom: von der Falx cerebri ausgehendes Meningiom; kann in den Sinus sagittalis einwachsen oder auf die Gegenseite übergreifen.

Falzitomie: Sichelschnitt.

Farbenagnosie: amnestische Farbenblindheit, durch Schädigung der basalen Okzipitalhirnregion.

Farbenamblyopie: selektiv verminderte Empfindlichkeit für Farbunterschiede ohne stärkere Farbensinnstörung. Keine eigentliche Anomalie.

Farbenanomalie: Farbenfehlsichtigkeit.

Farbenasthenopie: Farbensehschwäche, äußert sich bei Anstrengung der Augen durch rasch schwächer werdendes Farbunterscheidungsvermögen.

Farbenblindheit: 1) partielle F.: Farbenfehlsichtigkeit mit Ausfall der Farbempfindung für 1 oder 2 der 3 Grundfarben. 2) totale F.: Achromatopsie.

- **F., amnestische:** Farbenagnosie.

Farbenhemianopsie: durch Schädigung der Sehrinde verursachte halbseitige Farbenblindheit.

Farbensehschwäche: Farbenasthenopie.

Farbensinnprüfung: Prüfung der Augen auf Farbenfehlsichtigkeit und Farbentüchtigkeit.

Farbenskotom: Gesichtfeldausfall für Farben.

Fasciculus: Faszikel, Faserstrang als Nerven- bzw. Muskelfaserbündel.

Fascikulieren, Fasciculationen: unwillkürliche spontane Zuckungen der Skelettmuskulatur, z. B. generalisiert bei (siehe) myatrophischer Lateralsklerose. Im Elektromyogramm (EMG) als typische Spontanaktivität erkennbar.

fazial, Fazial...: das Gesicht (Facies) betreffend.

Fazialis: Nervus facialis.

Fazialisdekompression: Druckentlastung des Nervus facialis.

Fazialiskanal: Canalis facialis.

Fazialisknie: Genu nervi facialis.

Fazialiskontraktur: unvollständige Rückbildung einer peripheren Fazialislähmung; verursacht Dauerkontraktion von Gesichtsmuskeln.

Fazialiskrampf: Spasmus facialis.

Fazialislähmung: traumatische, ischämische, vergiftungs- oder otitisbedingte, idiopathische Parese oder Paralyse des Nervus facialis.

Fazialisneuralgie: vom Ganglion geniculi ausgehende Gesichtsneuralgie.

Fazialisneuritis: infranukleäre, nukleäre oder supranukleäre Neuritis des Nervus facialis.

Fazialisparese: Fazialislähmung.

Fazialisphänomen: CHVOSTEK-Zeichen.

Fazialisplastik: operative Überbrückung eines Schadens des Nervus facialis zur Reinnervation der Gesichtsmuskulatur.

Fazialisspasmus: tonisch-klonische Zuckungen, die streng auf das Fazialisgebiet beschränkt sind, auch Fazialis-Tic genannt.

Fazialis-Tic: Tic im Gesicht bei krankhaften Reizzuständen im Corpus striatum, im Fazialisbereich und bei konstitutionell Nervösen.

Femoralislähmung: durch Schädigung des Nervus femoralis bedingte Parese. Symptome: Aufhebung der Beugung im Hüftgelenk, PSR erloschen, Sensibilitätsstörungen auf der Vorderseite des Oberschenkels und der Innenseite des Unterschenkels, Unvermögen, Kniegelenk zu strekken.

Fibrillationen: unwillkürliche Zukkungen der Muskelfibrillen, klinisch nur an der Zunge, z. B. bei myatrophischer Lateralsklerose zu beobachten. Im Elektromyogramm (EMG) auch an der Skelettmuskulatur durch Nadelelektroden als sogenannte Spontanaktivität erkennbar.

Fibularis: Kurzbezeichnung für Nervus peroneus.

Fibularislähmung: Peroneuslähmung, Funktionsausfall der Fuß- und Zehenstreckmuskeln. Symptome: Lähmungsspitzfuß, Steppergang, fehlende Fußhebung.

Fila olfactoria: Nervi olfactorii.

Fila radicularia: Wurzelfasern der Spinalnerven, F. r. radicis dorsalis: von Spinalganglien ausgehende afferente, somatosensible und von parasympathischen Rückenmarkszellen ausgehende efferente Elemente der hinteren Spinalnervenwurzel, als F. r. ventralis von motorischen Vordersäulenzellen und Sympathikus-Seitensäulenzellen des Rückenmarks ausgehende efferente Elemente der vorderen Spinalnervenwurzel.

Filum durae matris spinale: solider fadenförmiger Strang der Dura spinalis.

Filum terminale: rudimentärer Endfaden des Rückenmarks in Fortsetzung des Conus medullaris in der Cauda equina.

Fimbria, Fimbrie: fransenartiges Gebilde; z. B. F. hippocampi: Fortsetzung des Balkenkörpers auf den Pes hippocampi und den Uncus gyri hippocampi.

Fingeragnosie: Nichterkennen der eigenen Finger bei geschlossenen Augen.

Finger-Nase-Versuch: dient der Prüfung der Bewegungskoordination im normalen Bewegungsablauf. Ziel ist es, mit einer schnellen, zielgerichteten Bewegung mit einer Zeigefingerspitze die Nasenspitze zu berühren, einmal mit offenen und danach mit geschlossenen Augen.

Fingerreflexe: diagnostisch genutzte Reflexe; z. B.: Bechterew-Jacobsohn-, Mayer-, Rosner-, Gordon-Reflex.

Fixationsnystagmus: Einstellungsnystagmus.

Fixationsreflex: Adaptationsreflex, äußert sich im Negro-Zahnradphänomen. Bei Pyramiden- und pallidären Erkrankungen entsteht durch längerdauernde Annäherung der Insertionspunkte Fixation. Es wird der Widerstand bei passiven Bewegungen geprüft.

Flocculus cerebelli: Kleinhirnflocke; dem Pedunculus cerebelli medius anliegender kleiner Kleinhirnteil an der Kleinhirnunterfläche.

Fluchtreflex: Abwehr-, Automatie-, Schutz-, Synergie-, Verkürzungsreflex bzw. Reflexsynergien. Pathologischer Reflex bei Pyramidenbahnläsionen. Spinaler Reflex bei unvollständiger oder vollständiger Querschnittslähmung. Nach Schmerzreiz erfolgt tonische Hüft- und Kniebeugung und Dorsalflexion des Fußes.

Foix-Syndrom (Charles F., 1882–1927, französischer Internist und Nervenarzt): 1) F.-Alajouanine-Syndrom: Angiodysgenesia spinalis, Myelopathia necroticans: variköse Fehlbildung der hinteren Rükkenmarksvenen, neurologische Ausfallserscheinungen durch sekundäre örtliche Rückenmarkserweichungsherde. Beginnt überwiegend akut mit Zeichen einer Querschnittslähmung. Führt innerhalb von 1–2 Jahren zum Tode. 2) einseitige Ophthalmoplegie mit beidseitigem Lid- und Bindehautödem, Exophthalmus und Stauung im Bereich der Gesichtsvenen, Schmerzen und Ausfälle im Gebiet des 1. Astes des Nervus trigeminus infolge einer Erkrankung an der Außenwand des gleichseitigen Sinus cavernosus.

Fontanella, Fontanelle: angeborene natürliche Knochenlücke des Schädeldaches, die sich normalerweise bis zum 2. Lebensjahr knöchern schließt.

– **F., metopische:** zusätzliche F. an der Stirnbeinhaut entspricht Sutura metopica.

– **F. obelica, F. sagittalis:** Erweiterung der Pfeilnaht des Neugeborenen am stärksten Krümmungspunkt.

– **F., parietale:** zusätzliche F. im Scheitelbein.

Fontanellenhernie: Chapeau de clown, Ausbuchtung der großen Fontanelle des Säuglings bei gesteigertem Hirndruck.

Fontanellenpunktion: Punktion des Subduralraumes beim Säugling, z. B. zur Diagnostik des subduralen Hämatoms sowie der Pachymeningosis haemorrhagica interna.

Fontanellenspannung, gesteigerte: Spannungszunahme der großen Fontanelle des Säuglings infolge subduraler oder subarachnoidaler Flüssigkeitsansammlung.

Formatio reticularis: Substantia reticularis, diffus verteilte Ganglienzellen und transversal verlaufende markhaltige Fasern, von der Medulla oblongata bis zum Zwischenhirn reichend; ein Schaltzentrum, das hirnwärts geleitete Impulse (Afferenzen) von Sinnesorganen, Rückenmark und Großhirn zu efferenten (organgerichteten) Impulsen umsetzt im Sinne sinnvoller, koordinierter, motorischer und vegetativer Leistungen unter Abstimmung auf außerhalb dieses Systems (extra-reticulär) ablaufende Vorgänge.

Foster-Kennedy-Syndrom: kontralaterale Stauungspapille, bei einseitiger (siehe) Optikusatrophie auf der Seite des Tumors.

Foville-Syndrom (Achille L. Fr. F., 1799–1878, französischer Psychiater): alternierende Parese bei umschriebenem Krankheitsherd im hinteren, unteren Bereich der Brückenhaube; als Fazialis- und Abduzenslähmung auf der Herdseite und als spastische Halbseitenlähmung auf der Gegenseite, horizontale Blicklähmung zur Herdseite, bisweilen eine konjugierte Blicklähmung zur Gegenseite.

Fraisen: Fieberkrämpfe im Kindesalter.

Fremdreflex: exterozeptive Reflexe. F. werden nicht durch einen die sensiblen Apparate des zuckenden Muskels selbst angreifenden Reiz ausgelöst, der Reiz greift an den Exterozeptoren an. F. dienen der Abwehr sowie der Anpassung.

Freßreflex (Saugreflex): Saug-, Kau- und Schluckbewegungen nach Bestreichen der Lippen oder Zunge; normaler, beim Säugling noch nachweisbarer Reflex, bei Erwachsenen bei schweren doppelseitigen Großhirnschäden, tiefem Koma und epileptischen Anfällen auftretend.

Frey-Reizhaare (Max von F., 1852–1932, deutscher Physiologe): Satz von Borsten und Haaren verschiedener Dicke zum Aufsuchen der Druckpunkte der Haut sowie zur Bestimmung der Reizschwellen der Punkte. Als Pinsel zur klinischen Untersuchung der Berührungsempfindlichkeit.

Friedreich-Ataxie (Nicolaus F., 1825–1882, deutscher Internist): spinozerebellare Heredoataxie, eine in frühem Lebensalter auftretende rezessiv-hereditäre Kleinhirn-Rückenmarkserkrankung mit fortschreitendem Schwund der Hinterstränge und der Rückenmark-Kleinhirnbahnen.

Frontallappenepilepsie (Frontales Adversivfeld): Epilepsie mit Anfällen durch neuronale Entladung oder Prozeß im vorderen Stirnhirnbereich.

Frühepilepsie: 1) nach Unfall auftretende Epilepsia traumatica. 2) schon beim Neugeborenen oder in den ersten Lebensjahren auftretende Epilepsie.

Frühkindliche Hirnschäden: verursacht meistens durch hypoxämische Schädigungen, klinisch erkennbar als (siehe) Littlesche Lähmung oder als exogene Schwachsinnsform.

Frühsommermeningoenzephalitis (russische Enzephalitis): durch Zekkenbiß oder Insektenstich übertragene Enzephalitis durch FSME-Viren (FSME-Enzephalitis).

funikulär: einen Funiculus betreffend, strangförmig; z. B. die funikuläre Spinalerkrankung.

Funikuläre Spinalerkrankung: Gefäßunabhängige, herdförmige Läsionen der Markscheiden in der weißen Substanz des Rückenmarks, also in den auf- und absteigenden Leitungsbahnen, z. B. bei Vitamin B_{12}-Mangel.

Fußklonus: klonische Zuckungen des Fußes bei Pyramidenbahnschädigung, Pyramidenbahnzeichen.

Fußrückenreflex: Plantarflexion der Zehen durch Reize verschiedenster Lokalisation. Das Zentrum befindet sich in der Mitte des Fußballens sowie dorsal zwischen 3. und 4. Spatium interosseum.

Fußsohlenreflex: Plantarreflex. Physiologischer Haut-(Fremd-)Reflex; Reiz durch schwachen Nadelstrich über die Fußsohle, löst Plantarflexion der Zehen aus.

G

GABA, Gaba: Kurzform für (engl.) gamma-aminobotyric acid, γ-Amino-n-Buttersäure.

Gammaaminobuttersäure: γ-Amino-n-buttersäure (siehe GABA).

Gammaenzephalographie, Hirnszintigraphie: topographische Darstellung des Gehirns nach intravenöser Applikation eines γ-Strahlers.

gammalerge Neuronen: Gammaaminobuttersäure freisetzende Neuronen.

gamma-motorisches System, γ-System: die Gesamtheit der γ-Motoneuronen.

Gamma-Wellen: schnell ablaufende Wellenform des EEG mit Frequenz über 30/s. Die klinische Bedeutung ist unbekannt.

Gang, ataktischer: breitbeiniger, unsicherer G. mit nach außen gerichteten Beinbewegungen (Seemannsgang) und übertriebenem Anheben und hackendem Aufsetzen der Füße.

Gang, paraparetischer: Gangstörung bei beidseitiger, spastischer Lähmung. Die Füße werden kaum vom Boden abgehoben. Die Fortbewegung ist schwerfällig.

Gang, spastischer: variable Gangstörungen bei Schädigung des 1. motorischen Neurons; mit Verkrampfung der betroffenen Beinmuskulatur.

Gang, zerebellarer: unsicherer, taumelnder G. (wie bei Betrunkenen) bei beeinträchtigter Kleinhirnfunktion.

Gangabweichung: unwillkürliches Abweichen von der eingeschlagenen Gehrichtung.

Ganglienblockade: Verminderung oder Aufhebung der Impulsübertragung in den Synapsen der Ganglien des vegetativen Nervensystems durch Ganglienblocker. Das betrifft Ganglien, die mit den Rezeptoren des Überträgerstoffes Acetylcholin reagieren und so eine Depolarisierung verhindern.

Ganglienblocker, Ganglioplegika: Substanzen, die zu einer Ganglienblockade führen.

Ganglienleiste: Neuralleiste.

Ganglion nervosum: der von einer Kapsel umschlossene Ganglienzellknoten, Nervenzellen und -fasern mit umhüllenden gliösen Mantelzellen; als Verdickung im Verlaufe der Hirnnerven und der Spinalnerven und als - cholinerge - Schaltstelle im vegetativen Nervensystem.

Ganglion, autonomes: zum vegetativen Nervensystem gehörendes G.

Ganglion cervicale inferius, medium und superius: das obere, mittlere und untere Halsganglion des Grenzstrangs (Truncus sympathicus).

Ganglion cervicothoracicum, G. stellatum: sternförmiges G. des Grenzstrangs als Verschmelzungsgebilde des G. cervicale inferius mit dem 1. G. des Brustteils des Grenzstrangs, liegt vor dem 7. Halswirbel.

Ganglion ciliare: parasympathisches SCHACHER-G. am Trigeminus, hinter dem M. rectus lateralis, ca. 2 cm hinter dem Augapfel.

Ganglion coeliacum: Bauchganglion in Funktionseinheit mit dem Plexus coeliacus, paarig vor der Bauchaorta oder mehrteilig vor der Wirbelsäule an der Aorta.

Ganglion GASSERI: Ganglion trigeminale.

Ganglion impar: siehe Ganglion coeliacum.

Ganglion inferius: G. der Hirnnerven IX und X.

Ganglion intramuralia: Nervengeflecht der Hohlorgane, z. B. in der Darmwand (Plexus myentericus).

Ganglion oticum: autonomes (parasympathisches) ARNOLD-G. unterhalb des Foramen ovale medial des Nervus mandibularis, versorgt die Glandula parotis.

Ganglion, parasympathisches: autonomes, in Nähe des Erfolgsorgans gelegenes G.

Ganglion pterygopalatinum: autonomes (parasympathisches) MEKKEL-G. im oberen Teil der Fossa pterygopalatina gegenüber dem Foramen sphenopalatinum am N. maxillaris.

Ganglion spinale: Spinalganglion der hinteren Wurzel des Spinalnervs.

Ganglion spirale cochlae: sensorisches CORTI-G. im Spindelkanal der Ohrschnecke.

Ganglion submandibulare: parasympathisches BLANDIN- oder FAESEBECK-G. am Zungennerv. Seine parasympathischen Fasern versorgen die Unterzungendrüse und Unterkieferdrüse sowie Zungendrüsen.

Ganglion superius: je 1 im Foramen jugulare gelegenes Ganglion im

Stamm des Nervus glossopharyngeus.

Ganglion, sympathisches: autonomes G. mit Nervenzellen des Sympathikus, z. B. im Truncus sympathicus gelegene Ganglien.

Ganglion trigeminale: Ganglion GASSERI des N. trigeminus am Felsenbein.

Ganglion vertebrale: Ganglion zwischen G. cervicales sup. und medium; vor der A. vertebralis gelegen.

Ganglion vestibulare: SCARPA-ROSENTHAL-FERRÉ-G. G. des vestibulären Gleichgewichtsteils des 8. Hirnnervs, im Boden des inneren Gehörgangs.

Ganglioneurom(a), Gangliozytom, Ganglio(glio)m, Glioneuro(blasto)m, echtes Neurom: infiltrierend wachsende, aber relativ gutartige Geschwulst meistens bei Kindern und Jugendlichen, in Schläfenhirn, Kleinhirn (Purkinjom), Hypothalamus.

Ganglionika: siehe Ganglienblokker.

Ganglionitis: Ganglien- bzw. Ganglion-Entzündung.

Ganglioplegika: Ganglienblocker.

Gangliosympathektomie: Grenzstrangdurchtrennung mit Exstirpation eines oder mehrerer seiner Ganglien.

Gangliozyt, Ganglienzelle: Nervenzelle.

GARDNER-Operation: Resektion des N. petrosus major nach osteoklastischer Schädeltrepanation; zur Denervierung der Tränendrüse bei schwerer Keratitis bullosa und bei therapieresistenter Migräne.

GASPERINI-Syndrom: herdseitige Paresen des V., VI. und VII. Hirnnerven durch Läsionen der Brückenhaube, kombiniert mit Nystagmus, konjugierter Blicklähmung und Sensibilitätsstörungen an den kontralateralen Extremitäten.

GASSER-Ganglion (JOHANN LAURENTIUS G., 1723–1765, österreichischer Anatom): Ganglion trigeminale.

Gaumenreflex: 1) HENNEBERG-LAEHR-Reflex: Kontraktion des M. orbicularis oris bei Bestreichen des harten Gaumens; pathologischer Fremdreflex bei Pseudobulbärparalyse. 2) Hebung des Gaumensegels und -zäpfchens bei Berührung des weichen Gaumens. Fremdreflex, nur bei einseitigem Fehlen diagnostisch verwertbar bei Verdacht auf Erkrankung im Kerngebiet der genannten Nerven.

Gaumensegelkrampf, Uranospasmus: klonischer oder tonischer Spasmus des Velum palatinum; bei Tetanus, Hirnerkrankungen, Tollwut.

Gaumensegellähmung, Uranoplegie: periphere oder zentrale, ein- oder doppelseitige Parese der Muskulatur des weichen Gaumens und Gaumensegels. Dadurch Sprech- und Schluckstörung.

Gaumensegelnystagmus: ein- oder doppelseitige schnelle Flimmerbewegungen des Gaumensegels.

Gedächtnis: Vermögen, Sinneswahrnehmungen oder seelische Vorgänge im Gehirn zu speichern.

Gedächtnisillusion, Allomnesie: Gedächtnisdysregulation mit Verfälschung, Veränderung und Entstellung von Gedächtnisinhalten, kein spontanes Erfinden von Erinnerungen.

Gehirn, Encephalon: im knöchernen Schädel gelegener Teil des zentralen Nervensystems.

Gehirnarterienaneurysma: klinisch oft stummes Aneurysma der Arterien des Gehirnkreislaufs. Subarachnoidalblutung bzw. Hirnblutung nach Einriß.

Gehirnblutung: siehe Hirnblutung.

Gehirnentzündung: siehe Encephalitis.

Gehirnerschütterung: siehe Commotio cerebri.

Gehirnerweichung: bei 1) progressiver Paralyse. 2) Encephalomalacia.

Gehirngefäße: siehe Gehirnkreislauf.

Gehirnkammer: Hirnventrikel, Ventriculi cerebri.

Gehirnkreislauf: Kreislaufsystem des Gehirns; arterielle Anteile: A. carotis interna links und rechts. A. vertebralis, verbunden durch den Circulus arteriosus Willisi und weitere Queranastomosen, A. cerebri, A. basilaris. Venöse Anteile: V. cerebri, Sinus durae matris, Jugularvenen.

Gehirnnerven: siehe Hirnnerven.

Gehirnödem: siehe Hirnödem.

Gehirnprellung: siehe Contusio cerebri.

Gehirnquetschung: siehe Compressio cerebri. Ausdruck heute nicht mehr gebräuchlich, jetzt posttraumatische intrakranielle Hirndrucksteigerung.

Gehirn-Rückenmarksflüssigkeit: siehe Liquor cerebrospinalis.

Gehirnsichel: Falx cerebri.

Gehirnwindungen: Cyri cerebri.

Gehörnerv: akustischer Teil des 8. Hirnnervs, Pars cochlearis nervi vestibulocochlearis.

Gehör(s)sinn: Sinnessystem zur Wahrnehmung akustischer Reize; vom Menschen hörbar: Frequenz von 16 bis 20000 Hertz.

Gehreflex: siehe Schreitreflex.

gekreuzt: zielt auf die andere Körperhälfte. Durch die g. Nervenbahnen tritt bei Schädigung die Störung kontralateral auf.

Gelegenheitsanfall, -krampf, akzidenteller Krampf: der bei einer akuten Gehirnerkrankung auftretende Krampfanfall.

Genu recurvatum: Tieferstehen der Patella auf dem betroffenem Bein und Atrophie der Oberschenkelstreckergruppe bei länger bestehender Femoralisparese.

Gerstmann-Syndrom: verursacht durch linkshirnige zerebrale Prozesse beim Rechtshänder mit Fingeragnosie, Alexie und Akalkulie.

Geruch: siehe Geruchssinn.

Geruchsagnosie, olfaktorische Agnosie: Gerüche können trotz erhaltener Wahrnehmung nicht unterschieden werden.

Geruchsfasern: Fasern der Nervi olfactorii.

Geruchsprüfung: siehe Riechprüfung.

Geruchssinn: Sinnessystem für die Wahrnehmung/Empfindung von Duftstoffen. Eng verknüpft mit dem limbischen System.

Geruchsstörung: peripher- oder zentralneurale Dysregulation oder Aufhebung der Funktion des Geruchssinnes oder der Geruchsempfindung.

Geruchszentrum: siehe Riechzentrum; siehe Riechbahn.

Geschmack: siehe Geschmackssinn.

Geschmacksanomalien: Beeinträchtigung der Empfindung für Schmeckstoffe oder Geschmacksqualitäten bzw. deren Fehlwahrnehmung (Parageusie).

Geschmacksaura: gustatorische Aura.

Geschmacksbahn: 3-Neuronen-Leitungsbahn des Geschmacksorgans für die Geschmacksempfindung.

Geschmackshalluzination: gustative Halluzination.

Geschmacksknospe: siehe Caliculus gustatorius.

Geschmackslähmung, Ageusie: völlige Aufhebung der Geschmackswahrnehmung für alle Qualitäten oder als dissoziierte G.

Geschmacksnerven: siehe Geschmacksbahn.

Geschmacksorgan, Organum gustus: Gesamtheit des Geschmackssinnes.

Geschmackspapillen: Papillae foliatae, fungiformes und vallatae der Zunge.

Geschmacksprüfung: unter Ausschaltung des Geruchssinnes Aufbringen wasserlöslicher Substanzen der vier Geschmacksqualitäten auf die Zunge, und zwar getrennt für vordere, seitliche und hintere Zungenabschnitte.

Geschmackssinn: System zur Wahrnehmung von Geschmacksreizen sowie zur Empfindung der Geschmacksqualitäten.

Geschmacksstörung: siehe Geschmacksanomalien.

Geschmackszellen: Epithelzellen in den Geschmacksbechern oder -knospen (Caliculi gustatorii) der Geschmacks- oder Zungenpapillen.

Gesichtsfeldausfall: bedingt durch Läsionen im okzipitalen Sehrindengebiet.

Gesichtsnerv: motorischer Teil: der Nervus facialis; sensibler Teil: N. trigeminus.

Gesichtsneuralgie, Prosopalgie: Neuralgie der Gesichtsnerven.

Gesichtsschädel: Cranium viscerale.

Gesichtsschmerz: siehe Gesichtsneuralgie.

Gesichtssinn: das Sinnessystem für optische Reize.

Gesichtssympathalgie: im Projektionsgebiet des Ganglion ciliare und pterygopalatinum auftretende anfallsartige Gesichtsschmerzen, begleitet von starken Krankheitszeichen des Vegetativums.

GIBBS-Syndrom: WEST-Syndrom.

Gigantismus: pathologischer Riesen- oder Großwuchs, durch Hypophysentumore verursacht.

GILL-Dekompression: ein- oder beidseitige Laminektomie und Nervenentlastung (Neurolyse) im Bereich der Zwischenwirbellöcher.

Glabellareflex (WARTENBERG): durch Schlag auf die Glabella ausgelöster Orbicularis-oculi-Reflex.

Glia, Neuroglia: interstitielles Zellgewebe des Nervensystems (ektodermaler Abstammung), füllt die Räume zwischen Nervenzellen und Blutgefäßen bis auf einen Spalt von 20 nm aus. Hat Nähr-, Stütz- sowie Phagozytosefunktionen.

Glia, epitheliale: Ependym.

Gliablastom: siehe Glioblastom.

Gliafilz: Knötchen im Rückenmark bei Multipler Sklerose (Zytoplasmafortsätze der Astrozyten).

Gliagrenzmembran: Membran aus Astrozytenfortsätzen an der Oberfläche des zentralen Nervensystems (ZNS), verklebt mit der angrenzenden Intima der Pia und setzt sich an den eintretenden Gefäßen fort. Berührung von Nervenzellen mit dem ZNS-Bindegewebe wird so vermieden. Stoffwechselschranke.

Gliaknötchen: in der grauen Substanz des Zentralnervensystems bei bestimmten Enzephalitisformen vorkommende perivaskuläre Ansammlung von Gliazellen.

Glianarbe: im Bereich herdförmiger Parenchymdefekte des Zentralnervensystems vorkommende Wucherung faserbildender Astrozyten.

Gliasklerose: faserbildende Glia beim Untergang von Markscheiden mit wallartiger Vermehrung.

Gliastift, spinaler: in Stiftform verlaufende Gliose dorsal des Rükkenmarkkanals.

Gliazelle, Gliocytus: siehe Glia.

Glioblastom, Glioblastoma (multiforme), Gliosarkom, Astrozytom, Grad III–IV, buntes Gliom: undifferenziertes, malignes Gliom mit ausgeprägter Zellpolymorphie besonders in höherem Alter.

Gliom(a): differenzierte Geschwülste im Gehirn (seltener im Rückenmark oder im Bereich der Hirnnerven), von der Glia ausgehend.

Gliom, diffuses: siehe Gliomatose.

Gliom durum: fibrilläres Astrozytom.

Gliom ganglionare: siehe Ganglioneurom.

Gliom, mikrozelluläres: Oligodendrogliom.

Gliom, polymorphes: siehe Glioblastom.

Gliomatose: Gliome innerhalb eines bestimmten Hirnabschnitts mit diffusem Wachstum.

Gliomyxom: siehe Spongioblastom.

Gliopathie, metabolische: durch Stoffwechselerkrankungen auftretende Gliaschwellung.

Gliose, Gliosis: Neubildung von Gliafasern, Vermehrung faserbildender Glia als reparatorische G., als Narbengewebe des zentralen Nervensystems. Im Rückenmark spinale G.

Gliozyt: Gliazelle, Gliocytus centralis, Gliocytus periphericus, Neurolemmocytus.

Gliozytom: siehe Glioblastom.

Globus pallidus, Pallidum: blaß erscheinender Teilkern des Nucleus lentiformis.

Glomus: Paraganglion, Nerven-, Gefäßknäuel.

Glomus caroticum: Chemorezeptor, parasympathisches Paraganglion in der Wand der Karotisgabel.

Glomus coccygeum, Steißknäuel: Gefäßknäuel vorn an der Steißbeinspitze, umgeben von einer Bindegewebekapsel.

Glomus jugulare, G. tympanicum: Paraganglion des N. tympanicus.

Glomustumor, Glomangiom, Angiomyoneurom: von einem Glomus ausgehende Geschwulst.

Glomustumor, intrakranieller: siehe Glomus jugulare.

Glomustumor, peripherer: kleine schmerzhafte, bläuliche, gutartige Geschwulst der Unterhaut mit Ursprung in einem Glomusorgan; meist an Zehen und Fingern.

Glossitis: Rötung der Zunge bei Polyneuropathie, bei Vitamin B_{12}-Mangel-Neuropathien.

Glottiskrampf: Laryngospasmus.

Gordon-Phänomen: Pyramidenbahn-Syndrom, ausgelöst durch Kneten des unteren Wadenbeinbereiches.

Gradenigo-Syndrom: Mittelohrschwerhörigkeit auf dem Boden akuter oder chronischer Empyeme der Felsenbeinspitze, kombiniert mit einer Abduzensparese und Ausfallerscheinungen des homolateralen N. trigeminus.

Grenzstrang: Truncus sympathicus.

Grenzstrangblockade: Blockade des Grenzstrangs durch Lokalanästhetika.

Grenzstrangdurchtrennung: sympathische Denervierung des Grenzstrangs im Bereich der Rami interganglionares und/oder der segmental zugeordneten prä- und postganglionären Rami communicantes als neurochirurgische Maßnahme.

Grenzstrangresektion: Stellektomie, Sympathektomie.

Großhirn: siehe Cerebrum.

Großhirnarterien: Arteria cerebri, Circulus arteriosus.

Großhirnatrophie, progressive: Verkleinerung des Organs bei langsam fortschreitendem Parenchymschwund des alternden Großhirns. Umschriebene Atrophie, siehe Pick-Atrophie.

Großhirnbalken, Balken: Corpus callosum.

Großhirnbrückenbahn: Tractus corticopontinus.

Großhirnganglien: Nucleus lentiformis, Corpus amygdaloideum, Nucleus caudatus, Claustrum.

Großhirnhemisphäre: Hemisphaerium cerebri.

Großhirnrinde: Cortex cerebri.

Großhirnschenkel: Crus cerebri.

Guillain-Barré-Polyneuropathie: symmetrisches Polyneuropathie-Syndrom mit häufig vorwiegend motorischen Ausfällen. Betroffen sind meistens die Extremitäten, auch der Rumpf, Atemmuskeln, zusätzlich oder auch allein das Hirnnervengebiet.

Guillain-Barré-Syndrom: Dissociation albuminocytologique.

Gumma: Gewebsnekrose bei Spätformen der Lues, gelegentlich mit raumforderndem Charakter.

Gyrus angularis: Zentrum für Lese-, Schreib- und Rechenfunktion im Stirnhirn, Lobulus parietalis inferior.

Gyrus breves insulae: kurze vordere G. der Insula.

Gyrus cerebri: Bezeichnung für die Hirnwindungen an der Großhirnoberfläche.

Gyrus cinguli: gürtelförmige, zwischen Cingulum- und Balken-Furche gelegene G.

Gyrus circumflexus: G. supramarginalis.

Gyrus dentatus, Corpus denticulatum: zwischen Fimbria hippocampi und G. parahippocampalis gelegener rudimentärer G.

Gyrus fasciolaris: in das Indusium griseum übergehende »Bändchen« des G. dentatus am Balkenwulst.

Gyrus fornicatus, G. limbicus: Sammelbezeichnung für G. parahippocampalis und G. cinguli.

Gyrus frontalis: an den präzentralen G. grenzende Stirnhirngyri.

Gyrus hippocampi: siehe G. parahippocampalis.

Gyrus insulae: vom Operculum bedeckte Windungen, die strahlenförmig vom Pol der Großhirninsel ausgehen.

Gyrus limbicus: G. fornicatus.

Gyrus marginalis: oberer Gyrus frontalis.

Gyrus occipitotemporalis: Windungen an der Hemisphärenbasis.

Gyrus orbitalis: Stirnlappenwindungen der unteren Hirnfläche über dem Augenhöhlenbereich.

Gyrus parahippocampalis, G. hippocampi: Teil des tertiären Geruchszentrums.

Gyrus paraterminalis, G. subcallosus: G. der medialen Seite des Stirnlappens.

Gyrus parietalis: Scheitellappenwindung.

Gyrus postcentralis: zwischen Sulcus centralis und postcentralis gelegene hintere Zentralwindung als Teil des Scheitellappens; Körperfühlsphäre.

Gyrus praecentralis: vordere Zentralwindung des Stirnhirns, motorisches Zentrum.

Gyrus rectus: Stirnlappenwindung über dem Augenhöhlenbereich.

Gyrus supracallosus: Indusium griseum.

Gyrus supramarginalis: Scheitellappenwindung der hinteren Teilfurche des Sulcus lateralis.

Gyrus temporalis: Schläfenlappenwindung.

G-Zellen: Gamma-Zellen der Hypophyse.

H

Habenula: Zügel, zügelartiges Gebilde.

Habenula conarii: paariger, markhaltiger Nervenfaserstrang zum Thalamus, sogenannter Epiphysenstiel.

Hackenfuß: Zustand nach Tibialisparese. Beugung und Spreizung der Zehen, Zehengang und Plantarflexion des Fußes sind nicht möglich. Der ASE fehlt.

Hackenversuch: Knie-Hackenversuch.

Hämangiomatose, hereditäre: erbliche H. des Zentralnervensystems.

Hämangiome der Wirbel: Wirbelgeschwülste, die klinisch einen doppelseitigen Ischias hervorrufen können; H. des Schädels: kreisförmige Aufhellungsfläche mit lockerem Maschenwerk von strahlenförmig verlaufenden Trabekeln, meist am Stirn- und Scheitelbein lokalisiert.

Haem(at)ocephalus, Hämatokephalus, -zephalus: im Inneren des Hirnschädels angesammeltes Blut.

Hämatobulbie: Blutung in die Medulla oblongata nach stumpfen Traumen des Nackens und des Hinterkopfes.

Hämatom, epidurales, H., extradurales: H. zwischen harter Hirnhaut und dem Schädelknochen; muß wegen drohendem Hirnbruch unverzüglich operativ saniert werden.

Hämatom, intradurales: H. zwischen beiden Dura-Blättern.

Hämatom, intrakranielles: Blutung im Schädelinneren.

Hämatom, periorbitales: Blutung im Augenhöhlenbereich infolge Schädelbruch.

Hämatom subarachnoidale: siehe Subarachnoidalblutung.

Hämatom subdurales: Blutung zwischen den Hirnhäuten Dura und Arachnoidea.

Hämatom, subgaleales: H. zwischen Schädeldachperiost und Galea.

Hämatomecho: bei der Ultraschall-Enzephalographie auftretendes Echo, vor allem beim (siehe) epiduralen Hämatom.

Hämatomyelie: Kontusionsschädigung des Rückenmarks mit stiftförmiger Blutung.

Hämatorrhachis: 1) Blutung in den Rückenmarkskanal; 2) Subarachnoidalblutung im Rückenmark, Symptome: Lähmungen, Schmerzen, Einschränkung der Wirbelsäulenbeweglichkeit, Hauthyperästhesie.

Hämorrhagie, cerebrale: Massenblutung im Hirn.

Hängefuß: bei Peroneuslähmung schlaff herabhängender Spitzfuß; gleichzeitig Oberschenkel- und Hüftmuskelschädigung.

Hängehand: siehe Fallhand.

Häsitieren: Hängenbleiben, Stokken des Sprechens mit mehrmaliger Wiederholung einer Silbe bei epileptischer Wesensänderung, bei formaler Denkstörung.

HÄUSSLER-Zeichen (GEORG H., zeitgenössischer deutscher Neurochirurg): vom Ort einer Bandscheibenhernie beim Sichfallenlassen vom Zehen- in den Sohlenstand bei gestreckten Beinen auftretende segmentale Schmerzausstrahlung.

Hahnentritt: Steppergang, z. B. bei Polyneuropathie.

Halbseitenkopfschmerz: Hemicrania.

Halbseitenlähmung: Hemiplegie oder Hemiparese.

Halbseitensyndrom: Syndrome mit weitgehend auf eine Körperhälfte beschränkten Krankheitserscheinungen.

HALLERVORDEN-SPATZ-Syndrom (JULIUS H., 1882–1965, deutscher Neurologe; HUGO SP. 1888–1969, deutscher Neuropathologe): tödlich verlaufende, autosomal-rezessiv erbliche Krankheit des extrapyramidalmotorischen Systems.

Halluzination: krankhafte, nicht durch äußere Sinnesreize hervorgerufene, aber für den Kranken Realitätscharakter besitzende Wahrnehmung.

Halluzination, akustische: H. als Stimmenhören; bei Hörbahn-, Schläfenlappenschädigung, Schizophrenie.

Halluzination, elementare: ungestaltete H.

Halluzination, gustative: Geschmacks-H. Häufig als epileptischer Anfall.

Halluzination, haptische, taktile H.: Mißempfindungen wie Elektrisieren, Stiche, Bestrahlung, Berührung; als H. im Bereich der Hautsinne.

Halluzination, hypnagoge: H. beim Einschlafen.

Halluzination, kinästhetische: H. als Bewegungswahrnehmung.

Halluzination, makropsychische: Gulliver-Halluzination.

Halluzination, mikroskopische: Lilliput-Halluzination.

Halluzination, olfaktive: Geruchshalluzinationen. Meist partielle epileptische Anfälle, sogenannte Uncinatuskrisen.

Halluzination, optische, visuelle: H. des Gesichtssinnes; extrakampine H., außerhalb des Gesichtsfeldes auftretend.

Halluzination, zönästhetische: propriozeptive H., das Gefühl des gesamten Körpers und dessen räumliche Einordnung betreffend.

halluzinatorisch: mit Halluzinationen einhergehend.

halluzinatorische Verwirrtheit: amentielles Syndrom mit Halluzinationen.

Halluzinogen, Eidetikum, Psychomimetikum, Psychodelikum, Phantastikum: psychotrope Substanz, beim Gesunden schizophrenieartige, traumhafte oder delirante Zustände bei Erhaltung des vollen Bewußtseins erzeugend.

Halluzinose: pathologischer Zustand mit meist akustischen Halluzinationen, oft mit klarer Bewußtseinslage.

Halluzinose, akute: die von optischen und akustischen Halluzinationen bestimmte Alkohol-H.

Halluzinose, taktile: H. der Körperfühlsphäre.

Halsgrenzstrangblockade: dauerhafte oder vorübergehende Ausschaltung des Halssympathikus.

Halsmark: Halsteil des Rückenmarks.

Halsmuskelkrampf: Schiefhals (Torticollis), Spasmus nutans, Torsionsdystonie, Spasmus rotatorius.

Halsnerven: Nervi cervicales; Plexus cervicalis.

Halsrippe: verursacht in etwa 10% der Fälle Armplexusirritationen.

Hals(stell)reflex, tonischer: physiologischer Reflex, normal bis zum 12. Lebensmonat. Bei passiver schneller Seitendrehung des Kopfes in Rückenlage als Antwort Körperdrehung in gleicher Richtung bis zur Bauchlage. Läuft verzögert bei zerebralen Dysregulationen, bei starker Spastizität sofortige Drehung des ganzen Körpers.

Halssympathikus: Halsteil des Stammes des Sympathicus (Truncus sympathicus).

Halssyndrom: siehe Halswirbelsäulensyndrom.

Halswirbelsäulensyndrom: Zervikobrachial-, Zervikal-, BARRÉ-LIÉOU-, BELL-DALLY-, GRISEL-, HADLEY-, KLIPPEL-FEIL-Syndrom.

Haltungsreflex: Reflex zur Wiederherstellung bzw. Aufrechterhaltung des Muskeltonus.

Hampelmann-Phänomen: bei Lähmungen das lockere Baumeln der Gliedmaßen und das haltlose Zurückfallen des Kopfes beim hochgehobenen Patienten.

Hand-Armtyp: bei progressiver spinaler Muskelatrophie vorkommender Typ DUCHENNE-ARAN.

Handgelenkreflex: 1) Beugesehnenreflex. 2) Radiusperiostreflex.

Handgelenktest: komplette Handbeugung für ca. 3 Min. Provokationsmaßnahme zur Auslösung oder Verstärkung von Empfindungsstörungen der Hand (Taubheitsgefühl, siehe Parästhesien) im Versorgungsgebiet des Nervus medianus bei Verdacht auf (siehe) Karpaltunnelsyndrom.

Handkrampf: Handklonus und Karpopedalspasmen.

Handlähmung: Funktionsausfall von Handmuskeln mit typischen, auf die Ursache hinweisenden Fehlhaltungen (z. B. Fall-, Schwur-, Affen-, Krallenhand).

Handlungsmotorik: siehe Willkürmotorik.

Handmuskelatrophie: verursacht durch Schädigungen des N. medianus (Affenhand) und des N. ulnaris (Krallenhand).

Handrückenreflex: siehe BECHTEREW-JACOBSOHN-Reflex.

Handschluß: Faustschluß, der automatische H. als Greifreflex.

Handschuhanästhesie: handschuhförmige Ausbreitung einer Empfindungslosigkeit der Hand, symmetrisch z. B. bei (siehe) Polyneuropathien.

Handsensibilität: Oberflächensensibilität im Handbereich.

Haphalgesie: gesteigerte Schmerzempfindlichkeit (Hyperästhesie, -algesie) bei Berührungen.

haptisch: den Tastsinn betreffend.

Haptophobie: Berührungsangst.

Hartspann: reflektorisch ausgelöster, gesteigerter schmerzhafter Dauertonus der Schulter-Nacken-Rükkenmuskulatur.

Haube: 1) Brückenhaube, Tegmentum pontis. 2) Mittelhirnhaube, Tegmentum mesencephali.

Haubenkern: 1) roter H.: Nucleus ruber. 2) motorischer H.: Nucleus reticularis tegmenti.

Haubenkreuzung: 1) große H.: Kreuzung der oberen Kleinhirnteile (Decussatio pedunculorum cerebellarium superiorum). 2) Decussatio tegmenti.

Haubenmeningitis: Meningitis an der oberen Hirnwölbung.

Hauben-Rückenmarksbahn: Tractus tectospinalis.

Haubenstrahlung: vom Nucleus ruber zum Thalamus und der Capsula interna ausstrahlende Nervenfasern.

Hauptkern: größter und funktionell bedeutsamster Kern bei mehrteiligen Kerngebieten eines Hirnnervs.

Hautanästhesie: Empfindungslosigkeit der Haut durch Ausfall sensibler Nerven.

Haut-(Fremd-)Reflex: physiologischer Fremdreflex über die Rückenmarksegmente D_{5-6}; siehe Bauchhautreflexe.

Hauthyperästhesie: Überempfindlichkeit der Haut gegen Berührungsreize; durch Schädigung peripherer oder zentraler Anteile des Nervensystems.

Hautlepra: siehe Lepra lepromatosa.

Hautreflex: Fremdreflex an der Haut, registrier- oder auslösbarer (siehe) Reflex.

Hautrezeptoren: Rezeptoren der Hautsinne; als Nozizeptoren freie Nervenendigungen für Schmerzempfindung; als Mechanorezeptoren die MERKEL-Tastscheiben; die VATER-PACINI-Lamellenkörperchen (für Vibrationsempfindung); die MEISSNER-Tastkörperchen und Nervengeflechte um die Haarwurzeln (für Tastempfindung); als Thermorezeptoren freie Nervenendigungen für Wärme- und vermutlich spezielle Nozizeptoren für Hitzeempfindung oder strukturell ungeklärte Kaltrezeptoren.

Hautsinne: Sinnessysteme der Haut, mit den Hautrezeptoren, hirnwärts leitenden Neuronen und der somatosensiblen Großhirnrinde.

HEAD-HOLMES-Syndrom: bei umschriebener einseitiger Thalamusschädigung die Herabsetzung z. B. des Geruchs- und Geschmacksvermögens auf der Gegenseite.

HEAD-Zone (Sir HENRY H., 1861–1940, englischer Neurologe): bestimmtes Hautareal, in dem wegen des gegliederten Körperbaus eine über das zugehörige Rückenmarksegment laufende Querverbindung zu inneren Organen besteht (z. B. Herz-Segment C_8 links). Diese erstreckt sich über mehrere Dermatome, weist jedoch einen reflektorisch bedeutsamen Maximalpunkt auf.

Hebephrenie: jugendliche Form der Schizophrenie.

Heberlähmung: 1) Funktionsausfall des Musculus levator palpebrae bei (siehe) Okulomotoriuslähmung. 2) Ausfall der Musculi rectus superior und obliquus inferior.

Heilanästhesie: durch Injektion

von Lokalanästhetika erzielte Hemmung von Schmerzleitung.

Heilschlaf: Schlaftherapie durch künstlich erzeugten Schlaf (Schlafmittel, Elektroschlaf, bedingte Reflexe, autogenes Training).

Heißhunger: siehe Bulimie.

Held (Hans H., 1866–1942, deutscher Anatom): Tractus vestibulospinalis.

Held-Endfüße: Synapsen des Zentralnervensystems.

Held-Membran: siehe Gliagrenzmembran.

Helioenzephalitis: Insolationsenzephalitis; Enzephalitis durch Sonnenbestrahlung.

Helleborismus: Vergiftung durch die in den Helleborus-Arten (z. B. der Christ-, Schneerose) enthaltenen Substanzen, vor allem Helleborin, Aconitsäure. Pulsverlangsamung, Herzschwäche, starke Schleimhautreizung, Brechdurchfall, Krämpfe, zentrale Atemlähmung.

Hemiagnosie: z. B. bei Halbseitenlähmung auftretender halbseitiger Verlust des Wahrnehmungsvermögens.

Hemialgie: Spontanschmerzen eine Körperhälfte betreffend.

Hemianaesthesia, Hemianästhesie: Sensibilitätsstörung i. S. der Empfindungslosigkeit einer Körperhälfte.

Hemianaesthesia, alternierende, Hemianaesthesia cruciata: gekreuzte H. mit Ausfällen im Versorgungsgebiet der Hirnnerven auf der Seite des Krankheitsherdes sowie auf der Gegenseite an den Gliedmaßen und der Rumpfhälfte als Folge eines einseitigen Krankheitsgeschehens im Hirnstamm.

Hemianaesthesia spinalis: H. infolge Ausfall der Hinterstränge des Rückenmarks.

Hemianalgesie: 1) oft unvollständige halbseitige Aufhebung der Schmerzempfindung. 2) durch Injektion einer verminderten Normdosis in Seitenlage erzielte einseitige Spinalanästhesie.

hemi(an)opisch: siehe Hemianopsie.

hemianopische Pupillenstarre: siehe Wernicke-Phänomen.

Hemianopsie, Hemianopie, Halbseitenblindheit: Sehstörung mit halbseitigem Ausfall des Gesichtsfeldes eines oder beider Augen durch Schädigung der Sehbahn vor, in oder hinter dem Chiasma opticum.

Hemianopsie, binasale: heteronyme H. mit Ausfall beider Nasen-Schläfenhälften des Gesichtsfeldes bei Unterbrechung der Sehnervfasern, die nicht im Chiasma kreuzen.

Hemianopsie, bitemporale: heteronyme H. bei Schädigung der im

Chiasma kreuzenden Bahnen, meist bei Hypophysentumor (Scheuklappenphänomen).

Hemianopsie, doppelte: Ausfall temporaler und nasaler Gesichtsfeldabschnitte mit Blindheit als Folge einer gleichzeitigen Schädigung der Sehrinde beider Hinterhauptlappen.

Hemianopsie, homonyme: linke oder rechte Gesichtsfeldabschnitte beider Augen betreffende H.; bei Schäden der Sehbahn jenseits des Chiasmas.

Hemiapraxie: bei Scheitelhirnschäden auftretende halbseitige Apraxie der dominanten Großhirnhälfte.

Hemiasynergie: halbseitige Muskelkoordinationsstörung, auch bei extrapyramidalen Erkrankungen.

Hemiataxie: Ataxie einer Körperhälfte als zerebellares Symptom.

Hemiathetose: halbseitige Athetose auf der Gegenseite einer Striatum- und Thalamusschädigung.

Hemiatrophia: halbseitiger Gewebeschwund.

Hemiatrophia cerebri: Atrophie einer Großhirnhemisphäre.

Hemiatrophia faciei oder facialis progressiva: halbseitig fortschreitende Gesichtsatrophie, kombiniert mit verminderter örtlicher Schweißbildung, Trigeminusneuralgie, Hautatrophien in Form von Säbelhiebnarben. Greift später in die Tiefe und auf Rumpf und Gliedmaßen über.

Hemiatrophia linguae: Muskelschwund einer Zungenhälfte bei Erkrankung des N. hypoglossus oder seines Ursprungs im Hirnstamm.

Hemiballismus: anfallartig oder dauernd auftretende Schleuderbewegungen einer Körperhälfte, meistens Störung des kontralateralen Nucleus hypothalamicus (Corpus Luysi).

Hemichorea: kontralaterale Chorea bei Erkrankungsherd im Striatum.

Hemichorea posthemiplegica, postparalytische H.: H. nach Schlaganfall bei Mitschädigung der Stammganglien.

Hemicrania, Hemikranie: 1) Hemizephalie. 2) Kopfschmerz einer Kopfhälfte.

Hemidrosis: siehe Hemihyperhidrosis.

Hemihypästhesie: halbseitige Sensibilitätsstörung (siehe Hypaesthesia) durch kontralaterale Schädigung der Zentren und Bahnen des Berührungssinnes in Großhirn und Hirnstamm.

Hemihyperästhesie: halbseitige Sensibilitätsstörung (siehe Hyperaesthesia) durch kontralateralen Krankheitsherd im Thalamus; als alternierende H. bei Erkrankung der Medulla oblongata, überwiegend schmerzhaft.

Hemihyperhidrosis: halbseitige vermehrte Schweißbildung.

Hemihyperhidrosis, paradoxe: H. auf Kältereiz.

Hemikinesie: Lichtreaktion der Pupille bei Hemianopsie.

Hemikranie: siehe Hemicrania.

Hemilaminektomie: zur Freilegung des Wirbelkanals dienende einseitige Abtragung von Wirbelbögen mit örtlicher Entfernung des Ligamentum flavum.

Hemiplegia, Hemiplegie: Halbseitenlähmung, auch unvollständige.

Hemiplegia alterna(ns): H. bei Erkrankung von Hirnnervenkernen, deren Bahnen und der noch ungekreuzten Pyramidenbahn. Bei Störungen im Hirnstamm, führt zu Hirnnervenausfällen (z. B. N. hypoglossus, N. facialis) auf der Herdseite und zu motorischen Lähmungen und auch Sensibilitätsstörungen der kontralateralen Körperhälfte.

Hemiplegia cruciata: H. bei Pyramidenbahnschädigung seitlich der Pyramidenkreuzung.

Hemiplegia flaccida: H. mit Erschlaffung der Extremitäten; im akuten Schockstadium einer Apoplexie in der inneren Kapsel, chronisch bei ausgedehnter kontralateraler Störung in den ventralen und lateralen Thalamuskernen und in den subkortikalen Bahnen; die Fremd-, meistens auch die Eigenreflexe nicht auslösbar.

Hemiplegia, homolaterale, H., kollaterale: H. der lateralen Körperhälfte (auf der Seite des Herdes).

Hemiplegia, kapsuläre: bei Störungen in der inneren Kapsel auftretende H., als spastische H. (Hemiplegie Typ WERNICKE-MANN). Symptome: Arm an den Rumpf herangezogen, im Ellenbogengelenk gebeugt; das Bein bis zur Fußspitze gestreckt, wird beim Gehen halbkreisförmig herumgeführt.

Hemiplegia spastica: die H. mit - oft kontralateraler - unwillkürlicher Steigerung der Muskelspannung, Pyramidenbahnsyndrom.

Hemirhachischisis: unvollständige Wirbelsäulenspalte ohne Prolaps von Rückenmark in den Spalt.

Hemispasmus facialis: halbseitige unwillkürliche Kontraktionen der mimischen Gesichtsmuskulatur.

Hemisphärektomie: operative Entfernung einer Großhirnhemisphäre.

Hemisphaerium: 1) H. cerebrale: die Großhirnhemisphäre, jede durch die Fissura longitudinalis cerebri bzw. die Falx voneinander getrennten symmetrischen Hälften des Endhirns, die durch den Corpus callosum, die Lamina terminalis und Commissura anterior miteinander verbunden sind. 2) H. cerebelli: durch den Vermis getrennte Kleinhirnhälften.

Hemizephalie: Fehlbildung mit großem Schädeldach- und Gehirndefekt.

Hemmung: Minderung oder vollständige Aufhebung einer neuralen Funktion.

Hemmung, kompetitive: wird durch körpereigenen oder körperfremden Wirkstoff verursacht, der mit einem physiologischen konkurriert.

Hemmung, postsynaptische: durch Transmitter verursachte Hemmung der Auslösung eines Aktionspotentials. Wird durch eine Erhöhung der Membranleitfähigkeit und durch eine Hyperpolarisation bewirkt.

Hemmung, präsynaptische: Depolarisation präsynaptischer Endigungen an Synapsen, dadurch verminderte Transmitterfreisetzung und kleinere Amplituden der Aktionspotentiale.

Hemmung, rekurrente: Hemmung der Impulse durch Kollateralen und Interneuronen.

HEMPT-Impfstoff: Impfstoff gegen Tollwut.

Henkelkorbmethode: Methode zur Schädeleröffnung bei der Sektion von Neugeborenen zwecks Ausschluß bzw. Nachweis einer Hirnblutung.

Hepato-lentikuläre Degeneration: siehe WILSONSCHE Erkrankung.

Hepatozerebrale Erkrankung: Sammelbegriff für Erkrankungen im Gehirn (an Gliazellen) und in der Leber.

hepatozerebrales Syndrom: die ammonikalische Enzephalopathie bei akuter Leberinsuffizienz.

Herbstenzephalitis, Russische: mit der Encephalitis japonica identische Virusenzephalitis in Südrußland.

Herd: Zone mit räumlich begrenzten bioelektrischen Anomalien der Gehirntätigkeit mit deutlichen Amplituden- und Formunterschieden gegenüber benachbarten Regionen und gleichseitiger Phasenumkehr bei bipolarer EEG-Ableitung.

Herdanfall: epileptischer, nicht generalisierter, partieller Anfall mit Symptomen seitens der Motorik oder Sensorik, verursacht in einem umschriebenen Hirnbereich; z. B. als (siehe) JACKSON-Anfall.

Herdenzephalitis, embolische: Enzephalitis durch Erregerstreuung ins Gehirn.

Herdsklerose, disseminierte: siehe Multiple Sklerose.

Herdsymptom: begrenzter, lokalisierbarer Krankheitsprozeß z. B. im Gehirn.

Heredoakinesie: familiäres Nervenleiden mit flüchtigen, anfallartigen motorischen Lähmungen (Akinesie) und Schmerzen in den Extremitäten.

Heredoataxie: hereditär-familiäre Krankheiten mit Ataxie als Hauptsymptom.

Heredodegeneration: familiär-erbliche Erkrankungen als degenerative Prozesse des Nervensystems.

Hernia, Hernie cerebri: Hirnhernie; die äußere H. (Enzephalo[meningo]zele); die innere H. (H. tentorialis und tonsillaris).

Hernia, Hernie, tentorielle; H., transtentorielle: Prolaps von Hirnstrukturen (H. cerebri), z. B. bei Massenblutung, Hirnödem.

HERRING-Körper: durch Neurosekretanhäufung bedingte spindelförmige Anschwellung der Fasern des Tractus hypothalamohypophysialis im Hypophysenhinterlappen.

HERXHEIMER-Reaktion: allergische Reaktion bei Penicillinbehandlung der Lues mit starken Reizerscheinungen an den Gefäßen.

Heterästhesie: unterschiedlich starke Empfindung in benachbarten Hautbezirken.

Heterokinese: siehe Allokinese.

HGH: **H**uman **g**rowth **h**ormon (Somatotropin).

HHG: **H**uman **h**ypophysary gonadotrophin.

HHL: **H**ypophysen**h**interl**a**ppen.

Hinterhirn: siehe Metenzephalon.

Hinterhorn: 1) Cornu posterius ventriculi lateralis. 2) Cornu posterius substantiae griseae.

Hinterhornsyndrom: Erkrankung der Hinterhornsäule mit segmentalen, handschuh- und strumpfförmig begrenzten dissoziierten Empfindungsstörungen, Parästhesien, trophischen Störungen und vermindertem Muskeltonus und Eigenreflexen.

Hintersäule: Columna posterior.

Hinterstrang: Funiculus posterior des Rückenmarks.

Hinterstrangsyndrom: durch Hinterstrangerkrankung bedingte spinale Ataxie, außerdem Herabsetzung des Vibrationsempfindens und anderer Qualitäten der epikritischen (siehe) Sensibilität (Berührungs-, Raum-, Bewegungs- und Druckempfindung).

Hinterwurzel, Radix dorsalis: Spinalnervenwurzel zwischen Hinterhorn und Spinalganglion. Erkrankungen in diesem Bereich führen zu Schmerzen und Sensibilitätsstörungen im Innervationsbereich des diesbezüglichen Rückenmarksegments.

Hippocampus, Hippokampus, Ammonshorn: sichelförmig gekrümmter Längswulst am Boden des Vorderhorns des Seitenventrikels des Gehirns.

Hippus (pupillae), Athetosis pupillaris: reizunabhängiges Irisblinzeln bei Erkrankungen des Zentralnervensystems.

Hirano-Körper: im höheren Lebensalter und bei degenerativen Prozessen vorkommende azidophile Eiweißeinlagerungen im Perikaryon von Nervenzellen und in Dendriten.

Hirn: siehe Gehirn.

Hirnabszeß, Encephalitis purulenta: durch Entzündung verursachter Untergang und Verflüssigung von Hirngewebe und dadurch bedingte umschriebene Eiteransammlung im Gehirn (durch fortgeleitete Infektionen, offene Hirnverletzung) oder hämatogen.

Hirnaktionsströme: siehe Elektroenzephalogramm.

Hirnaneurysma: siehe Aneurysma, zerebrales, meistens auftretend an der vorderen und mittleren Hirnarterie, der vorderen Verbindungsarterie des Circulus arteriosus (Hirnbasis); ferner als erworbene arteriovenöse Fistel das Karotis-Kavernosus-Aneurysma. Gefäßveränderungen meist anlagebedingt, selten anderer Genese (infektiös, traumatisch), in den Teilungsstellen der großen Hirngefäße. Führt als H. vom paralytischen Typ zu Gesichtsfeldausfällen, Lähmungen, als dramatisch verlaufendes H. vom apoplektischen Typ zu Hirnblutungen mit Zeichen der (siehe) Apoplexia.

Hirnangiographie: Angiographie der Hirngefäße, durch Injektion eines Kontrastmittels als Karotisangiographie oder Vertebralisangiographie. Meist als Katheterangiographie über die A. femoralis durchgeführt, seltener als Direktpunktion.

Hirnanhangsdrüse: Hypophyse.

Hirnanoxie: Sauerstoffmangel des hochgradig sauerstoffbedürftigen Gehirns.

Hirnarterien: A. cerebri (anterior, media, posterior). A. communicans (anterior, posterior). A. basilaris.

Hirnarteriosklerose: siehe Zerebralsklerose.

Hirnatrophie: Schwund des Gehirns, der das ganze Organ oder einzelne Neuronensysteme betrifft. Mit Vergrößerung der Hirnventrikel und Auftreten von Alterspigment. Bewirkt: neurologische Ausfallserscheinungen, organische Wesensänderung, Durchgangssyndrom, Verlust der geistigen Leistungen.

Hirnbiopsie: siehe Hirnpunktion.

Hirnblutleiter: Sinus durae matris.

Hirnblutung, intrazerebrale Blutung: jede intrakranielle Blutung aus den Hirngefäßen in das Gehirn oder dessen Ventrikelsystem oder als Massenblutung nach Zerreißen von Blutgefäßen, z. B. bei Gefäßerkrankungen wie Arteriosklerose, Hirnaneurysma, bei Hirntumor, Angitis, bei Verletzung. Bevorzugt in bestimmten Gefäßgebieten, z. B. als Kapselblutung, als geburtstraumatische H. des Kindes aus Tentorium-, Falxgefäßen. Bewirkt Hirngewebsuntergang, auch Einbruch in Hirnventrikel, in den Subarachnoidalraum und in die Zisternen sowie Hirndruck. Imponiert als Apoplexie, auch als Spätapoplexie. Wird, wenn nicht tödlich, abgeräumt, resorbiert und organisiert.

Hirnbrei: nach offenem Hirn-Schädel-Trauma aus der Schädelknochen-Duralücke ausfließende, zerstörte Gehirnmasse, vermischt mit Liquor, Blut, Fremdkörpern.

Hirndruck: der intrakranielle pathologische Druck. Gesteigerter H. bei: Hirntumoren, traumatischen und entzündlichen Einwirkungen auf das Gehirn, Hydrozephalus, Hirnschwellung und Hirnödem. Symptome: Benommenheit bis zu schwersten Bewußtseinsstörungen, Erbrechen im Schwall, Hirnnervenstörungen, Stauungspapille, Respirationsstörungen, Pulsveränderung, Kopfschmerz. Die Therapie besteht in (operativer) Behebung der Ursache und durch Entwässerung.

hirnelektrische Stille: Fehlen bioelektrischer Potentiale im EEG; Kriterium zur Feststellung des Hirntodes und zur Bestimmung der Todeszeit (Null-Linien).

Hirnembolie: Embolie der Hirnarterien. Folgen: Apoplexie, Enzephalomalazie, Hirninfarkt, -ödem.

Hirnembolie, künstliche: künstliche Embolisierung von Hirnarterienaneurysmen oder Gefäßtumoren (Angiomen).

Hirnerschütterung: siehe Commotio cerebri.

Hirnerweichung: siehe Encephalomalacia.

Hirnfehlbildungen: formale Entwicklungsstörungen des Gehirns, z. B. An-, Arrhin-, Mikro-, Porenzephalie, Balkenmangel, Makro- und Mikrogyrie, Zyklopie. Auch kombiniert mit Amyelie, Rachischisis.

Hirnhäute: die Meningen; die Dura mater, Arachnoidea, Pia mater.

Hirnhautentzündung: siehe Meningitis.

Hirninfarkt: embolischer Verschluß eines arteriellen Hirngefäßes mit nachfolgender Gewebsnekrose. Bei Sinusthrombose häufig hämorrhagische Infarzierung der Hirnrinde.

Hirnischämie: Hirndurchblutungsstörung mit teilweiser oder völliger Unterbrechung der Sauerstoffzufuhr im betroffenen Bereich.

Hirnkammern: Ventriculi cerebri.

Hirnkontusion: siehe Contusio cerebri.

Hirnlappenresektion: nach osteoplastischer Trepanation des Schädels operative Entfernung von Hirnteilen.

Hirnleistungsminderung: als Folge einer Hirnschädigung Minderung der geistigen Leistungsfähigkeit, z. B. nach Vergiftung, Unfall, bei (siehe) ALZHEIMER- Dementia, nach Schlaganfall.

Hirnmantel: siehe Cortex cerebri.

Hirnnerven, Nn. craniales: 12 paarige, mit Ausnahme des 4. Hirnnervs an der basalen Seite des Hirnstamms austretende motorische, sensible, sensorische oder vegetative Nerven.

Hirnnervenparesen: hervorgerufen durch Störungen im Bereich der peripheren Hirnnerven oder durch Kernaplasie.

Hirnnervensymptome: hauptsächlich verursacht durch Hirndruck, entzündliche und vaskuläre Läsionen.

Hirnnervensyndrom: Hirnnervensymptome bei Polyneuropathien, z. B. bei idiopathischen und diphtherischen Polyneuropathien mit häufigem Befall des N. facialis; als Syndrom der vorderen (I und II), mittleren (III–VII) sowie der hinteren Hirnnerven (IX–XII). Syndrom auch bei (siehe) Botulismus.

Hirnödem: feuchte Volumenvergrößerung des Gehirns. Das Gehirn zeigt abgeflachte Hinwindungen, ist blaß, hat verbreiterte Furchen, bedingt durch erhöhte Gefäßdurchlässigkeit bei Schädigung der Blut-Hirnschranke durch Hirnhypoxie. Verursacht Hirndruck.

Hirnprellungsherd: Contusio cerebri.

Hirnprolaps: Prolapsus cerebri, das spontane Hervorquellen pulsierender Hirnmassen durch eine Schädel-Duralücke.

Hirnprolaps, innerer: Zisternenverquellung als intrakranielle Massenverschiebung.

Hirnpunktion: nach Schädeltrepanation und Einschnitt in die harte Hirnhaut Punktion des Gehirns.

Hirnpurpura: sogenannte hämorrhagische Enzephalitis STRÜMPELL-LEICHTENSTERN, verursacht durch kapilläre Zirkulationsstörungen mit petechialen Blutungen.

Hirnquetschung: siehe Compressio cerebri.

Hirnrinde: siehe Cortex cerebri.

Hirnrindenatrophie: Ganglienzellschwund in der Hirnrinde.

Hirnrindenkarte: Topografie der Großhirnrinde mit Wiedergabe der Hirnrindenfelder.

Hirnsand: Acervulus cerebri.

Hirnschenkel: siehe Crus cerebri.

Hirnschlag: Apoplexia cerebri.

Hirnschranke: siehe Blut-Hirn-Schranke.

Hirnschwellung: trockene Hirnvolumenvergrößerung durch intrazelluläre Flüssigkeitsansammlung. Von ausländischen Autoren oft mit dem Hirnödem gleichgesetzt.

Hirnsichel: siehe Falx cerebri.

Hirnsinus: Sinus matris.

Hirnsklerose: Sammelbegriff für tuberöse und diffuse H., lakunäres Syndrom, zerebrale Polysklerose, Zerebralsklerose.

Hirnsklerose, tuberöse: Leiden mit dominantem Erbgang, mit multiplen, zur Verkalkung neigenden Tumoren in der Hirnrinde und in der Nähe der Ventrikel, umschriebene bandförmige Verbreiterungen der Windungen mit erhöhter Konsistenz und hellgelber bis weißer Farbe an der Hirnoberfläche, rundliche Rindentumoren mit meist nabelförmigen Eindellungen. Klinische Symptome: Adenoma sebaceum PRINGLE als typische Fehlbildung der Haut mit Veränderungen an Nägeln und Zahnfleisch. Fibromartige Knoten auf der Haut sowie Tumoren der Niere und des Herzens. Gliomatöse Geschwülste an der Netzhaut und im Bereich der Papillen, epileptische, myoklonisch-astatische Anfälle, Schwachsinn, Hydrozephalus, kalkhaltige Verdichtungen nahe der Ventrikelwand (Computer-Tomogramm). Prognose: schlecht.

Hirnstamm, Stammhirn, Truncus encephalicus, Truncus cerebri: der nach Abtragung des Großhirnmantels und des Kleinhirns verbleibende Teil des Gehirns.

Hirnstammkrise, Epilepsia mesencephalica: ein unklarer zerebraler Anfall mit uneinheitlichen, vorwiegend vegetativen Symptomen und unbekannter Ursache.

Hirnstammsyndrome: Krankheitsbilder durch begrenzte Krankheitsprozesse im Hirnstamm.

Hirnstiel: Pedunculus cerebri.

Hirnstromkurve: Elektroenzephalogramm.

Hirnszintigraphie: siehe Isotopendiagnostik.

Hirntod, zentraler: totaler Ausfall aller Hirnfunktionen mit folgenden unabdingbaren Kriterien: Bewußtlosigkeit, erloschene Spontanatmung, Fehlen zerebraler Reflexe und umweltbezogener Lebensäußerungen, hirnelektrische Inaktivität.

Hirntumor: primäre Geschwulst im Hirngewebe oder als Metastase eines außerhalb des Gehirns bestehenden Neoplasmas, auch die nicht vom Gehirngewebe innerhalb des Schädels ausgehenden intrakraniellen Geschwülste. Die Hirntumoren setzen allgemein keine Metastasen außerhalb des Zentralnervensystems. Sie sind oft trotz geweblicher Gutartigkeit auf Grund ihrer Raumforderung bösartig. Symptome: Hirndruck mit entsprechenden Allgemeinsymptomen, epileptische Anfälle, neurologische Ausfallerscheinungen, Neigung zu Bewußtseinsstörung und Wesensänderung.

Hirnvenenthrombose: Sinusthrombose, Thrombose der Venae cerebri einschließlich der Hirnblutleiter; bewirkt Blutung, Kopfschmerz, Ödem, hämorrhagische Infarzierung, Meningismus, Krampfanfälle, Hirndruck, Fieber, Nervenausfälle, Wesensänderung, Enzephalomalazie.

Hirnventrikel: Ventriculi cerebri.

Hirnwasser: siehe Liquor cerebrospinalis.

Hirnwindung: siehe Gyrus.

Hirnzyste: Zyste im Gehirn und den Hirnhäuten.

Histaminkopfschmerz: siehe HORTON-Neuralgie.

HITZIG-Zone (JULIUS EOUARD H., 1838–1907, schweizer Psychiater): feld-, band-, fleck- oder gürtelförmige Aufhebung bis Minderung der Wärmeempfindung (Thermohyp- bzw. Thermoanästhesie) der Rumpfhaut bei Tabes dorsalis.

Hitzschlag, Sonnenstich: ausgeprägte Schrankenstörungen und zirkulatorische Schäden des Gehirns mit begleitendem Hirnödem nach Art eines pseudoenzephalitischen Syndroms.

HMG: **H**uman **m**enopausal **g**onadotropine, Menopausengonadotropin.

HOCHE-Bündel: in der hinteren Randzone des Grundbündels des Hinterstrangs des Rückenmarks gelegenes Nervenfaserbündel.

Hodenatrophie: verursacht durch endokrine Störung bei der Myotonia dystrophica.

Hodenreflex: siehe Kremasterreflex.

Hodogenese: Wegbahnung bei der Nervenzellregeneration, durch chemische Reize (Neurotropismus) und infolge einer Kontaktführung durch SCHWANN-Zellen und Fibrinfasern.

Hörbahn: Leitungsbahn für akustische Reize. Das 1. Neuron der Bahn mit Zellen des Ganglion spirale cochleae und ihren Axonen, welche die von den Hörzellen des CORTI-Organs aufgenommenen Reize weiterleiten; die Axonen dieser bipolaren Nervenzellen stellen den akustischen Teil des Nervus vestibulocochlearis dar, der zu den Kernen des Vestibularis im Rautenhirn führt, deren Zellen und Axonen das 2. Neuron bilden; die Fasern ziehen im Lemniscus lateralis zur Gegenseite kreuzend an Zellen des unteren Hügels des Colliculus caudalis sive inferior, dessen Zellen und Axonen das 3. Neuron darstellen, das zum Corpus geniculatum mediale führt; Zellen und Axonen dieses Höckers stellen das 4. Neuron dar, das in der Hörstrahlung zur primären Hörrinde führt. H. ist auch die ab Eintritt in die Medulla oblongata (Nucleus cochlearis ventralis) getrennt über den Trapezkörperkern der Gegenseite (Nucleus corporis trapezoidei) bzw. die obere Olive und den Nucleus lemnisci lateralis zu den Kernen der Hirnnerven V–VII und zum Fasciculus longitudinalis medialis führende Reflexbahn für Bewegungen von Augen, Kopf, Hals und Körper auf akustische Reize.

Hörbereich: für das menschliche Gehör wahrnehmbare Schallschwingungen zwischen ca. 16 Hz und 20 kHz (Hauptbereich 1000 und 4000 Hz).

Hörempfindungsstörung: Innenohrschwerhörigkeit.

Hören: Empfindung akustischer Phänomene.

Hörprüfung: Test der Gehörleistung zur Diagnose von Sitz, Grad und Art einer eventuellen Hörstörung; durch klassische H. (Prüfung mit Umgangs- und Flüstersprache, Stimmgabel, GALTON-Pfeife usw.), Audiometrie, als phonetische H. (mit sensibilisierter Sprache; zur Diagnose der zentralen Schwerhörigkeit).

Hörstörung, labyrinthäre, oder H., retrokochleare: H. durch Erkrankung des Hörnervs oder höherer Zentren.

Hörstummheit: Stummheit bei intaktem Gehör als Manifestation einer ungeklärten Erkrankung des Zentralnervensystems.

Hörzentren: als akustischer Kortex bezeichnete Hirnrindenbereiche für das Hören, als primäres und als sekundäres Hörzentrum.

HOFFMANN-Zeichen: amerikanische Bezeichnung für Fingerbeugereflex (siehe TRÖMNER-Zeichen, Knips-Reflex).

Hohlfuß: Fußdeformierung bei der FRIEDREICHschen Erkrankung.

Holzbock: Ixodes ricinus, Zeckenart in Europa. Siehe Zeckenenzephalitis.

Homocystein: Aminosäure, die als »Homocysteinhälfte« des Cystathionins mit einem Pyridoxalphosphatenzym reagiert.

Homocystinurie: eine autosomalrezessiv hereditäre Störung des Aminosäurestoffwechsels. Symptome: Skelettfehlbildungen, Knochenbrüchigkeit, Schwachsinn, Linsenluxation, clownartige Wangenröte, Thromboembolien, Leberverfettung; Ausscheidung von Homocystin und Methionin im Harn, Methioninämie.

Ferner Verkrampfung der unteren Gliedmaßen.

Homovanillinsäure: 3-Methoxy-4-hy-droxy-phenylessigsäure, Harnausscheidung normal 3,7–7,5 mg/24 Std. (vermehrt bei Ganglioneurom und Neuroblastom).

Homunculus, -kulus: bildliche Darstellung der motorischen sowie der somatosensiblen Projektionen der einzelnen Körperabschnitte im Gehirn, wobei die entsprechenden Abschnitte neben das schematische Schnittbild der Großhirnrinde skizziert sind.

Horner-Symptom-Komplex, -Syndrom, -Trias (Johann Friedr. H., 1831–1886, schweizer Augenarzt)**: okulopupilläres Syndrom:** Ptosis, Miosis und Enophthalamus durch Parese der vom Sympathikus innervierten glatten Augenmuskulatur. Die zentrale Form mit Störungen sympathischer Bahnen zwischen Hypothalamus und Centrum ciliospinale ist relativ schwach ausgeprägt und zeigt mydriatische Reaktion auf Kokain; die bulbäre Form ist stets beidseitig; die periphere Form zeigt keine Mydriasis auf Kokain. In schweren Fällen besteht auch gleichseitig eine Störung der Tränen- und Schweißbildung, Druckabnahme im Augapfel, Irisheterochromie sowie halbseitige Gesichtsatrophie.

Horsley-Operation: Topektomie in der prämotorischen und motorischen Region bei Hyperkinesen und Epilepsie.

Horton-Neuralgie (Bayard T. H., 1895, englischer Internist)**:** Histaminkopfschmerz, Erythroprosopalgie: überwiegend bei Männern zu bestimmten Tageszeiten auftretende Schmerzattacken im Augen-Stirn-Schläfenbereich, streng halbseitig, mit Tränenfluß, Rötung des Auges, auch des Gesichts, Schwellung der Nasenschleimhaut sowie vermehrtem Pulsieren der Schläfenschlagader. Möglichkeit der Provokation durch Histamin, durch Adrenalin kupierbar.

H-Rezeptoren: Histamin-Rezeptoren.

Hungerzentrum, Eßzentrum: Neuronengruppe im Hypothalamus, Zerstörung führt zu Anorexie.

Huntsches Syndrom: Trias, bestehend aus Zoster im Ohrbereich, Fazialisparese und neuralgiformen Gesichtsschmerzen.

Hustenreflex: Fremdreflex als Schutzreflex zur Fremdkörper- und Sekretentfernung aus den Atemwegen. Wird durch Reizung von Hustenpunkten in den oberen Luftwegen ausgelöst.

Hustenzentrum: Impulse werden aus Atemzentrum und Formatio reticularis als Koordinatoren der am Hustenreflex beteiligten Muskeln weitergeleitet.

Hutchinsonsche Trias: Keratitis parenchymatosa, Tonnenform der Zähne, Labyrinthtaubheit bei congenitaler Lues.

Hydantoin: Glykolylharnstoff mit antiepileptischer und hypnotischer Wirkung.

Hydantoin-Syndrom, embryopathisches: angeborene Fehlbildungen bei Kindern, deren Mütter in der Frühgravidität langzeitig hydantoinhaltige Mittel eingenommen haben.

Hydrophobie bei Lyssa: Schluck- und Schlingkrämpfe bei der Tollwut, oft schon beim Anblick von Flüssigkeiten ausgelöst.

Hydrozephalus acutus: rasch entstehender H. Siehe Hydrocephalus occlusus.

Hydrozephalus communicans: innerer oder äußerer H., die Verbindung zwischen inneren und äußeren Liquorräumen ist erhalten.

Hydrozephalus congenitalis: angeborener, bereits bei Geburt bestehender H.

Hydrozephalus externus: Ausdehnung des Subarachnoidalraumes (Hydrops meningeus); bei atrophischen zerebralen Prozessen.

Hydrozephalus internus: „malresorptivus" bei Liquorresorptionsstörung.

Hydrozephalus occlusus: H. infolge Liquorraumausweitung durch Tumor, Atresie, Verwachsungen, Enzephalomyelomeningozele, Arnold-Chiari-Syndrom; überwiegend als H. internus mit Blockade im Ventrikelsystem des Gehirns sowie an der Verbindung zum Subarachnoidalraum; schnelle Progredienz mit akutem Hirndruck.

Hydrozephalus, Wasserkopf: angeborene oder erworbene dauerhafte Erweiterung der Liquorräume des Gehirns, durch Mißverhältnisse zwischen Liquorproduktion und -resorption, Liquorzirkulationsstörung sowie bei Hirnatrophie.

Hypaesthesia, Hypästhesie: Sensibilitätsstörung, eingeschränkte Empfindlichkeit für Sinnesreize; als Geruchs-H. die Hyposmie, als akustische H. die Schwerhörigkeit, als Geschmacks-H. die Hypogeusie.

Hypakusis: Schwerhörigkeit.

Hypalgesie, Hypalgie: eingeschränkte Schmerzempfindung; bei Schäden der Schmerzbahn, bei Polyneuropathien (symmetrisch).

Hypamphotonie: eingeschränkte Erregbarkeit des vegetativen Nervensystems.

Hyperaesthesia, Hyperästhesie: Sensibilitätsstörung, erhöhte Empfindlichkeit für Sinnesreize.

Hyperaktivität: erhöhter Antrieb

zu motorischen Äußerungen bei psychischer Unruhe, z. B. bei Manie, psychotischen/organisch bedingten Erregungszuständen, der über dem normalen Bereich liegt.

Hyperakusis: Steigerung der Hörschärfe über den normalen Bereich; z. B. bei Fehlinnervation des Musculus stapedius, außerdem nach Schädeltraumen und Fazialisparesen. Schall kann zu schmerzhaftem Hören (H. dolorosa) führen.

Hyperalgesie, Hyperalgie: erhöhte Empfindlichkeit für Schmerzreize als Form der Hyperästhesie; im Versorgungsgebiet eines sensiblen Nervs oder segmental.

Hyperamphotonie: erhöhte Sensibilität des vegetativen Nervensystems.

Hyperexzitabilitätssyndrom: gesteigerte Erregbarkeit des Neugeborenen (Schädigung des Zentralnervensystems). Mit erhöhter Vigilanz und Mangel an Schlaf, Unruhe, häufigem Schreien.

Hyperflexionsphänomen: gesteigerte Beugebewegung bei Hypermetrie.

Hyper(h)aphie: Hyperästhesie bei Berührungsreizen.

Hyperhidrose,- hidrosis: krankhaft gesteigerte Schweißbildung, die auch halbseitig begrenzt sein kann.

Hyperhidrosis oleosa: H. mit gleichzeitig erhöhter Talgbildung bei Seborrhö.

Hyperhidrose, zonale: auf bestimmte Hautbereiche begrenzte H., bei Hirnstamm-, Halsmark-, Medulla-oblongataerkrankung, bei Sympathikusirritation.

Hyperkinese, -kinesie, -kinesis: übermäßig gesteigerte, spontane Bewegungsaktivität, unwillkürlich, automatisch ablaufend.

hyperkinetischer Anfall: extrapyramidale Hyperkinese bei (siehe) Chorea oder als großer epileptischer Anfall.

hyperkinetisches Syndrom: extrapyramidales Syndrom mit unwillkürlichen, automatisch ablaufenden, schnellen oder langsamen Bewegungsabläufen, z. B. choreatisch, ballistisch.

Hypermetrie: Bewegungsübermaß mit über das Ziel hinausschießenden Bewegungen; bei Kleinhirnerkrankung.

Hypermnesie: Gedächtnisstörung, krankhaft gesteigertes Erinnerungsvermögen für bestimmte Daten, häufig bei Schwachsinnigen, auch nach Hirntrauma oder Schock.

Hyperosmie: krankheitsbedingt gesteigerter Geruchssinn, z. B. bei Psychosen, in der Gravidität und bei Epilepsie.

Hyperostosis cranialis int.: unregelmäßige höckrige oder beetartige Verdickung der Tabula int. der Stirnbeinschuppe, auch Hyperostosis frontalis int. genannt. Kommt fast ausschließlich bei Frauen jenseits der Menopause vor.

Hyperpathie: Sensibilitätsstörung mit Erhöhung der Reizschwelle gegenüber allen örtlichen Reizen. Dabei werden die Schmerzen als ausstrahlend, lang anhaltend empfunden; nach Verletzung peripherer Nerven.

Hyperpituitarismus: Überfunktion des Hypophysenvorderlappens, Gigantismus.

Hyperreflexie: gesteigerte Erregbarkeit der Reflexe; Ausfall der Hemmung.

Hypersensibilität: Sensibilitätsstörung, Hyperästhesie.

Hypersomnie: abnorm erhöhtes Schlafbedürfnis, Schlafsucht.

Hypersomnie, periodische: KLEINE-LEVIN-Syndrom.

Hypertensionsenzephalopathie: Hochdruckenzephalopathie. Hirnschädigung durch konstanten oder intermittierenden Hypertonus.

Hyperthermie, zentrale: durch Pyrogene oder durch örtliche Läsion zentraler Hirnstrukturen bedingte Erhöhung der Körpertemperatur.

Hypertyrosinämie, Tyrosinose: Hereditär bedingter, erhöhter Tyrosin-Gehalt des Blutserums ($>$ 1,26 mg/100 ml). Enzymopathie der p-Hydroxyphenylpyruvat-hydroxylase in Niere und Leber. Führt zu Lebervergrößerung, Durchfällen, Erbrechen und - je nach Typ (I–II) - zu verzögerter geistiger Entwicklung bzw. Leberzirrhose, Schwachsinn, Rachitis, Albinismus, Ödemen, Methioninämie bzw. Krämpfen, Schwachsinn.

Hyphidrosis, Hypohidrosis: verminderte Schweißsekretion, z. B. im Fußsohlenbereich bei (siehe) Polyneuropathien.

hypnoid: schlafähnlich.

hypnoider Zustand: geringe Bewußtseinsveränderung ähnlich dem Zustand, wie er beim Einschlafen als oberflächlicher Hypnosegrad oder als Autosuggestionseffekt bemerkt wird.

Hypnose: durch Suggestion veränderte Bewußtseinslage, schlafähnlicher Zustand mit Bewußtseinseinengung, stark herabgesetzter Willensbildung, besonderem Kontakt zum Hypnotiseur und dadurch Beeinflussungsmöglichkeit auch posthypnotisch. Für therapeutische Suggestionen geeignet. Gegen den Willen des Patienten nicht erlaubt.

Hypnotika, Hypnagoga: schlaffördernde Mittel; Gefahr der Gewöhnung und suchtähnlichen Abhängigkeit.

Hypochreose: verminderter oxydativer Stoffwechsel des Gehirns, z. B. bei Unterkühlung, Narkosezwischenfällen und schweren Barbituratvergiftungen.

Hypodipsie: eingeschränktes Durstgefühl, dadurch auch verminderte Flüssigkeitsaufnahme durch Trinken.

Hypogeusie: herabgesetzte Empfindlichkeit des Geschmackssinnes.

Hypoglossus: Nervus hypoglossus.

Hypokinese: Bewegungsmangel, Verminderung der Spontanmotorik sowie der physiologischen Mitbewegungen; bei (siehe) PARKINSON-Syndrom, bei Stirnhirnerkrankung, bei Depression und Schizophrenie.

Hypometrie: Dysmetrie, Bewegung mit falscher Abmessung, zu kurzer Dauer, wird im Tempo vor dem Ziel verlangsamt oder endet sogar vor Ausführung; bei Klein- und Stirnhirnerkrankungen.

Hypomimie: verminderte Ausdrucksbewegungen, reduzierte Mimik, z. B. bei (siehe) PARKINSON-Syndrom.

Hypomnesie: Störung der Merkfähigkeit; Verminderung von Gedächtnisinhalten; betrifft im Gegensatz zur Amnesie nicht einen begrenzten Zeitabschnitt. Das Neugedächtnis ist stärker betroffen als das Altgedächtnis. Im Extremfall wird jedes Ereignis sofort vergessen. Vorkommen besonders bei hirnorganisch Kranken, z. B. WERNICKE-Enzephalopathie.

Hyponoia: dämmrige Bewußtseinslage, siehe auch Dämmerzustand.

Hypopallästhesie: Sensibilitätsstörung, herabgesetztes Vibrationsempfinden, z. B. bei der funikulären Spinalerkrankung.

Hypophysentumor: jede geschwulstartige Hypophysenvergrößerung (einschließlich der Hyperplasie bei Schwangerschaft, nach Kastration) mit oder ohne Hormonsekretion; Einteilung in eosinophile, chromophobe und basophile Adenome.

Hypophysenvorderlappen HVL, Lobus anterior: der aus dem ektodermalen Epithel des Mundhöhlendaches entwickelte vordere Hauptteil der Hypophyse einschließlich der Partes distalis, infundibularis und pharyngea sowie des Mittellappens. Der H. bildet überwiegend glandotrope Hormone: thyreotropes Hormon (Thyreotropin), adrenocorticotropes Hormon (ACTH), gonadotrope Hormone, Wachstumshormon (Somatotropin). Diese regen die Funktion von peripheren endokrinen und akrinen Drüsen an.

Hypophysenvorderlappeninsuffizienz: Hypopituitarismus, siehe SIMMOND-Krankheit, selten infolge postpartaler Nekrose (SHEEHAN-Syndrom), häufiger bei Ausfall der HVL-Hormone durch Zerstörung bzw. Verdrängung des HVL-Gewebes. Symptome je nach Ausfall der Zieldrüsen: Amenorrhoe bzw. Hypomenorrhoe, myxödematöse Symptome, Pigmentschwund bei verminderter Inkretion von ACTH. Im Kindesalter überwiegend idiopathisch oder durch Tumoren mit den Symptomen hypophysärer Zwergwuchs und entsprechende Störungen der Zieldrüsen.

Hypophysen-Zwischenhirnsystem: neurohormonales System aus den hypophysären Kernen des Hypothalamus und dem Hypophysenhinterlappen, wird durch Hypothalamushormone gesteuert.

Hypopinealismus: Unterfunktion der Zirbeldrüse.

hypopituitär: Hypopituitarismus betreffend.

Hypopituitarismus: siehe Hypophysenvorderlappeninsuffizienz.

Hyporeflexie: siehe Reflexabschwächung.

Hyporexie: Appetitmangel.

Hyposalivation: krankhaft eingeschränkter Speichelfluß mit schmerzhafter, abnormer Trockenheit der Mundhöhle.

Hyposmie: verminderte Geruchsempfindung.

Hyposomnie: Schlaflosigkeit geringen Grades.

hypothalamisch: den Hypothalamus betreffend, unterhalb des Thalamus gelegen.

Hypothalamushormone: H. stellen durch ihre biokybernetische Verknüpfung ein zentrales Steuer- und Regelsystem dar, welches das ZNS mit dem Hormonsystem verbindet. H. sind: Oxytocin, Vasopressin (Adiuretin), Releasing- und Inhibiting-Faktoren.

Hypovitaminose: Vitaminmangelerkrankung leichten Grades im Gegensatz zur Avitaminose. Rechtzeitige Substitution der Vitamine heilt H.

Hypoxie des Gehirns: Sauerstoffmangel, örtlich oder allgemein, vorübergehend oder chronisch.

Hypoxydose: siehe Hypoxie des Gehirns.

Hypsarrhythmie: generalisierte irreguläre hochgespannte Aktivität mit multifokal eingestreuten polymorphen Krampfpotentialen im EEG.

I

Ianthinopsie, Ianthopsie: Violettsehen.

Iatromanie: krankhaftes zwanghaftes Verhalten, unnötig oft einen Arzt aufzusuchen oder ihn zu wechseln.

Iatropsychogenie: Auslösung krankhafter Persönlichkeitsreaktionen durch den behandelnden Arzt bzw. durch vom Arzt verordnete Medikamente.

Idioglossie: angeborene Sprachstörung mit fehlender Fähigkeit von Kehl- und Gaumenlauten bei intaktem Stimmapparat.

Idiolalie: Eigensprache, die ohne Bezug auf die Muttersprache bei totaler Vernachlässigung des Kindes entstanden ist.

idiomuskuläre Kontraktion: umschriebene Wulstbildung eines Skelettmuskels am Ort eines mechanischen Reizes.

Idioreflex: siehe Eigenreflex.

Idiotie: geistige Behinderung höchsten Grades, bei der jede Bildungsfähigkeit ausgeschlossen ist; frühkindlich erworben oder angeboren.

Ignis sacer: Ergotismus.

iktophil: zu Anfällen neigend.

imbezil(l): mittelgradig schwachsinnig.

Imbezillität: geistige Behinderung, früh erworbener oder angeborener Intelligenzdefekt als mittlerer Grad des Schwachsinns mit einem niedrigen Intelligenzquotienten. Gedächtnis oft relativ gut. Patient denkt nur konkret, Lesen und Schreiben schwer erlernbar, Sprache elementar und einfach bei möglichen tiefen Gefühlsregungen.

IMERSLUND-(NAJMAN-)GRÄSBECK-Syndrom (OLGA I., norwegische Kinderärztin; Ralph GR., finnischer Laborarzt): Vitamin-B_{12}-Malabsorption; hereditäre, im 1.–2. Lebensjahr manifeste Störung der Vitamin-B_{12}-Resorption im Darm; mit schwerer megaloblastischer Anämie, Proteinurie, körperlicher und geistiger Entwicklungshemmung, Immobilisation.

Immobilisation: Ruhigstellung von Gliedmaßen oder Gelenken z. B. nach Hirninfarkt.

Immunität: angeborene oder erworbene Unempfänglichkeit für Krankheitserreger.

Immunkörper: Antikörper.

Immunosuppression: Unterdrükkung einer immunologischen Reaktion.

Immunserum: Antikörper enthaltende Impfstoffe.

Impfenzephalitis: nach einer Impfung auftretende Enzephalitis.

Impotenz: 1) Impotentia coeundi, 2) Impotentia generandi.

Impressionsfraktur: Stückbruch flacher Knochen infolge Gewalteinwirkung, in schweren Fällen als Stanz- oder Lochbruch.

Imprimat: siehe Impressionsfraktur.

Impuls: Aktionspotential.

Impulsiv-Petit-mal, Janz-Syndrom: massiver bilateraler Myoklonus, kleiner epileptischer Anfall mit plötzlich einschießenden symmetrischen Myoklonien. Meist im 12.–15. Lebensjahr, hereditäre Disposition.

inartikulierte Sprache: siehe Dysarthrie.

Indifferenz: Gleichgültigkeit.

Indolenz: Schmerzunempfindlichkeit.

Infantilismus: körperliches und/oder geistiges Stehenbleiben auf einer kindlichen Entwicklungsstufe.

Infarkt: plötzliche Unterbrechung der Blutzufuhr zu einem Organ oder Organteil mit Untergang von Gewebe.

Infektionspsychose: bei einer akuten Infektion auftretende Psychose mit z. B. Bewußtseinsstörung.

Infundibulum: trichterartiges Gebilde.

– **I. hypothalami,** Hypophysenstiel: hohle Verbindung zwischen Hypophysenhinterlappen und Tuber cinereum; aus Neuroglia, neurosekretführenden, marklosen Nervenfasern (Tractus supraopticohypophysialis) und Blutgefäßen bestehend.

Iniopagus, -dymus, Iniops: Craniopagus occipitalis: am Hinterhaupt verwachsene Zwillingsfehlbildung, dabei kann ein Gesicht unvollständig sein.

Injektionsneuritiden: Iatrogene, örtliche Nervenschädigungen nach Einspritzung von Medikamenten in Nerven oder ihre unmittelbare Umgebung.

Injektomanie: Injektionssucht.

Inkohärenz: fehlender innerer Zusammenhang des Gedankenablaufs.

Inkontinenz, Incontinentia: Unvermögen, Stuhl oder Urin zurückzuhalten; I. alvi: Unvermögen, Stuhl zurückzuhalten; I. urinae: Unvermögen, Urin zurückzuhalten.

Inkoordination: gestörtes Zusammenwirken einzelner Muskeln.

Innervation: die nervale Versorgung eines Körpergebietes, Organs oder Gewebes, die segmentale I., siehe HEAD-Zonen.

Innervationsapraxie: gliedkinetische Apraxie.

Innervationsmuster: Willkürmotorik.

Innervationstremor: das vom jeweiligen Kraftaufwand abhängige Aktionszittern.

Insensibilität: Unempfindlickeit gegenüber Reizen und Schmerzen.

Insolation: Hitzschlag.

Insolationsenzephalitis: Sonnenstich.

Insomnia, Insomnie: Schlaflosigkeit.

Insufficientia, Insuffizienz: verminderte Leistung oder Funktion eines Organsystems.

– **I., zerebrovaskuläre:** Hirnischämie.

Insulinschock: verursacht Hypoxydose des Gehirns, einhergehend mit Azidose und großer Atmung.

Insult: Schlaganfall.

Intellekt: Befähigung, aus Wahrnehmung durch kritisches Denken neue Erkenntnisse zu schaffen.

Intelligenz: Fähigkeit des Menschen, sich rasch in neue Gegebenheiten zu versetzen und neue Probleme sinnvoll durch Denkleistungen zu lösen.

Intelligenzabbau: verminderte intellektuelle Fähigkeit durch Krankheit z. B. bei (siehe) Dementia.

Intelligenzalter: individueller Reifestatus der Intelligenz in bezug auf die normale Entwicklung im Alter.

Intelligenzdefekt: Lernbehinderung, geistige Behinderung, verminderte Fähigkeit, neue Eindrücke zu verarbeiten.

Intelligenzquotient: IQ: Quotient aus Intelligenz- und Lebensalter.

IQ	Intelligenzgrad
über 126	hervorragend
118–126	sehr gut
110–117	gut
91–109	durchschnittlich
79– 90	schwach
63– 78	Debilität
unter 62	Schwachsinn

Intelligenztest: zur Feststellung von Intelligenzniveau und/oder -struktur anhand von Aufgaben und

Problemstellungen verschiedener Qualität und Schwierigkeit, z. B. BINET-SIMON, Hamburg-WECHSLER-Test. Verfahren zur Erfassung der Intelligenz; Ziel ist die Vergleichsmöglichkeit.

Intentionskrampf: Muskelkrampf bei einer Bewegung, z. B. bei Tetanie.

Intentionstremor: zerebellares Symptom, Zittern und Unsicherheit im Verlauf der Annäherung an das Ziel der betreffenden Bewegung.

Interkostalneuralgie: Neuralgie im Verlauf eines oder mehrerer Interkostalnerven.

Intermittierendes Hinken bei Lues cerebro-spinalis: auch claudicatio de la moelle genannt, intermittierende Schwäche zu Beginn der vaskulären Lues spinalis, im Gegensatz zur claudicatio intermittens bei peripheren Angiopathien ohne Wadenschmerzen einhergehend.

Intervertebralloch: Foramen intervertebrale.

Intervertebralscheibe: Discus intervertebralis, Bandscheiben.

intradural: zwischen den Blättern der Dura mater.

intraglutäal: im oder in den großen Gesäßmuskel.

intrakraniell: im oder in den Schädel.

intralumbal: im oder in den Lendenwirbelkanal.

intramedullär: im oder in das Rükkenmark.

intramuskulär: im oder in den Muskel.

intraneural: im oder in den Nerven.

intrasellär: in der oder in die Sella turcica.

Intraselläre Tumoren: siehe Hypophysentumoren.

Intrathekal: in den Liquorraum.

intravaginal: (neurologisch) in einer Gefäß-, Nerven- oder Sehnenscheide.

intrazerebellar: im Kleinhirn (Cerebellum).

intrazerebral: im oder in das Gehirn (Cerebrum).

Intrinsic Faktor: das Fehlen des I.-F. kann durch die dadurch verursachte Vitamin-B_{12}-Resorptionsstörung zur funikulären Spinalerkrankung führen.

Introversion: Konzentration auf innerseelische Vorgänge bei z. B. schizophrenen Psychosen.

Ipsilateral: auf der gleichen oder auf die gleiche Seite.

Ipsiversivkrise: mit Drehbewegungen zur Seite der gestörten Hemisphäre verbundener nichtgeneralisierter epileptischer Anfall.

I. Q.: Abkürzung für Intelligenzquotient.

Iridoplegie: Lähmung der Irismuskeln (M. sphincter bzw. dilatator pupillae).

Irradiation: Verbreitung eines Reizzustandes oder Schmerzes über den normalen Bereich hinaus, siehe HEAD-Zone.

Irradiierter Schädelbruch: ausstrahlende Schädelberstungsfraktur von Schädeldach bis Schädelbasis reichend.

Irritabilität: Reizbarkeit.

Ischämie: verminderte Durchblutung bzw. Blutleere (Durchblutungsstörung) eines Gewebes durch unzureichende Blutzufuhr.

ischämisch: infolge einer Ischämie bzw. gleichzeitig mit einer I.

Ischiadikographie: Neurographie des Nervus ischiadicus.

Ischiadikus: der Nervus ischiadicus.

Ischiadikuslähmung: Lähmung des Nervus ischiadicus bei Zerrung, Quetschung oder Druck sowie bei anderer mechanischer Einwirkung, siehe Bandscheibenvorfall.

Ischialgie: Schmerzen im Bereich der Ausbreitung des Nervus ischiadicus.

Ischias: Kurzbezeichnung für 1) Ischiassyndrom; 2) Nervus ischiadicus.

Ischiasphänomen: 1) LASÈGUE-Zeichen: bei Anheben des gestreckten Beines Schmerzen im gesamten Verlauf des Nervs. Schmerzverminderung bei Beugung im Kniegelenk. 2) gekreuztes I.: beim Ischiassyndrom ausgelöster Schmerz im kranken Standbein durch kräftiges Vorschwingen des gesunden Beines (Hinweis für Störung im Wirbelkanal).

Ischiassyndrom: lumbosakrales Wurzelreizsyndrom mit Dehnungs- und Spontanschmerzen, Empfindlichkeit typischer VALLEIX-Nervendruckpunkte, an denen sich der Nerv gegen eine feste Unterlage drücken läßt, und mit Sensibilitätsstörungen im Ausbreitungsgebiet des Nervus ischiadicus sowie Ausfällen der Motorik und Reflexe, auch mit vegetativen Symptomen.

ischiokruraler Reflex, FOIX-THÉVENARD-Zeichen: bei passiver Beugung und Streckung des Beines in Bauchlage sicht- und tastbare Anspannung der ischiokruralen Muskulatur, frühes Pyramidenzeichen.

Ischuria paradoxa: Blasenstörung bei Tabes dorsalis. Erschwertes Wasserlassen trotz prallgefüllter Blase ohne subjektive Beschwerden.

Isodromie: Erregungsleitung gleichzeitig in beide Richtungen.

Isokorie: Pupillenweitengleichheit.

Isometrisch: die gleiche (Muskel)-Längenausdehnung beibehaltend.

Isophonie: gleich große Lautstärkeempfindung verschiedener Geräusche.

Isotopendiagnostik: Verwendung radioaktiver Isotope zu diagnostischen Zwecken, z. B. Hirnszintigraphie.

Isthmus: im Verhältnis zum gesamten Verlauf relativ enger Abschnitt eines Hohlorgans.
- **I. gyri cinguli:** in den Gyrus parahippocampalis übergehender, schmaler Endabschnitt des Gyrus cinguli hinter dem Balkenwulst.

Iteration: zwangsmäßige Wiederholung von Wörtern, Sätzen, Satzteilen oder Handlungen.

Iterative Bewegungsunruhe: ständige, sinnlose Beschäftigungsunruhe.

Iterativität: Eigenschaft, nur durch wiederholte (iterative) Reize erregbar zu sein.

Ixophrenie: epiletisch bedingte Wesensänderung. Entspricht als deren leichte Form der Ixothymie oder Ixoidie, vergleichbar dem viskösen Temperament nach KRETSCHMER (wenig wendig, schwerfällig).

J

Jackson-Anfall (John H. J., 1834–1911, englischer Neurologe): meist ohne Bewußtseinseinschränkung verlaufender epileptischer Anfall, ausgelöst von einem Hirnrindenbezirk in der Zentralregion; als (somato)motorischer Anfall beginnend, d. h. bei Auslösung in der Präzentralregion, mit Zuckungen im zugehörigen Segment einer Körperseite und Ausbreitung in benachbarte Körperregionen (sogenannter J.-Marsch); als (somato)sensibler Anfall, also bei Ursprung in der Postzentralregion durch Empfindungsstörungen segmental auf einer Körperseite.

– **J.-Epilepsie:** Rindenepilepsie mit J.-Anfällen.

– **J.-Syndrom:** J.-Lähmung, Schmidt-Syndrom, Hemiplegia alternans infima s. hypoglossica: ventrales paramedianes Oblongata-Syndrom mit gleichseitiger Hypoglossuslähmung und Gliedmaßenlähmung auf der Herdgegenseite.

Jacobson-Anastomose (Ludvig Levin J., 1783–1843, dänischer Anatom, später Militärarzt): die durch den N. tympanicus (J.-Nerv) und den N. petrosus minor bestehende Verbindung zwischen Ganglion inferius nervi glossopharyngei und Ganglion oticum. J.-Geflecht: Plexus tympanicus.

Jacod-(Negri-)Syndrom, -Trias, petrosphenoidales Syndrom: Syndrom der mittleren Hirnnervengruppe mit gleichseitigem Ausfall der Hirnnerven II–VI (Ophthalmoplegie, Trochlearis-, Abduzenslähmung; Ptose, Amaurose, Sensibilitätsstörungen, Schmerzen im Gesicht, Kaumuskellähmung), bei Epipharynxtumor, der sich durch die Schädelbasis ausbreitet.

Jacquelin-Zeichen: auslösbarer örtlicher Schmerz bei Cholelithiasis, durch Druck auf die Hautäste des letzten Interkostalnervs.

Jactatio, Iactatio, Jaktation: rhythmisches Hinundherwerfen des Patienten (z. B. im Delirium) oder ein entsprechendes Kopf- oder Gliederwerfen, auch krankhafte Ruhelosigkeit, evtl. mit Zerstörungswut.

J. capitis nocturna: nächtliches rhythmisches Hinundherrollen des Kopfes, zu den Lustgewohnheiten gerechnete Bewegungsstereotypie. Verhaltensstörung der Säuglinge und Kleinkinder, mit zunehmenden Alter von vermehrter pathologischer Bedeutung, nach der Pubertät äußerst selten.

Jakob-Creutzfeldt-Syndrom (Alfons J., 1884–1931, deutscher Neurologe, Hans G. C., 1885–1964, deutscher Neurologe)**:** spastische Pseudosklerose, Degeneration der unteren Hirnschichten und der Basalganglien mit fortschreitender Demenz, evtl. auch deliranten und psychotischen Bildern, sowie mit extrapyramidalen, pyramidalen und zerebellaren Ausfällen, vermutlich eine Slow-Virus-Infektion.

Jantzen-Schema: Zur Analyse und topischen Diagnostik von Armplexuslähmungen geeignete Darstellung des Plexus brachialis und der von ihm versorgten Muskeln.

Japan-B-Enzephalitis-Virus: ARBO-Virus B in Japan, Indien und Südostasien; Erreger der Encephalitis japonica bei Mensch und Pferd. Natürliches Reservoir: Wildvögel; Überträger: Stechmücken.

Jargonaphasie: eine sensorische Aphasie bei erhaltener Sprachmelodie, die einzelnen Wörter sind verstümmelt und unverständlich, auch Kauderwelschaphasie.

Jastrowitz-Zeichen (Moritz J., 1839 bis 1912, deutscher Psychiater)**:** 1) nicht auslösbarer Kremasterreflex als Hinweis auf organische Urasche von Lähmungen. 2) geistige Störung mit heiterer Färbung sowie Witzelsucht bei Stirnhirnaffektion.

Ja-Tremor: Kopftremor mit ja-sagenden Bewegungen, z. B. bei senilem Tremor und bei Parkinson-Syndrom.

Jendrassik-Handgriff (Ernö J., 1858–1921, ungarischer Internist)**:** Griff zur „Bahnung“ des Patellarsehnenreflexes; der untersuchte Patient zieht kräftig die ineinander verhakten Finger nach außen.

Jirout-Syndrom: Syndrom der Kaudalverschiebung des Hirnstammes.

Jolliffe-Syndrom: besondere Pellagra-Form als Nicotinsäuremangel-Enzephalopathie mit Rigor, Hyperkinesen, Bewußtseinstrübung, Haut- und Schleimhautveränderungen.

jugular: die Vorderseite des Halses betreffend.

juxtamedullär: dicht neben dem Rückenmark gelegen.

K

Kabat-Methode: Bewegungsübungen von Muskelgruppen einschließlich der Antagonisten zur Rehabilitation nach Hirninfarkt.

Kadaverreaktion: Abnahme bzw. völliges Erlöschen der elektrischen Erregbarkeit von Muskeln als Folge der Schädigung des peripheren motorischen Neurons.

Kälteanästhesie: Lokalanästhesie durch Kälteanwendung, z. B. durch Äther- oder Chloräthylspray. Wegen Gewebsschäden heute nicht mehr üblich.

Kälteenzephalopathie: durch langanhaltende Kälteeinwirkung verursachter Kälteschaden des Zentralnervensystems. Führt zu hirninfarktähnlichen Zuständen, Hirnnervenlähmung, tonisch-klonischen Krämpfen und zu Stammhirnsymptomen.

Kältehyperästhesie, Kältehyperpathie: Sensibilitätsstörung mit schmerzhafter gesteigerter Kälteempfindlichkeit und verminderter Schmerzreizschwelle; z. B. bei funikulärer Spinalerkrankung, bei myatrophischer Lateralsklerose und bei Tabes dorsalis.

Kältelähmung: besondere Kälteempfindlichkeit bei neuraler Muskelatrophie.

Kälteneuritis: akute (siehe) Polyneuropathie mit Schmerzen der Nervenstämme und mit Störung der Motorik und der Oberflächen- und Tiefensensibilität durch lange Kälteeinwirkung. Auch als Mononeuropathie eines peripheren Nervs.

Kakogeusie: übler Geschmack im Mund.

Kakolalie: verwaschen artikulierte Aussprache, z. B. bei schwerer (siehe) Dementia.

Kakosmie: Empfindung eines üblen Geruchs.

Kallotomie: operative Durchtrennung des Corpus callosum.

Kappazismus, Kappatismus: Stammeln mit Fehlbildung des Lautes k (griechisch: Kappa) oder g. Der

Laut wird ausgelassen oder durch andere ersetzt.

Karotisschlag: Boxschlag auf den Plexus caroticus; bewirkt reflektorische Drosselung der Blutzufuhr zum Gehirn und Bewußtlosigkeit. In seltenen Fällen tritt der Tod ein.

Karotissinussyndrom: erhöhte Reflexerregbarkeit des Sinus caroticus. Brüske Kopfbewegungen oder mechanischer Druck z. B. durch zu engen Kragen können zu Ohnmachts- und Schwindelzuständen führen.

Karpaltunnelsyndrom: Engpaßsyndrom, Neuropathie des Nervus medianus durch dessen mechanische Reizung im Canalis carpi. Symptome: Schmerz, Hyp- und Parästhesien, Abduktor-Opponens-Atrophie im Spätstadium.

karpometakarpaler Reflex, v.-**BECHTEREW-JACOBSOHN-Reflex:** Fingerbeugereflex, bei Beklopfen des Processus styloideus radii bzw. ulnae oder des Handrückens Fingerbeugung bei spastischem Symptomenkomplex.

Karpopedalspasmen: Krämpfe der Füße und Hände bei kalzipriver Tetanie, Geburtshelfer-, Pfötchenstellung: Hand im Handgelenk gebeugt, Daumen abduziert, übrige Finger im Grundgelenk gebeugt, sonst gestreckt.

Katalepsie: Muskelverkrampfung.

Kataplexie: durch Erregung ausgelöste Lähmung oder Starre, oft verbunden mit Zusammensinken.

Katatonie: Form der Schizophrenie, katatoner Erregungszustand, katatoner Stupor.

Kathodenöffnungszuckung bzw. -schließungszuckung: Muskelzukkung bei Nervenreizung mit Gleichstrom beim Ein- bzw. Ausschalten.

Kauda: siehe Cauda equina.

kaudal: steißwärts, unten (am Stamm).

Kauda(l)anästhesie, Hiatusanästhesie: Anästhesie im Bereich der Sakralnerven. Tiefe epidurale Sakralanästhesie schaltet die 3.–5. Sakral- und Kokzygealsegmente aus (Reithosen- bzw. Sattelblock-Anästhesie). Das Lokalanästhetikum (z. B. 1 1/2- bis 2%ige Novocainlösung) wird in den Hiatus canalis sacralis injiziert.

Kaudasyndrom: unter heftigen Schmerzen einsetzende schlaffe Lähmung der Beine mit Sensibilitätsstörungen, Areflexie und oft Blasen- und Mastdarmstörungen infolge Läsion der Cauda equina.

Kaumuskellähmung: Abweichen des Unterkiefers beim Öffnen des Mundes zur gelähmten Seite hin bei einseitiger motorischer Trigeminusparese. Führt nachfolgend zur Kaumuskelatrophie.

Kausalgie: brennende, qualvolle

Schmerzen durch Neuropathien oder Verletzungen peripherer Nerven. Kann durch akustische, optische, psychogene und taktile Reize ausgelöst oder verstärkt werden.

Kavernosusthrombose: klinisch gekennzeichnet durch Exophthalmus, Lidödem, Augenmuskellähmung und Stauung der Netzhautvenen im Augenhintergrund.

KAYSER-Fleischerscher Kornealring: gelblich-bräunliche Pigmentablagerung in der Hornhaut des Auges bei WILSONscher Erkrankung.

KEARNS-SAYRE-Syndrom: autosomal-dominant hereditäre Augenmuskellähmung mit Pigmentdegeneration der Netzhaut, kombiniert mit Herzinsuffizienz und Reizleitungsstörungen des Herzens.

Kehlkopflähmung: Lähmung der gesamten Kehlkopfmuskulatur oder nur der Mm. vocales oder der Stimmritzenschließer bzw. -öffner; tritt ein bei Schädigung zentraler Bereiche des Nervus vagus, nach Strumektomien, Bronchial- und Ösophagus-Karzinom, Mediastinaltumoren, Aortenaneurysma, Rheuma und Infektionen.

Kehlkopfreflex: Schluß des Kehlkopfeingangs durch Senken der Epiglottis beim Schluckakt sowie die Erweiterung bzw. Verengung der Glottis bei der Ein- oder Ausatmung (physiologisch). Durch Reiz (z. B. Fremdkörper) Schluß der Stimmritze und Husten (cave: Laryngospasmus).

KEHRER-Reflex: Schmerzreflex, bei festem Druck gegen die Austrittspunkte der Trigeminusäste im Gesicht sowie des N. occipitalis kommt es bei intrakranieller Drucksteigerung zu schmerzhaften Grimassen auf der Prozeßseite, dadurch ergeben sich seitenlokalisatorische Hinweise. Vorkommen: bei akuten zerebralen Prozessen und bei Hirntumoren.

Keilbein(flügel)meningiom: Meningiom im Bereich des Schläfenlappens, geht vom inneren oder äußeren Anteil des Keilbeinflügels aus, oft sich in die Augenhöhle oder Flügelgaumengrube ausbreitend. Klinisch häufig durch einseitigen Exophthalmus erkennbar.

Keilschädel: Trigonozephalus.

Kenenzephalozele: bruchartige Ausstülpung des Hirns und seiner Häute (Enzephalozele) durch Defekt in der Kalotte.

KENNEDY-Syndrom (FOSTER K., 1884–1952, amerikanischer Neurologe)**:** Sehstörungen bis zur Erblindung durch Optikusatrophie auf der Tumorseite, Stauungspapille auf der Gegenseite, Riechstörungen, Exophthalmus, Augenmuskelparesen, Stirnhirnsymptomatik, bei raumfordernden Prozessen im Bereich der vorderen Schädelgrube.

Kennmuskel: von einer einzigen Spinalnervenwurzel (monoradikulär) innervierter Muskel, dessen Läsion eine bestimmte Zuordnung zum betreffenden Segment des Rückenmarks erlaubt, z. B. bei (siehe) Bandscheibenvorfall.

Keph(al)algie, Kephalodynie: siehe Kopfschmerz.

Kephalhämatom: subperiostales Hämatom, häufig bei Neugeborenen.

Kephalodynie: Kephalalgie.

Kephalohydrozele: Ansammlung von Zerebrospinalflüssigkeit unter der Kopfschwarte nach traumatischer oder operativer Perforation des Schädeldaches.

Kephalopagus, Kraniopagus: im Schädelbereich zusammengewachsene Doppelfehlbildung. Auch Kephalothorakopagus.

Keraunoparalyse: Paresen nach Rückenmarksläsionen als Blitzschlagfolge.

Kernikterus: Anreicherung von Bilirubin in den Stammganglien bei Hyperbilirubinämie des Neugeborenen, frühkindlicher Hirnschaden.

Kernspintomographie: durch Magnetfeld erzeugte Darstellung von Gehirn und Rückenmark.

Kinästhesie: Fähigkeit der Tiefensensibilität, Stellung und Bewegung von Körperteilen räumlich zu kontrollieren.

Kinderlähmung, spinale: Poliomyelitis. Läsion der motorischen Vorderhornzellen, im Rückenmark und des 2. motorischen Neurons.

zerebrale: infantile Zerebralparese, Sammelbegriff für Folgezustände intrauterin erworbener oder bei der Geburt oder frühkindlich eingetretener Hirnschädigungen. Zeigt fortschreitende Störungen bis Ausfälle der Statomotorik sowie Schwachsinn und Anfälle nach vorausgehender, oft diskreter Verzögerung der Entwicklung des Bewegungs-, Haltungsapparates und in Reflexanomalien. Man unterscheidet 1) extrapyramidal-motorische Störungen der Bewegungsabläufe sowie der Haltemotorik, 2) hypertone Lähmungen, spastische Tetra-, Hemi-, Di- oder Monoplegie.

Kinetose: Reisekrankheit mit Auftreten von Kopfschmerzen, Schwindel, Brechreiz, Erbrechen.

Kinking: Abknickung eines Blutgefäßes, z. B. der A. carotis.

Kino-Reflex: Fußsohlenreflex. Nadelstrich über die Fußsohle ergibt je nach Stärke des Reizes Plantarflexion der Zehen mit oder ohne Fluchtbewegung des Beines. »Stumme Fußsohle« beiderseits nicht immer pathologisch; einseitig jedoch möglicherweise erstes Zeichen einer beginnenden Pyramidenbahnschädigung.

Kinsbourne-Syndrom: Syndrom der tanzenden Augen, frühkindliche Enzephalopathie mit allgemeinen Myoklonien einschließlich - besonders auffällig - der Augenmuskeln; im Gegensatz zu den übrigen Myoklonien im Schlaf nicht aufhörend. Gesteigerte akustische, optische und sensible Reizempfindlichkeit. Bei Neuroblastomträgern gesteigerte Vanillinmandelsäureurie. Vorkommen im späten Säuglings- oder im frühen Kleinkindalter.

Kleeblattschädel-Syndrom, Holtermüller-Wiedemann-Syndrom: buckelförmige Vortreibung der Schädelhöhe nach oben und der beiderseitigen Temporalregionen nach lateral. Dadurch extremer Tiefstand der Ohren. Außerdem Gesichtsschädelfehlbildungen im Orbita-, Nasen- und Kieferbereich. Hochgradige Dysenzephalie im Sinne eines Hydrocephalus irregularis permagnus. Infauste Prognose durch zunehmenden Schädelinnendruck.

Kleinhirn, Cerebellum: Teil des Gehirns, der sich in der hinteren Schädelgrube unterhalb der Hinterhauptlappen des Großhirns befindet. Funktionen: Koordination kombinierter Bewegungsabläufe, Normalisierung des Tonus der Skelettmuskulatur, Aufrechterhaltung des Körpergleichgewichts, Regulierung der Innervationsgröße für Einzelbewegungen. Ausfälle - z. T. durch Großhirnrinde und Thalamus kompensierbar - führen zu organtypischen Erscheinungen.

Kleinhirnabszeß: meist von Ohrerkrankungen ausgehend, auch metastatisch oder verletzungsbedingt, stellt sich als akuter oder chronischer Abszeß von Kleinhirnteilen dar. Symptome: Ataxie, Erbrechen bei Lagewechsel, Nackensteife, Nystagmus zur Herdseite, Kopfschmerzen, Schluck- und Atemstörungen.

Kleinhirnagenesie: hereditär bedingtes Fehlen des Kleinhirns mit fließenden Übergängen zur Kleinhirnaplasie. Symptome: herd- oder beidseitige Kleinhirnataxie, angeborenes Kleinhirnsyndrom. Bei intaktem übrigen Gehirn kann die Symptomatik diskret sein oder sogar fehlen.

Kleinhirnaplasie: Fehlen des Kleinhirns.

Kleinhirnataxie: zerebellare Ataxie. Hereditär mit Astasie und Abasie als zerebellare Heredoataxie, Ataxie ferner bei Kleinhirnatrophien. Cave: spinale Atoxie, funikuläre Spinalerkrankung.

Kleinhirnatrophie: Atrophie von Kleinhirnstrukturen.

Kleinhirn(binde)arm: Brachium

cerebelli, Penduneulus cerebellaris cranialis.

Kleinhirn-Brückenwinkel, Angulus pontocerebellaris: die oben von Brücke und Brückenarm, unten vom Kleinhirn (Tonsilla cerebelli) gebildete Vertiefung seitlich der Medulla oblongata über dem rostralen Olivenende. Austrittstelle der Hirnnerven VII und VIII und des Nervus intermedius; eng benachbart den Hirnnerven IX, X und XI.

Kleinhirnbrückenwinkeltumor: Geschwulst im Kleinhirnbrückenwinkel; als Akustikusneurinom, Meningiom, Epidermoid, Cholesteatom. Bewirkt Ausfallerscheinungen des VIII. Hirnnervs (Hörverlust, herdseitiger Vestibularisausfall), Schmerzen und Sensibilitätsausfälle im Trigeminusbereich, gleichseitige periphere Fazialislähmung, Abduzenslähmung, Kleinhirnausfälle und Pyramidenzeichen. Die Reflexe können auf der Gegenseite gesteigert sein.

Kleinhirndruckkonus, zerebellarer Druckkegel: unterhalb des Kleinhirnzeltes bedingte Einpressung von Kleinhirnteilen durch Hirndruck in das Hinterhauptloch (Herniation der Kleinhirntonsille). Bewirkt Benommenheit bis Bewußtseinsverlust, Nackensteife, Zyanose, Atemstillstand.

Kleinhirnentzündung: siehe Zerebellitis.

Kleinhirnkerne: Nucleus dentatus, fastigii, globosus und emboliformis.

Kleinhirnnystagmus: Nystagmus bei Kleinhirnerkrankung, periodisch alternierend, relativ grobschlägig vertikal und diagonal; beim Blick zur betroffenen Seite verstärkt (»Rucknystagmus«), oft von Tremor begleitet.

Kleinhirnrinde: siehe Cortex cerebelli.

Kleinhirnrindenatrophie, systemische: THOMAS-Syndrom.

Kleinhirnschenkel: Pedunculus cerebellaris.

Kleinhirnschwindel: zerebellarer Schwindel mit charakteristischem Schwanken, Kleinhirnataxie.

Kleinhirnseitenstrangsystem: das kleinhirnwärts leitende Fasersystem für die Tiefensensibilität, das dem Kleinhirnwurm Erregungen aus Gelenken und Muskeln zuleitet; besteht aus der Kleinhirn-Seitenstrangbahn, der Verbindung zwischen Rückenmark und Kleinhirn (entspricht Tractus spinocerebellaris posterior FLECHSIG und Tr. sp. anterior GOWERS mit ihrer Fortsetzung in Pedunculus cerebellaris inferior und Brachium conjunctivum).

Kleinhirnsichel: siehe Falx cerebelli.

Kleinhirnsyndrom: Krankheitsbilder bei Kleinhirnatrophie, -aplasie,

-tumor oder nach Kleinhirnentzündung, -verletzung, wobei - je nach Erkrankungsort - die betreffenden Symptome auftreten: z. B. beim medianen K. eine Ataxie von Beinen und Rumpf mit Falltendenz; beim lateralen K. gleichseitige Störung von Diadochokinese, Metrie und Muskeltonus sowie - bei Massen- und Einzelbewegungen - Abweichen zur Herdseite; beim Kleinhirnvorderlappensyndrom eine deutliche, auf eine Körperregion beschränkte Ataxie und zerebellare Sprachstörung. Außerdem Dysphagie und weitere Kleinhirnzeichen. Als kongenitales K. im Säuglingsalter und als erworbenes K. durch Entzündungen und Trauma.

Kleinhirntonsillen: Tonsillae cerebelli.

Kleinhirntremor: grobschlägiger Tremor bei Kleinhirnschädigung mit Verstärkung bei Bewegung, Intentionstremor.

Kleinhirntumoren: Häufig im Kindesalter auftretend als Kleinhirnastrozytom oder -spongiom, Medulloblastom, Angioblastom, maligne Lymphome, Gangliozytom, Ganglioneuroma myelinicum (»Purkinjeom«), Karzinommetastasen. Außerdem Gummen, Echinokokkus, Tuberkulome.

Kleinhirnzeichen: bei Erkrankungen des Kleinhirns als Ataxie, Adiadochokinese, Gleichgewichtsstörung, Dysmetrie, Muskeltonusstörungen, Überstreckbarkeit der Gelenke, Head-drop-Symptom, fehlendes Rebound-Phänomen, gestörte Schwereempfindung, abnorme Stütz-, Halte- und Stellreflexe, Hyperkinesen als Kleinhirntremor auftretend, Akinesen (Kleinhirnkatalepsie).

Kleinkindkrämpfe: siehe Blitz-Nick-Salaam-Krämpfe, West-Syndrom.

Klippel-Feil-Syndrom (Maurice K., 1858–1942, französischer Neurologe): familiäre, hereditäre Entwicklungsstörung mit hauptsächlich folgenden Symptomen: ungewöhnliche Kürze des Halses, nach der Seite eingeschränkte Bewegungsfähigkeit der Halswirbelsäule, ein- oder beidseitiger Schulterblatthochstand, faßförmiger Thorax mit hohem Rundbukkel, Fehlbildung der Wirbelsäule und weitere Fehlbildungen wie Blicklähmung und anomale Zahnanlagen.

Klivuskantensyndrom: einseitige Pupillenstörung im Sinne der Mydriasis als Folge einer Kompression des N. oculomotorius gegen die Klivuskante.

Klonus: schnell aufeinanderfolgende, rhythmische Muskelzusammenziehung und -erschlaffung bei pathologisch erhöhter Erregbarkeit des I. motorischen Neurons, erschöpfbarer und unerschöpfbarer K.

Ein unerschöpfbarer und ein seitendifferenter erschöpfbarer K. gelten als Pyramidenbahnzeichen.

Klumpkesche Lähmung: sogenannte untere Plexuslähmung mit Ausfällen des N. ulnaris, N. medianus und des distalen Radialisgebietes. Häufig kombiniert mit Horner-Syndrom.

Kniehackenversuch: dient zur Überprüfung der Koordination. Aufforderung, mit offenen und geschlossenen Augen die Ferse des einen Beines auf das Knie des anderen Beines zu bewegen.

Knipsreflex: dient zur Feststellung einer Pyramidenbahnschädigung, Knipsen am Nagelende des Zeige- oder Mittelfingers ruft bei Pyramidenbahnschädigung eine ruckartige Beugung des Fingers hervor. Krankhaft nur bei einseitigem Auftreten.

Kognition: Fähigkeit zum intellektuellen Erkennen und Beurteilen.

Kokzygodynie: Schmerz des Steißbeins, z. B. nach schwerer Entbindung, Steißbeinverletzung, chronischer Obstipation, auch psychogen.

Kollaps: Schwächeanfall infolge Kreislaufversagens; führt häufig zu Bewußtseinsstörungen, Krämpfen, Halbseitenlähmungen.

Kommissurenfasern: markhaltige Nervenfasern im Corpus callosum und in der Commissura anterior, posterior, fornicis und habenularum, verbinden und koordinieren identische Areale beider Gehirnhälften.

Komplementbindungsreaktion (KBR): Antigen-Antikörper-Reaktion unter Mitwirkung eines Komplements; diagnostisches Verfahren, z. B. bei Lues.

Kompressionslähmung: Engpaßsyndrom.

Konfabulation: Schilderung vermeintlich erlebter Ereignisse ohne Bezug zum jeweiligen Gedankengang, zur Ausfüllung von Gedächtnislücken, z. B. bei Zerebralsklerose.

Konfusion: Verwirrung.

Konjunktivalreflex: siehe Blinzelreflex.

Konsensuelle Pupillenreaktion: gleichsinnige Reaktion beider Pupillen bei Belichtung nur einer und Abschirmung der anderen.

Kontraktur: Einschränkung der Beweglichkeit durch Gelenkversteifung oder muskuläre Verkürzungen.

kontralateral: die Gegenseite betreffend, zur Gegenseite gehörend.

Konussyndrom: siehe Myelomalazie im Konusbereich.

Konvergenz: gleichsinnige Augenbewegung nach innen beim Sehen in unmittelbarer Nähe.

Konvergenzkrampf: längeres Verweilen der Augen in Konvergenzstellung.

Konvergenzlähmung: Störung der Konvergenzbewegung der Augen bei erhaltener gemeinsamer Seitwärtsbewegung.

Konversivanfall: epileptischer Anfall mit Blickwendung des Kopfes und der Augen zur Herdseite.

Konvexitätsmeningitis: Haubenmeningitis; Entzündung der Meningen über dem gewölbten Teil der Großhirnhemisphären.

Konvexobasie: Basilarimpression.

Konvulsion: wiederholte klonische oder tonische Krämpfe; als kurze Kontraktionen mit kurzen Entspannungsintervallen oder als länger anhaltende Serien mit nachfolgender weitgehender Muskelerschlaffung.

konvulsiv: krampfend, krampfartig.

Koordination: Fähigkeit, zusammengesetzte Bewegungsabläufe kontrolliert und regelrecht durchführen zu können.

Koordinationsstörung: siehe Ataxia.

Kopfschmerz: lokalisiert oder diffus bei entzündlichen, vaskulären und raumfordernden intrakraniellen Prozessen, siehe Cephalgia, symptomatisches Auftreten auch bei Allgemeinerkrankungen.

Kopftetanus: Tetanus capitis.

Kopholalie: undeutlich-verwaschene Sprache bei Spätertaubten.

Kornealreflex: 1) durch Hornhautreizung ausgelöster Blinzelreflex mit verstärktem Tränenfluß. Der afferente Schenkel des Reflexbogens ist der N. trigeminus, der efferente der N. facialis. 2) physiologischer Hautreflex: gereizt wird die Kornea. Die Reizleitung erfolgt über den oberen Trigeminusast (N. ophthalmicus). Der motorische Schenkel wird vom N. facialis dargestellt. Reizerfolg: Kontraktionszuckung des M. orbicularis oculi mit Lidschluß. Abgeschwächter oder erloschener Reflex zur Beurteilung der Bewußtseinslage wichtig.

KORSAKOW-Syndrom, -Psychose (SERGEI S. K., 1854-1900, russischer Psychiater)**:** beginnt oft mit Delirium tremens, später amnestisches Psychosyndrom mit Merkschwäche bei mitunter erhaltenem Altgedächtnis und wacher Bewußtseinslage und zeitlicher und örtlicher Desorientiertheit sowie Konfabulationen, euphorische und später gleichgültige Stimmungslage, Minderung der Anpassungsfähigkeit, rasche Ermüdbarkeit. Folge hirnatrophischer Prozesse bei Enzephalitis, nach Hirnkontusion, Hypoxie z. B.: Kohlenmonoxyd-Vergiftung, Strangulation, sich wiederholenden Hypoglykämien bzw. Hirnödem sowie bei chronischem Alkoholismus.

Kortikal: zur (Hirn)rinde gehörend, die (Hirn)rinde betreffend.

Kostoklavikular-Syndrom: Empfindungsstörungen im Versorgungsgebiet des N. ulnaris, venöse Rückflußbehinderung, Schulter-Arm-Schmerz.

Kostozervikal-Syndrom: Kompression des Plexus brachialis mit Paresen und Atrophien des Daumenballens und der kleinen Handmuskeln, Empfindungsstörungen und Schulter-Arm-Schmerz.

Krabbe-Syndrom (Knud H. K., 1885–1961, dänischer Neurologe): 1) Christensen-K.-L. Leukodystrophia cerebri progressiva hereditaria: rezessiv-hereditäre, androtrope, frühkindlich manifeste, schnell fortschreitende diffuse Hirnsklerose durch Mangel an Galactozerebrosid-β-Galactosidase sowie Sulfotransferase mit Störung des Zerebrosidstoffwechsels. 2) Hypoplasia musculorum generalisata congenita: generalisierte Muskelschwäche (Myatonie) bei herabgesetzter Muskelmasse; mit Störung des Kreatinstoffwechsels (herabgesetzte Kreatin- und Kreatinin-Ausscheidung) im frühen Kindesalter. Besserung möglich.

Krämpfe: siehe Krampf.

Kraftsinn: Empfindung für die Abschätzung der Muskelkraft.

Krallenhand: Zustand nach Ulnarislähmung mit Atrophie der entsprechenden Handmuskeln.

Kramer-Pollnow-Syndrom: im Kindesalter auftretende erethische Hyperkinese, Sprachverlust und Demenz unbekannter Ursache.

Krampf: Spasmus, Muskelkrampf; siehe Eklampsie, Konvulsion, Tetanus, Trismus, Krampussyndrom.

Krampfanfall: siehe Anfall, Epilepsia.

Krampfherd: umschriebenes Areal im Gehirn, von dem durch Entladung in Nervenzellgruppen epileptische Krämpfe ausgelöst werden können.

Krampus-Syndrom: Muskelkrampf nach schwerer Anstrengung oder Bandscheibenvorfall.

kranial, cranialis: den Schädel betreffend, kopf-, scheitel- oder schädelwärts, am oder zum oberen Körperende hin gelegen.

kraniofaziale Dysostose: angeborene Störung der Verknöcherung im Schädelbereich mit Unterentwicklung des Oberkiefers.

Kraniometer: Gerät zum Vermessen des Schädels.

Kraniometrie: Schädelmessung.

Kraniopharyngeom, Erdheim-Tumor: Geschwulst mit Ursprung in Plattenepithelresten des Hypophysenganges und/oder der Rathke-Tasche; Symptome: Sehstörungen (bitemporale Hemianopsie), Verdrängung des 3. Ventrikels, Hydrozephalus. Auftreten vor allen Dingen im Kindes- und Jugendalter.

Kranioschisis, Cranium bifidum: angeborene Schädelspalte; oft mit schwerem Hirndefekt.

Kraniosklerose: sklerotische Verdichtung der Diploe des Schädelknochens, vor allem des Schädeldachs.

Kraniotomie: operative Öffnung des Schädels.

Kranznahtresektion: operative Entfernung der Kranznaht (Sutura coronalis) des Schädels.

Kremasterreflex: Physiologischer Haut(Fremd-)Reflex bei Knaben und Männern. Hautreiz an der oberen Innenseite des Oberschenkels bewirkt Kontraktion des gleichseitigen M. cremaster mit Hebung des Hodens. Nicht verwechseln mit der Kontraktion der Tunica dartos. Daher am liegenden Patienten bei leicht gespreizten Beinen die völlige Entspannung der Tunica dartos abwarten.

Kretinismus: hochgradiger Schwachsinn mit körperlichen Mißbildungen verbunden, Kretin.

Krisen, tabische: abrupt einschießende sogenannte lanzinierende Schmerzen, an der unteren Extremität am häufigsten im Bereich des N. ischiadicus, an der oberen Extremität im Bereich des N. ulnaris. Typischer Befall vor allem aber auch des Magen-Darm-Kanals und des Genitaltraktes.

Krückenlähmung: Funktionsstörung des N. radialis durch Krückendruck in der Achselhöhle.

KUFS-Syndrom (HUGO, K., 1871–1955, deutscher Neurologe)**:** im Erwachsenenalter manifestierender Typ der amaurotischen Idiotie. Anfangs wenig charakteristisch beginnend, deshalb Frühdiagnose nur anhand des familiären Vorkommens. Weder der Erbmodus noch die biochemische Ursache sind bisher eindeutig geklärt. Im ZNS wird ein Lipopigment vom Ceroid-Lipofuszin-Typ gespeichert.

KULENKAMPFF-Plexusanästhesie (DIETRICH K., 1880–1967, deutscher Chirurg)**:** für Armoperationen verwendbare supraklavikuläre Leitungsanästhesie des Plexus brachialis.

Kurare, Curare: indianisches Pfeilgift. Muskelrelaxans.

Kuru(-Kuru), Lach-, Schüttelkrankheit: (papuan.: zittern) bei der Bevölkerung von Westguinea vorkommende endemische Krankheit ähnlich der myatrophischen Lateralsklerose; eine Slow-Virus-Infektion mit fortschreitender Degeneration im Kleinhirn und im extrapyramidalmotorischen System sowie Demenz.

Kyphoskoliose: Wirbelsäulenverkrümmung mit nach hinten gerichtetem Buckel, Status dysrhaphicus.

L

L: Kurzzeichen für Lumbalwirbel bzw. -segment.

L_{1-5}: die 5 Lumbalsegmente des Rückenmarks.

L_3-, L_4-, L_5-Syndrom: Lendenwirbelsäulensyndrom infolge Irritation der Spinalnervenwurzeln der Rükkenmarkssegmente 3 (Femoralissyndrom), 4 bzw. 5 (siehe Ischiassyndrom).

Labyrinthreflex, tonisch: Tonusreflex. Beinhaltet die reflektorische Beeinflussung des Tonus der Körpermuskulatur durch die Stellung des Kopfes zum Rumpf und seine Lage im Raum.

Labyrinthstellreflex: siehe Labyrinthreflex.

Lachanfall: epileptischer L., Gelolepsie, Lachschlag-Epilepsie: durch unmotiviertes Lachen eingeleitete Krise, begleitet von kurzer Bewußtseinstrübung.

Lachschlag, Geloplegie: beim Lachen affektiver Tonusverlust in Verbindung mit imperativem Schlafdrang z. B. bei der Narkolepsie.

La Crosse-Virus: ARBO-Virus der California-Enzephalitis-Gruppe; Überträger sind Aedes-Mücken.

Lähmung: Verlust oder Einschränkung der Fähigkeit, Muskeln bzw. Gliedmaßen zu bewegen. Verursacht durch Läsion oder Erkrankung des Nervensystems oder der Muskeln. Einteilung: Klinisch: als spastische oder schlaffe L. Nach Lokalisation der Störung: als zentrale oder periphere L. Bei der zentralen L. Läsion der (siehe) Pyramidenbahn (spastische L.). Bei der peripheren Lähmung Läsion der peripheren Nerven oder der Muskulatur (schlaffe L.). Je nach Lokalisation der Symptomatik Mono-, Di-, Hemi-, Para- und Tetraplegie. Bezeichnung nach den betroffenen Nerven (z. B. Fazialislähmung, Armplexus-L.) oder Muskeln (z. B. Quadrizeps-L.).

Lähmungsbecken: plattes Becken durch Lähmung mit langer Liegedauer vor Abschluß des Knochenwachstums. Sogenanntes Liegebekken.

Lävographie: Schreiben mit der linken Hand.

Lagenystagmus: unerschöpflicher (siehe) Nystagmus, von der Körperlage abhängig.

Lageschwindel: von (siehe) Nystagmus begleiteter labyrinthärer Schwindel bei Störung der Otolithenfunktion oder zentraler vestibulärer Bahnen; kochleare Funktion meist ungestört. Kann durch bestimmte Kopf- bzw. Körperhaltung (z. B. Linksseitenlage) hervorgerufen werden.

Lagophthalmus: sogenanntes »Hasenauge« mit erweiterter Lidspalte und gestörtem Lidschluß. Paralytischer L. z. B. bei Fazialisparese; mechanischer L. z. B. bei Exophthalmus (ein- und doppelseitig), bei seniler Lidhauterschlaffung.

Lallatio, Lallen: beim Säugling ab 2. Monat spielerisch-rhythmisches Wiederholen von Silben- und Lautreihen im Frühstadium der Sprachentwicklung. Nach der Sprachentwicklung dementielles oder psychotisches Regressionsphänomen.

Lalopathie: artikulatorische Sprachstörung.

Laloplegie: Sprachlähmung durch Störung oder Ausfall des Artikulationsorgans.

Lambda-Wellen, λ-W.: steile, kleine, positive Wellen im EEG über der Okzipitalregion, auslösbar durch ruckhafte Blickbewegungen bei visueller Aufmerksamkeit, in leichten Schlafstadien.

Lamina:

- **L. basalis:** Basalmembran.
- **L. cribrosa (ossis ethmoidalis):** Siebplatte beiderseits der Crista galli, mit Löchern für die Nn. olfactorii.
- **L. externa (ossium cranii):** das äußere, mit der Diploe zusammenhängende kompakte Blatt der Knochen der Schädeldecke.
- **L. interna (ossium cranii):** inneres, mit der Diploe zusammenhängendes kompaktes Blatt der Knochen der Schädeldecke.
- **L. orbitalis:** papierdünne Knochenplatte in der medialen Orbitawand; seitliche Abdeckung des Siebbeinlabyrinths.
- **L. propria (mucosae):** subepitheliales Bindegewebe einer Tunica mucosa; mit Gefäßen und Nerven.
- **L. tecti, L. quadrigemina:** Vierhügelplatte als Dach des Mittelhirns.

Laminektomie: Resektion eines oder mehrerer Wirbelbögen mit den Dornfortsätzen zur Freilegung oder zur Entlastung des Rückenmarks (z. B. bei Diskusprolaps).

Landkartenschädel: unregelmäßige, scharf begrenzte osteolytische Defekte der Schädelkalotte.

Landry-Lähmung, -Paralyse, -Typ (Jean Baptiste Octave L., 1826–1865, französischer Nervenarzt): Paralysis spinalis acuta ascendens: akute, oft tödlich verlaufende, aufsteigende Lähmung. Peripher beginnend und schließlich auf die Atemmuskulatur übergreifend. Siehe auch Guillain-Barré-Polyneuropathien.

Landzert-Kanal: siehe Canalis craniopharyngeus.

Langat-Virus: ein Arbo-Virus B; Vorkommen auf der Malakka-Halbinsel; Erreger einer akuten Enzephalitis; Überträger: Ixodes granulatus.

Langköpfigkeit: Dolichozephalie.

Langzeitgedächtnis: Fähigkeit zu langzeitiger Speicherung und Reproduzierbarkeit von Sinneswahrnehmungen oder psychischen Vorgängen.

Lanzinierende Schmerzen: tabische Krisen.

Laryngospasmus: siehe Kehlkopflähmung.

Lasègue-Zeichen, -Phänomen: durch Ischiadikus-Dehnung (in Rükkenlage passive Beugung des gestreckten Beins im Hüftgelenk oder Streckung im Knie bei Hüftbeugestellung) ausgelöster heftiger Gesäß-Oberschenkelschmerz (und reflektorischer Bewegungswiderstand), vor allem bei Bandscheibenprolaps. Als »umgekehrtes L.-Z.« die schmerzfreie Beugung des gestreckten Beins im Hüftgelenk bei Koxarthrose.

Latenzzeit: Zeit zwischen Reizeintritt und Reizantwort, z. B. als distale L. bei der (siehe) Elektroneurographie.

Lateralislähmung, Lateralisparese: unvollständige Lähmung des M. cricoarytaenoideus lateralis sowie Lähmung des M. rectus lateralis.

Lateralsklerose, myatrophische oder amyotrophische: siehe Myatrophische Lateralsklerose.

Lateropulsion, Laterotraktion: beim (siehe) Parkinson-Syndrom unwillkürliche Seitwärtsbewegung nach plötzlichem Anhalten.

Lathyrismus: spastisch-ataktische Folgezustände nach Vergiftung mit Lathyrussamen (Kichererbse), dem Bild der funikulären Spinalerkrankung ähnelnd, bei Hungerepidemien in tropischen Ländern bekannt. Initial durch heftige motorische Reizerscheinungen wie spinale Automatismen und Crampi gekennzeichnet.

Laurence-Moon-Bardet-Biedl-Syndrom: Dienzephalo-retinale Degeneration in Kombination mit zerebralen spastischen Lähmungen, extrapyramidalen Symptomen und Epilepsie.

Lautstummheit: Unvermögen, Laute auszusprechen infolge mangelnder Unterscheidung ähnlich klingender Laute.

Legasthenie: Lese- und Rechtschreibschwäche bei ausreichender Intelligenz und normal-neurologischem Befund. Buchstaben und Silben können nicht richtig erfaßt werden, Reihenfolge und Buchstaben werden verwechselt; verbunden mit Gestalterfassungs- und Wortgestaltungsstörungen.

Leigh-Enzephalomyelopathie: tödlich verlaufende, nekrotisierende Enzephalomyelopathie, seltene, wahrscheinlich autosomal rezessiv hereditäre Erkrankung im frühen Säuglingsalter.

Leitungsanästhesie: örtliche Anästhesie durch Leitungsunterbrechung, also durch endo- oder perineurale Injektion eines Lokalanästhetikums.

Leitungsbahn: Leitungssystem aus Neuronen, die durch (siehe) Synapsen miteinander verbunden sind.

Lemniscus: Band, Schleife, Schlinge.

- L. lateralis: seitliche Schleifenbahn der Hörbahn im Boden des IV. Ventrikels; zur Gegenseite der Medulla kreuzende Fasern zwischen Nucleus cochlearis dorsalis und den unteren Vierhügeln und medialem Kniehöcker.

- L. medialis: Fortsetzung der Fasern aus den Hinterstrangkernen, dem Nucleus sensorius principalis und trigemini und dem Nucleus tractus solitarii, die nach der Schleifenkreuzung in der Medulla oblongata ihren Ursprung haben.

Lendenwirbelsäulensyndrom: die vertebra-, neuro- und myogenen radikulären Krankheitsbilder dieses Bereichs.

Lendenwulst: konvexseitig auftretender Wulst der lumbalen Rückenstrecker mit lumbalem Scheitelpunkt bei Skoliose.

Lennox-Dämmerzustand (William Gordon L., 1884–1960, amerikanischer Neurologe): Petit-mal-Status.

- L.-Syndrom: bei infantiler epileptischer Enzephalopathie, Anfälle mit langsamen, diffusen S/W-Komplexen im EEG.

Lentiginosis, Lentiginose: L. centrofacialis (neurodysrhaphica) Touraine: dominant-hereditäre Neuroektodermose des Gesichts mit symmetrischen Lentigoflecken (Mundhöhle frei), Dysraphie, Synophrys, neuropsychischen Symptomen wie Epilepsie, Oligophrenie.

Lepra nervosa: Infektion (Mycobacterium leprae) der peripheren Nerven, führt zu Lähmungen, trophischen Störungen und Mutilationen (Abstoßung von Fingern und Zehen). Verläuft chronisch, beginnt schleichend. Vorkommen in Tropen und Subtropen.

Lepraschanker: pigmentierter, später depigmentierter (Lepra alba), erythematöser, rundlicher Fleck mit herabgesetzter Schmerzempfindlichkeit (Macula anaesthetica). Der kutane Primäreffekt der Lepra.

Leptokephalus: Schmalschädel.

Leptomeningiom: Meningiom der weichen Hirnhäute.

Leptomeningitis: Entzündung der weichen Hirnhäute, mit Exsudatbildung ins Cavum lepromeningicum.

Leptomenix: Sammelbezeichnung für Arachnoidea und Pia mater.

Lese-Rechtschreibschwäche: siehe Legasthenie.

Lese- und Schreibzentrum: Großhirnrindengebiete, beim Rechtshänder linksseitig, beim Linkshänder rechts gelegen. Wird für das Lesen als komplexer Vorgang, also für Aufnahme, Speicherung und Wiedergabe benötigt. Störungen in diesem Gebiet imponieren als Alexie.

Leseunfähigkeit: siehe Alexia.

Lethargie: 1) tiefer hypnotischer Schlaf. 2) allgemeine, stark herabgesetzte Reaktionsfähigkeit, gestörte Weckfunktion, vermehrtes Schlafbedürfnis. Vorkommen bei Hirntumor, Enzephalitis.

Leukodystrophia, Leukodystrophie: Sammelbezeichnung für hereditär bedingte Entmarkungskrankheit des zentralen Nervensystems, siehe Hirnsklerose.

Leukoenzephalitis: Sammelbezeichnung für akute und chronische Entmarkungskrankheiten durch Läsion der weißen Hirnsubstanz.

Leukotomie: ein- oder zweiseitige operative Durchtrennung der Bahnen zwischen Thalamus und Stirnhirn auf transfrontalem oder -orbitalem Wege. Heute nicht mehr üblich.

LHERMITTESCHES Zeichen: durch maximale Beugung des Kopfes auf die Brust auslösbarer, vom Nacken bis in die Zehen einschießender Schmerz, z. B. bei entzündlichen Prozessen im Zervikalbereich.

Lichtreflex: Pupillenreflex, regelmäßige Verengung der Pupille bei Lichteinfall in das Auge.

Lidreflex: siehe Blinzelreflex.

Lidschlag: Lidschluß als physiologischer Schutzreflex des Auges und zur physiologischen Hornhautbefeuchtung.

Lidschlußreflex: siehe Blinzelreflex, Orbikularisphänomen.

limbicus, limbisch: das limbische System betreffend.

– **l. Fasern:** Fasern des limbischen Systems;

– **l. System:** phylogenetisch altes, dem Archipallium zugehöriges, funktionelles System zwischen Hirnstamm und Neokortex.

Lindau-Tumoren: Hämangioblastom des Kleinhirns im mittleren Lebensalter, häufig mit Angiomen anderer Organe (Leber, Pankreas) oder einer Angiomatosis retinae kombiniert.

Lingula cerebelli: dünnes, quergefurchtes Plättchen des Kleinhirnwurms.

Lipome, spinale: extradurale Geschwülste des Rückenmarks, die zur (siehe) Querschnittslähmung führen können.

Liquor: Körperflüssigkeit, volkstümlicher Ausdruck: Nervenwasser.

- **L. cerebrospinalis:** die Gehirn-Rückenmark-Flüssigkeit, von den Plexus choriodei gebildet, in den Liquorräumen zirkulierend und überwiegend in Pacchioni-Granulationen resorbiert. Klinisch wichtige Bestandteile:

1. Zellen: siehe Liquorsediment.
2. Eiweiß: normal zwischen 15–45 mg/dl.
3. Glucose: normal zwischen 45–75 mg/dl.
4. Chlorid: normal zwischen 110–129 mmol/l.

Nach (siehe) Liquorpunktion normal klar und farblos.

Liquorblock: Behinderung der physiologischen Liquorzirkulation.

Liquordiagnostik: Untersuchung des Liquor cerebrospinalis bei der Diagnostik neurologischer Erkrankungen. Liquordruckprüfung, Erreger- und Blutnachweis, Abweichungen der humoralen und zellulären Zusammensetzung inklusive serologischer Tests sowie (siehe) Liquorelektrophorese.

Liquordrainage: Drainage des Ventrikelsystems oder der äußeren Liquorräume bei Hydrozephalus.

Liquordruck: der hydrostatische Druck des Liquor cerebrospinalis im Ventrikelsystem und Subarachnoidalraum.

Liquoreiweiß: Gesamteiweißgehalt des (siehe) Liquor cerebrospinalis.

Liquorelektrophorese: nach dem Prinzip der Eiweißelektrophorese durchgeführte Differenzierung der Liquoreiweiß-Fraktionen (Albumin und Globulin).

Liquorfistel: äußere Fistel der Subarachnoidalräume, traumatisch, aber auch als Operationsfolge sehr ernste Komplikation; Symptome: dauernde oder rezidivierende Entleerung von Liquor aus Nase und Ohr, Gefahr der (siehe) Meningitis.

Liquorpleozytose: größte Zellzahl im Liquor, vor allem bei entzündlichen und karzinomatösen Prozessen.

Liquorpunktion: siehe Lumbal-, Subokzipital-, Ventrikelpunktion.

Liquorräume: Hohlraumsystem im Gehirn und Rückenmark, die Hirnventrikel und der Zentralkanal.

Liquorrhö: Liquorfluß über eine Liquorfistel.

Liquorsediment: nach Zentrifugieren und Sedimentieren erhaltene zelluläre Anteile des Liquor cerebrospinalis. Differenzierung mikroskopisch; im gefärbten Ausstrich nach SAYK 4 Zellgruppen: 1. hämatogene neutrophile und eosinophile Granulozyten; 2. leptomeningeale Histiozyten [(Lympho-, Plasmo-, Mono-, Fibrozyten und Makrophagen (»Gitterzellen«)]; 3. Ependym- und Plexuszellen; 4. entartete Zellformen (Tumorzellen). Normal 70–100% Lympho- (klein) und 10–20% Mono-, je 0–2% Ependym- und Plexuszellen. Zählung in FUCHS-ROSENTHAL-Kammer, Angabe früher in »Drittelzellen« (pro mm^3); normal im Ventrikel $^1/_3$–$^2/_3$, Zisterne 0–$^4/_3$, lumbal $^3/_3$–$^9/_3$. Heute Angabe in Zellen pro μl, normal bis $3/\mu l$.

Liquorsyndrom: häufige und charakteristische Liquorbefunde bei verschiedenen neurologischen Erkrankungen, z. B. GUILLAIN-BARRÉ-Syndrom.

– **L., immunreaktives:** durch Immunglobulin-Bestimmung differenzierte Reaktionsformen des L.

Liquortympanon: Ansammlung von Liquor cerebrospinalis in der Paukenhöhle, bedingt durch eine durch Verletzung geschaffene Verbindung vom Mittelohr zu den Meningeal- bzw. Labyrinthräumen.

Liquorüberdruck-Syndrom: bei Hirndruck auftretende Symptomatik: Kopfschmerz, Stauungspapille, Klivuskantensyndrom und Augenmuskelparesen.

Liquorunterdruck-Syndrom: nach (siehe) Liquorpunktion gelegentlich auftretende Kopfschmerzen und selten auch passagere Augenmuskelstörungen durch verzögerten Liquornachfluß.

Liquorxanthochromie: gelbliche Verfärbung des Liquor cerebrospinalis infolge Erythrozytenzerfall nach mäßiger (siehe) Subarachnoidalblutung.

Liquorzellen: siehe Liquorsediment.

Liquorzucker: Glucosegehalt des (siehe) Liquor cerebrospinalis.

Liquorzyste: pathologischer, mit Liquor cerebrospinalis gefüllter Hohlraum. Vorkommen bei (siehe) Meningozele, extradurale L. bei Spina bifida occulta, sowie als Arachnoidal-, Ependym-, Septum-pellucidum-Zyste.

Lissauer-Paralyse (HEINRICH L., 1861–1891, deutscher Neurologe): atypisches Bild der progressiven (siehe) Paralyse mit Herdsymptomen.

Little-Krankheit (William John L., 1810–1894, englischer Chirurg): frühkindliche Hirnschädigung.

Lobärsklerose: nur einen Großhirnlappen betreffende Hirnsklerose.

Lobektomie: Entfernung eines Großhirnlappens (als frontale, okzipitale, temporale L.).

Lobotomie: siehe Leukotomie.

Logagnosie: Unvermögen, den Sinn von Wörtern zu erfassen, bei intaktem Gehör.

Logasthenie: gestörte Artikulation der Sprache mit Vergessen, Verdrehen oder Verlieren von Wörtern, z. B. bei Aphasie.

Logoklonie: sinnlose Wiederholung kurzer Wörter oder der letzten Wortsilbe; z. B. bei (siehe) Alzheimer-Krankheit.

Logomonomanie: abnormer, zwanghafter, ungehemmter Rededrang als Symptom einer psychischen Erkrankung.

Logorrhö, Polyphrasie: ungehemmter Redefluß, oft bis zur Heiserkeit, Aphonie, durch verlorene Selbstkontrolle des Sprechenden.

Lombard-Zeichen: Anhebung der Sprechlautstärke Schwerhöriger mit einseitiger Schwerhörigkeit bei Labyrintherkrankungen und bei Abdekken des gesunden Ohres.

Loquacitas, Loquazität: Geschwätzigkeit ohne Bezugnahme auf den Gesprächspartner.

Lorain-Syndrom: Pituitarismus durch Hypophysentumor.

Lordosierung: unphysiologische Lordosebildung mit Verbiegung der Wirbelsäule nach vorn; z. B. bei (siehe) Muskeldystrophie.

Lordoskoliose: Kombination von Skoliose und Lordose; häufiger als die Kyphoskoliose.

Lossen(-Braun)-Neurektomie: pterygopalatine Resektion des 2. Astes bei Trigeminusneuralgie.

Lückenschädel: Leisten-, Wabenschädel: »lakunärer« Hirnschädel mit angeborenen Knochenlücken; fast stets kombiniert mit Fehlbildungen des Neuralrohres.

Lues: siehe Syphilis.

Lumbago: sogenannter »Hexenschuß«, meist akut einsetzender, zunächst segmentaler, stechender Kreuzschmerz mit Bewegungssperre und Hartspann der Muskulatur.

Lumbalanästhesie: Spinalanästhesie durch Injektion eines Lokalanästhetikums in den Lumbalsack; bewirkt Leitungsanästhesie des Segments und Blockade der Cauda equina.

Lumbalgie: siehe Lumbago.

Lumbalpunktion, LP: anästhesiologische, diagnostische oder therapeutische Punktion des lumbalen Durasacks, mittels Spezialkanüle, bei Seitenlage oder Sitzstellung des Patienten, bei maximaler Kyphosierung der Lendenwirbelsäule. Die Punktion erfolgt zwischen dem 3. und 4. oder 4. und 5. Lendenwirbeldornfortsatz. Kontraindikationen: bei Tumoren der hinteren Schädelgrube, bei gesteigertem Hirndruck.

Lumbalsack: lumbaler Abschnitt des Subarachnoidalraumes.

Lumbalsyndrom: siehe Lumbago.

Lutschreflex: siehe Saugreflex.

Lyssa, Rabies, Tollwut: Infektionskrankheit, übertragen durch Hundebiß, durch infizierten Speichel auf Mensch und Warmblüter mit vorwiegender Beteiligung des Nervensystems; Erreger: Lyssa-Virus. Hydrophobie.

Lyssa-Virus, Rabiesvirus, Tollwutvirus: Rhabdovirus, Erreger der Lyssa; dringt von der Wunde ausgehend entlang peripherer Nerven in das zentrale Nervensystem vor und löst dort die Bildung von Negri-Körperchen aus.

M

Magersucht: Marasmus, Komplikation nach postenzephalitischen Veränderungen des Zwischenhirns, siehe Altersschwäche.

Makroästhesie: Sensibilitätsstörung, alle betasteten Dinge erscheinen übermäßig groß.

Makroenzephalie: siehe Megalenzephalie.

Makromelie: partieller Riesenwuchs als Folge einer fötalen oder frühkindlichen Hirnschädigung.

Makropsie: optische Halluzinationen bei epileptischen Anfällen der Okzipitalregion.

Makrozephalie: gleichmäßige Übergröße des Hirnschädels.

makulozerebrale Degeneration: gleichzeitige Degeneration der Netzhautmitte [Macula lutea] und im Gehirn.

Malaria, zerebrale Störungen: Parasitenembolien in den Gehirnkapillaren.

Mal perforant (du pied Fournier): trophische Ulzeration an der Fußsohle bei Tabes dorsalis, diabetischer Polyneuropathie und neuraler Muskelatrophie, ohne Schmerzhaftigkeit.

Mamillarkörper: hirnbasales Corpus mamillare.

Mangelernährung, neurologische Komplikationen: vorwiegend periphere und zentrale neurologische Syndrome nach Mangel an Vitamin-B-Komplex, z. B. nach Resorptionsstörungen, medikamentösen Antagonismen, Fehlen des Intrinsic-Faktors und Magenresektionen.

Mantelkantensyndrom: typisches Syndrom des parasagittalen Meningioms der Mantelkante mit motorischen Reizerscheinungen (siehe Jackson-Anfälle) und progressiver Spastik, vom kontralateralen Fuß allmählich aufsteigend.

Marasmus: siehe Magersucht.

Marburg-Syndrom (Otto M., 1874–1948, österreichischer Neurologe): Apinealismus; hereditär bedingtes Fehlen des Corpus pineale.

– **M.-Trias:** Pyramidenbahnzeichen, erloschene Bauchhautreflexe und temporale Abblassung der Sehnervenpapille als häufiges Zeichen der Multiplen Sklerose.

MARIE-Syndrom: PIERRE-MARIE-Syndrom (PIERRE M., 1853–1940, französischer Neurologe): a) M.-Syndrom I: Akromegalie. b) M.-Syndrom II: Kleinhirnataxie.

markhaltige Nervenfaser: mit Markscheide ausgestattete Nervenfaser.

Markscheide: »Isolierschicht« der Nervenzellen. Im peripheren Nervensystem gebildet durch die SCHWANNschen Zellen, im Zentralnervensystem durch Gliazellen.

Masernenzephalitis: Enzephalitis als Masernkomplikation.

Massenblutung, zerebrale: arterielle zerebrale Blutung mit unmittelbarer totaler Hirngewebsnekrose, auch mit Ventrikeleinbruch verbunden.

Masseterhypertrophie: lokale, sogenannte echte »idiopathische« Muskelhypertrophie.

Masseterreflex: Eigenreflex, Finger auf den Unterkiefer legen, auf genügend Entspannung der Masseteren achten; kurzes Anheben des Unterkiefers nach Schlag mit dem Reflexhammer.

Mastikationsanfälle: psychomotorische epileptische Anfälle des oberen vorderen Temporallappens, mit Kau-, Leck- und Schluckbewegungen, verbunden mit Schmatz-, Saug- und Schnalzlauten.

MAYER-Reflex (CARL M., 1862–1932, österreichischer Neurologe): Druck mit dem Daumen der Untersucherhand von dorsal gegen das Grundglied eines Fingers des Patienten und Ausführung einer passiven Beugung im Grundgelenk: Intensive Oppositionsbewegung des Daumens des Patienten. Vorkommen z. B. bei Pyramidenbahnläsion.

Medialisparese: Lähmung des Musculus rectus internus.

Medianusblockade: Leitungsanästhesie des Nervus medianus.

Medianuslähmung: siehe Karpaltunnelsyndrom und Schwurhand.

Mediastinaltumoren: Thymushyperplasie oder Thymustumor in etwa 20% als auslösende Ursache einer (siehe) Myasthenia gravis.

Medulla: innerer Anteil eines parenchymatösen Organs.

– **M. oblongata:** Bulbus medullae spinalis: verlängertes Mark; der kranial an die Medulla spinalis anschließende, in der hinteren Schädelgrube dem Clivus aufliegende Teil des ZNS.

Medulloblastome: Tumoren des 4. Ventrikels, des Kleinhirnwurms und der Kleinhirnhemisphären.

Meessche Streifen: Wachstumsstörungen an den Nägeln z. B. bei Thallium- und Arsenpolyneuropathie.

Megalenzephalie: Übergröße des Gehirns.

Megalozephalie: siehe Makrozephalie.

Meissner-Ganglion (Georg M., 1829–1905, deutscher Anatom): parasympathische Ganglienzellen mit präganglionären Vagusfasern, welche dort synaptisch enden.

Mekonismus: Opiatvergiftung.

Melanotropin, melanotropes Hormon, Melanozyten-stimulierendes Hormon, MSH: Polypeptide des Hypophysenzwischenlappens, biokybernetisch gesteuert durch den Releasing- bzw. Inhibiting-Faktor des Hypothalamus.

Melkersson-Rosenthal-Syndrom: rezidivierende Gesichtsödeme mit totaler oder partieller Fazialisparese und Faltenzunge.

Menière-Syndrom: anfallsweises Ohrensausen, Schwerhörigkeit, Schwindel- und Gleichgewichtsstörungen mit (siehe) Nystagmus und Erbrechen.

meningeales Syndrom: spezifische Symptomatik bei Reizung der weichen Hirn- und Rückenmarkshäute.

Meningealsarkoidose: schwere meningeale und zerebrale Symptome bei Neoplasien der Hirnhäute.

Meningen: Hirn- und Rückenmarkshäute: die Leptomeninx (Arachnoidea und Pia mater) und die Dura mater, Pachymeninx.

Meningiom: Geschwulst der Arachnoidea (Hirn und Rückenmark).

- **M. angiomatosum:** M. von kapillärer Struktur; gutartig.

- **M., malignes:** sarkomatös entartetes M.; gefäßreich, häufig in Hirnsinus und Schädelknochen infiltrierend.

Meningismus: Nackensteifheit bei (siehe) Meningitis und (siehe) Subarachnoidalblutung sowie (siehe) Tetanus.

Meningitis: Entzündung der harten und der weichen Hirnhaut. Klinische Symptome: Nackensteife und -beugeschmerz, Kopfschmerzen, Bewußtseinstrübung. Formen: M., abakterielle (lymphozytäre M.), M., bakterielle, M. herpetica, M. purulenta, M. serosa, M. syphilitica, M. tuberculosa.

Meningoencephalomyelopathia leucaemica: leukämische Infiltrate der (siehe) Meningen.

Meningoenzephalitis: Meningitis mit Enzephalitis bei Virusinfektionen, bei Leptospirose, Toxoplasmose.

Meningoenzephalomyelitis: Meningoenzephalitis mit Rückenmarkbeteiligung.

Meningokokkenmeningitis: Meningitis epidemica durch Neisseria meningitidis.

- **M., fulminante:** WATERHOUSE-FRIDERICHSEN Syndrom.

Meningokokkus: Neisseria meningitidis.

Meningomyelozele: siehe Meningozele.

Meningoradikulitis: Entzündung der Spinalnervenwurzeln und der Spinalnerven (häufige Komplikation nach Zeckenbiß).

Meningoradikuloneuritis: siehe Meningoradikulitis.

Meningorrhagie: meningeale Blutung.

Meningose: nichtentzündliche Veränderung der (siehe) Meningen.

Meningozele: durch einen Schädel- oder Wirbelsäulendefekt bedingte hernienartige Vorwölbung der Meningen sowie Bildung einer Pseudozyste.

Meningozystozele: siehe Meningozele.

Meninx: Hirn-, Rückenmarkshaut, siehe Meningen.

Merakranie: teilweise Aplasie der Gehirn- und Schädelanlage.

Meralgia paraesthetica: meist schmerzhafte Irritation des kutanen Astes des N. femoralis, häufiges Frühsymptom bei diabetischer (siehe) Polyneuropathie.

Merokranie: angeborener teilweiser Schädeldefekt.

Mesenzephalon, Mittelhirn: Teil des Hirnstamms, besteht aus dem Tegmentum, dem Tectum mesencephali mit Vierhügelplatte, dem beidseitigen Pedunculus cerebri und dessen Basisteil.

mesenzephal: das Mittelhirn (Mesenzephalon) betreffend.

Mesenzephalitis: mit Augenmuskelstörungen, Tremor und Schlafsucht verbundene Enzephalitis im Mittelhirn, dem Mesenzephalon-Bereich.

Metenzephalon: vorderer Teil des Rhombenzephalons: das Kleinhirn und die Brücke (Pons).

Migräne: meist halbseitige, sich periodisch wiederholende, anfallsweise, teilweise von Flimmern begleitete Kopfschmerzen mit Übelkeit, Brechreiz, auch mit vegetativen, motorischen und sensorischen Reiz- und Ausfallserscheinungen, flüchtigen Herdsymptomen (M. accompagnée).

Migraine: siehe Migräne.

Mikrenzephalie: subnormale Größe des Gehirns.

Mikroembolie, zerebrale: z. B. nach Angiographien der A. carotis.

Mikrographie: kleine Schrift; z. B. bei Parkinsonismus.

Mikrogyrie: subnormale Größe der Großhirnwindungen.

Mikrokranie: subnormale Größe des Hirnschädels.

Mikromelie: symptomatische Verzwergung, verursacht durch eine fötale oder frühkindliche Hirnschädigung.

Mikromyelie: Unterentwicklung des Rückenmarks.

Mikropsie: optische Halluzinationen mit Gesichtsfeldausfällen, ausgehend von epileptischen Anfällen der Okzipitalregion.

Mikrozephalie: durch primäre Fehlentwicklung des Gehirns bedingte abnorme Verkleinerung von Umfang und Inhalt des Schädels.

MILKMAN-Syndrom: multiple, spontane symmetische Frakturen, besonders am knöchernen Becken bei (siehe) Morbus PAGET.

MILLARD-GUBLER-Syndrom: nukleäre Abduzensparese mit gekreuzter Hypoglossuslähmung und Hemiparese, häufig bei intrazerebralen Gefäßprozessen.

mimisch: die Mimik betreffend.

Miosis: verursacht durch Lähmungserscheinungen des N. sympathicus verschiedener Genese.

Mißempfindungen: siehe Sensibilitätsstörung.

Mittelhirn: siehe Mesenzephalon.

Mittelhirnsyndrom: bei Hirneinklemmung im Tentoriumschlitz auftretende Symptomatik (siehe apallisches Syndrom).

mnestisch: das Gedächtnis betreffend.

MOEBIUS-Syndrom (PAUL J. M., 1853 bis 1907, deutscher Neurologe): 1) periodische Okulomotoriuslähmung mit Neuralgien. 2) motorische Ausfälle im Bereich der Hirnnerven III, VI und VII (seltener V, XI, XII) durch Agenesie sowie Atrophie der Hirnnervenkerne; am häufigsten als beidseitige Abduzens- und Fazialislähmung.

– **M. Zeichen:** Konvergenzschwäche bei BASEDOW-Exophthalmus. Nach Blickwechsel von oben auf die Nasenspitze konvergiert das eine Auge voll, das andere nur sehr kurz oder gar nicht.

MÖLLER-BARLOWSCHE-Krankheit: C-Avitaminose im Säuglingsalter, betrifft die Myelinscheide, Muskulatur, Haut, Schleimhäute und die serösen Körperhüllen durch eine vaskulär bedingte hämorrhagische Diathese. Seltener ist das Gehirn betroffen; ähnlich wie Skorbut.

Mogigraphie: Schreibkrampf.

Mogilalie: siehe Dyslalie.

Mogiphonie: spastische Dysphonie.

Monakow-Bündel (Constantin v. M., 1853–1930, schweizer Neurologe): Tractus rubrospinalis.
- **M.-Kreuzung:** ventrale Haubenkreuzung (Decussatio tegmenti ventralis).

Mongolismus: mongoloide Idiotie, verursacht durch eine Entwicklungsstörung des Gehirns mit Mikrozephalie, schrägstehender Lidachse und endokriner Insuffizienz sowie frühzeitiger Vergreisung.

Moniliasis: chronische Meningitiden durch hämatogene Aussaat von Pilzinfektionen (Mykosen).

Mononeuritis: Läsion eines einzelnen Nervs, Schwerpunktneuropathie.

Monoplegie: Lähmung einer Gliedmaße, eines Muskels oder Nervs.

Morbus Biermer: siehe Spinalerkrankung, funiculäre.

Morbus Bourneville-Pringle: siehe Pringle-Syndrom.

Morbus Paget: siehe Pagetsche Erkrankung.

Morbus Recklinghausen: siehe Neurofibromatose Recklinghausen.

Morgagni-Syndrom (Giovanni Batt. M., 1682–1771, italienischer Anatom): Hirndruck verschiedener Ursache.

Moro-Reflex (Ernst M., 1874–1971, deutscher Kinderarzt): Umklammerungsreflex, normalerweise auslösbar bis zum 4.–6. Monat.

Morphinismus, Morphinomanie: Morphinsucht.

Morphinvergiftung: Vergiftung durch größere Morphindosen (0,05–0,2 g). Symptome: Gesichtsrötung, Somnolenz, Miosis, Erbrechen, Kopfschmerzen, Harn- und Stuhlverhaltung, flache und unregelmäßige Atmung; später Zyanose, Kreislaufkollaps, Koma, eventuell Tod durch Atemlähmung.

Morton-Neuralgie, -Syndrom (Thomas G. M., 1835–1903, amerikanischer Chirurg): durch Reizung der Plantarnerven bei Senk-Spreizfuß anfallsweise auftretende einseitige Schmerzen in den distalen Mittelfußknochen (IV, seltener III oder II) mit Ausstrahlung in beide Nachbarzehen; auch durch Druck an der Fußsohle auslösbar.

Motoneuron: die periphere motorische Nervenzelle im Vorderhorn des Rückenmarks.

Motorik: aktive Bewegungsvorgänge des willkürlichen Systems, die von der Hirnrinde gesteuert werden.

motorisch: die Bewegung betreffend; der Motorik dienend.

Multiple Sklerose (MS), Encephalomyelitis disseminata: Entmarkungskrankheit des Zentralnervensystems, vorwiegend im 20. bis 40. Lebensjahr. Ursache unbekannt.

Mumps-Meningoenzephalitis: Meningoenzephalitis als Mumps-Komplikation.

Murray-Valley-Enzephalitis, Australische X-Enzephalitis: eine durch das gleichnamige ARBO-Virus B bedingte, oft letale Meningoenzephalitis. Überträger: Culex-Arten.

Muskelatrophie: Muskelschwund, primär neurogen oder myogen verursacht.

Muskelbiopsie: histologische und histochemische Untersuchung der Skelettmuskulatur zur Feststellung der Funktionsstörung.

Muskeldefekte, kongenitale: vor allem die Schultergürtelmuskulatur betreffend, z. B. den M. pectoralis.

Muskeldystrophie: Dystrophia m. progressiva.

Muskelhernien: kongenitale Defekte der Bauchdeckenmuskulatur.

Muskelhypertrophie: Volumenvermehrung des Muskels, z. B. bei der Myotonia congenita THOMSEN, mit eigentümlich athletischem Aussehen des Patienten.

Muskelhypotonie: hereditäre oder erworbene Verminderung des Muskeltonus.

Muskelinnervation: nervöse Versorgung des Muskels.

Muskelkrampf: Spasmus; schmerzhafte, tonische oder klonische, anfallartige Muskelkontraktion, z. B. bei Übermüdung, Ischämie.

Muskellähmung: Funktionsausfall eines Muskels.

Muskeltonus: Spannungszustand des Muskels; Innervationstonus, myotone Reaktion; Ruhetonus, myatone Reaktion.

Mutilationen: schwere trophische Veränderungen bei der (siehe) Lepra nervosa, die neben (siehe) dissoziierten Sensibilitätsstörungen zum Verlust der Gliedmaßen führen.

Myalgien: lokale reflektorische Muskelkontrakturen aus dem rheumatischen Formenkreis.

Myasthenia gravis pseudoparalytica (ERB): Erkrankung der quergestreiften Muskulatur durch Störung der neuromuskulären Reizübertragung.

myasthenische Reaktion: Erschlaffung der Muskulatur nach mehrmaliger Kontraktion, in der Stimulationsneurographie nachweisbar.

Myatonia, Myatonie: verminderter bis fehlender Muskeltonus.

Myatrophie: siehe Muskelatrophie.

Myatrophische Lateralsklerose, (MAL): auch amyotrophische Lateralsklerose (ALS) genannt. Häufigste Krankheit unter den sogenannten (siehe) Systematrophien. Vorkommen in allen Altersgruppen, Morbiditätsgipfel zwischen dem 50. und 55. Lebensjahr. Kennzeichnend sind nukleäre Atrophien kombiniert mit einer Pyramidenbahndegeneration. Klinisch stehen motorische Paresen, Muskelatrophien mit Fasciculationen und eine Spastik im Vordergrund. Häufig ist auch eine schwere (siehe) Bulbärparalyse zu beobachten.

Mydriasis: Weitstellung der Pupille. Klivuskantensyndrom.

Mydriatikum: pupillenerweiternde Substanz, z. B. Atropin.

Myelin: Gemisch aus Lipoiden (Cholesterin, Phospholipide und Cerebroside), bildet zusammen mit Neurokeratin die Markscheide.

myelinarm: markscheidenarm.

Myelindegeneration: Mark(scheiden)schädigung der Nerven bei der (siehe) WALLER-Degeneration.

myelinfrei: markscheidenfrei.

Myelinolyse: Markscheidenzerfall.

Myelinscheide: siehe Markscheide.

Myelitis: ein mit entzündlichen Gewebsreaktionen einhergehender Rükkenmarksprozeß.

– **M. transversa:** siehe Querschnittsmyelitis.

Myelographie: Röntgenkontrastdarstellung des Wirbelkanals.

Myelomalazie: Rückenmarkläsion durch Ischämie.

Myelose, funikuläre: siehe funikuläre Spinalerkrankung mit Blutbildveränderungen.

DE **MYER-Syndrom** (WILLIAM DE M., amerikanischer Neurologe): kraniometaphysäre Dysplasie mit Cranium bifidum, extremer Seitenverlagerung der Augen sowie mit Kiefer-, Nasenspalte, z. T. mit Hirnfehlbildung.

mykotisches Aneurysma: möglicherweise durch umschriebene Arteriitiden oder embolisch verursacht.

Myoglobinurie: pathologisches Auftreten von Myoglobin im Harn bei Muskelzerfall verschiedener Ursachen mit nachfolgenden renalen Komplikationen.

myoklonisch-astatischer Anfall: kurzer, generalisierter epileptischer Anfall mit Myoklonus und atonie-bedingtem Zusammensinken.

Myoklonus: kurze, unwillkürliche, ruckartige, arrhythmische Einzelzukkung von Muskeln.

Myopathia, -pathie: entzündliche, degenerative oder stoffwechselbedingte Muskelerkrankung.

Myositis, Myositiden: entzündliche Muskelerkrankungen.

Myosklerose: interstitielle Verkalkung des Skelettmuskels nach Muskelnekrosen z. B. nach Crush-Syndrom.

Myotone Reaktion: Muskelkontraktion und sichtbarer Muskelwulst der Skelettmuskulatur durch mechanischen oder Kältereiz bei primären Muskelerkrankungen.

Myotonia dystrophica (CURSCHMANN-STEINERT)**:** familiäre Muskeldystrophie mit myotoner Reaktion und endokrinen Störungen (Stirnglatze, Ovarialinsuffizienz, Hodenatrophie).

N

Nackensteifigkeit: Widerstand und Schmerz beim Vorbeugen, z. B. bei (siehe) Meningitis.

Nadelstichempfindung: siehe Akanthästhesie.

Nadelstichtherapie: siehe Akupunktur.

Naegleria: Gattung freilebender Limaxamöben, Vorkommen in Binnengewässern; humanpathogen: N. fowleri und N. gruberi, Erreger der Amöben-Meningoenzephalitis; Infektion erfolgt beim Baden über die Nasenschleimhaut (über die Riechnervfasern).

NAFFZIGER-Syndrom, Scalenus-anterior-Syndrom (HOWARD CHRISTIAN N., 1884–1956, amerikanischer Chirurg)**:** im Bereich der vorderen Skalenuslücke Kompression des Plexus brachialis.

Nalorphin(um), N-Allylnormorphin: gegen alle Opiate wirksamer Antagonist.

Narkolepsie: Schlafanfälle, wobei als Auslösungsmoment Gemütsbewegungen eine Rolle spielen können, auch in Form von »affektivem Tonusverlust« und »Lachschlag« auftretend.

Nasoziliarneuralgie: CHARLIN-Syndrom.

Natizephalie, Caput natiforme: nates-ähnliche Schädelform bei angeborener Rachitis, Syphilis.

Nauta-Schleife: extramurale limbische Fasern.

Nebula frontalis: Hyperostosis cranialis interna.

Nemalin(e)-Myopathie: seltene Muskelerkrankung, besonders im Bereich der oberen Extremitäten.

Neolalie: häufige Verwendung von Neologismen in der Sprache.

NERI-Zeichen (VINCENZO N., 1882–, italienischer Neurologe)**:** Hinweis bei Ischias-Syndrom durch Spontanflexion im Kniegelenk der erkrankten Seite bei Vorwärtsneigen des Rumpfes.

nerval: einen Nerv bzw. das Nervensystem betreffend.

Nervenanastomosierung: primäre oder sekundäre Wiedervereinigung zweier Nervenstümpfe.

Nervenaustrittspunkt: die Stelle, an der ein peripherer Nerv eine Körperregion verläßt; als Nervendruckpunkt von diagnostischem Interesse.

Nervendegeneration: siehe Nervenfaserdegeneration.

Nervendrucklähmung: Engpaßsyndrome.

Nervendruckpunkte: die VALLEIX-Punkte, die bei Läsion der Nerven auf Druckreiz mit Schmerz reagieren.

Nervenendigung: Endaufzweigung einer Nervenzelle.

Nervenentzündung: siehe Neuritis.

Nervenfaser: Neurit (Achsenzylinder) der Nervenzelle. a) des Zentralnervensystems: von Oligodendrogliazellen umschlossen. b) des peripheren Nervensystems: von SCHWANN'scher Scheide umschlossen. (Markhaltige und marklose Nervenfaser.)

Nervenfaserdegeneration: Läsion von Myelinscheide und Axon.

Nervengeflecht: Plexus.

Nervengewebe: das aus dem äußeren Keimblatt hervorgehende, aus Neuronen und der Neuroglia, dem Hüll- und Stützgewebe bestehende Gewebe des Nervensystems.

Nervenluxation: funktionelle Dislozierung eines peripheren Nervs, z. B. im Bereich des Sulcus ulnaris als Ulnarisluxation.

Nervennaht: operative Vereinigung der Enden eines durchtrennten peripheren Nervs.

Nervenpfropfung: End-zu-Seit-Anastomosierung eines durchtrennten peripheren Nervs.

Nervenplastik: Operation zur Wiederherstellung der Funktion eines peripheren Nervs durch Transplantat oder (siehe) Nervenpfropfung.

Nervenquetschung: Engpaßsyndrome.

Nervenreizpunkte: geeignete Hautpunkte für die elektrische Erregbarkeitsprüfung peripherer Nerven bei der (siehe) Elektroneurographie.

Nervenresektion: Entfernung eines Nervenabschnitts.

Nervenschmerz: siehe Neuralgia.

Nervenstamm: Hauptabschnitt des peripheren Nervs bis zur peripheren Aufteilung in verschiedene Äste, z. B. beim N. ischiadicus.

Nervensystem: a) Zentralnervensystem (ZNS), b) peripheres Nervensystem, c) autonomes Nervensystem.

Nervenwachstumsfaktor, NGF: Protein mit Fördereffekt auf Nervenwachstum und -regeneration.

Nervenwurzel: die am Rückenmark ein- (afferent) und austretenden (efferent) Nerven.

Nervus: Abk.: N. Mehrzahl: Nervi, Abk.: Nn.

Neugedächtnis, Immediatgedächtnis: Speicherung unmittelbar zuvor aufgenommener Sinneseindrücke. Bei zerebralen Abbauprozessen und hirnorganischer Schädigung ist das N. stärker gestört als das Altgedächtnis.

Neurale Muskelatrophie: heredodegenerative Erkrankung des peripheren Nervensystems.

Neuralgia, Neuralgie: anfallsweise auftretende Schmerzen im Ausbreitungsgebiet eines Nervs, z. B. (siehe) Trigeminusneuralgie.

neuralgiform: neuralgieartig, -ähnlich.

Neurasthenia, Neurasthenie: subjektive Beschwerden ohne objektivierbaren organischen Befund.

Neurektomie: Teilresektion eines Nervs.

Neurilemm: siehe Neurolemm.

Neurinom: tumoröse, gutartige Veränderung des peripheren Nervs.

Neurit: Axon, Achsenzylinder, Fortsatz einer Ganglienzelle, zentral in der Nervenfaser gelegen.

Neuritis nervi optici: Entzündung der Sehnerven. Häufiges Frühsymptom als Retrobulbärneuritis bei der (siehe) Multiplen Sklerose.

Neuroblast: nicht ausgereifte Ganglienzelle.

Neurocranium: Hirnschädel.

Neurocytoma: siehe Sympathoblastom.

Neurodermitis: Hauterkrankung auf neurogen-allergischer Grundlage.

Neuroendokrinium: Hypophysen-Zwischenhirn-System.

Neuroepithel: Epithel des Neuralrohres bzw. der Neuralplatte.

Neuroepitheliom: vom Neuroepithel ausgehende Neoplasmen.

Neuro(fibro)blastom, angeborenes: bösartige Geschwulst des autonomen Nervensystems.

Neurofibrom: gutartige Geschwulst aus SCHWANN'schen Zellen und Elementen des endo- und perineuralen Bindegewebes.

Neurofibromatose RECKLINGHAUSEN: multiple Neurinome, die an den verschiedenen Nerven, z. B.: N. ulnaris, N. medianus, N. acusticus auftreten können, beim letzteren besonders gefährlich. Charakteristisch kombiniert mit Hautveränderungen, siehe Café-au-lait-Flecken.

Neurofibrosarkom: von SCHWANN-Zellen ausgehendes Malignom des peripheren Nervs.

Neurofilamente: dünne, längliche Strukturen im Neuroplasma.

neurogen: mit dem Nervensystem zusammenhängend; von Nervenzellen ausgehend.

Neuroglia: siehe Glia.

Neurohormone: die vom Hypothalamus gebildeten Hormone releasing- und inhibiting-factor sowie Vasopressin und Oxytocin.

Neurohypophyse: Hypophysenhinterlappen.

Neurokeratin: lockeres, lipidfreies Proteingerüst der Markscheide.

Neurokrinium: siehe Neuroendokrinium.

Neurolemm: die gliöse Hülle der Nervenfaser.

Neurolemmzelle: siehe SCHWANN'sche Zelle.

Neurom: Neurinom.

Neurolues: siehe Syphilis.

Neurolyse: 1) operative Lösung von Verwachsungen um einen Nerv oder Isolierung intakter Nervenfaserbündel aus einer endoneuralen Narbe. 2) therapeutische Läsion eines peripheren Nervs.

neuromuskulär: Nerven und Muskeln betreffend.

Neuromyelitis optica (ERB-DEVIC): akute, disseminierte Rückenmarksaffektion in Kombination mit Optikusneuritis und Erblindung.

Neuron: Grundelement des Nervensystems: Nervenzellkörper (Soma) mit seinen Dendriten und den Neuriten. Bezeichnet als afferentes N. und efferentes N., periphermotorisches N., präganglionäres N., sensibles N., zentralmotorisches N.

Neuropapillitis optica, Papillitis: Entzündung der Papilla n. optici.

Neuropathie: periphere Nervenschädigung; als degenerative, toxische, metabolische, ischämische und andere Form; siehe Polyneuropathie.

neuropathisch: durch bzw. bei Neuropathie.

Neuropil(em): Geflecht der Nervenzell- und Gliazellfortsätze, das sich zwischen den Hirnnervenzellen befindet.

Neuroplasma: Zytoplasma der Nervenzelle.

Neuroradiologie: radiologisch-neurologische Diagnostik.

Neuroretinitis: gleichzeitig auftretende Retinitis und Neuropapillitis.

Neurorhaphie: Nervennaht.

Neurose: abnormer Leidenszustand auf Grund der Persönlichkeitsstruktur.

Neurosekretion: Absonderung von Neurohormonen.

Neurosom: Mitochondrium in der Nervenzelle.

Neurosyphilis: siehe Syphilis.

Neurotmesis: irreparable Läsion des peripheren (siehe) Neurons.

Neurotomie: Durchtrennung eines Nervs.

Neurotomie, retroganglionäre: operative Durchtrennung der sensiblen Wurzeln des Nervus trigeminus an deren Abgang aus dem Ganglion trigeminale bei Trigeminusneuralgie.

Neurotoxin: siehe Nervengift.

Neurotoxizität: spezifische Giftwirkung am (siehe) Neuron.

Neurotransmitter: siehe Transmitter.

neurotrop: therapeutisch positive Wirkung auf das (siehe) Neuron.

Neurovakzine: aus tierischem Nervensystem gewonnener Impfstoff.

neurovegetativ: vegetative Labilität bzw. Reaktion.

Nickkrämpfe: siehe Epilepsia.

NIEMANN-PICKSCHE Krankheit: seltene familiäre Dystrophie des Zentralnervensystems.

NIERHOFF-HÜBNER-Syndrom: spondylo-epi-metaphysäre Dysplasie. Symptome: Mikromelie bei normaler Körperlänge, schwere generalisierte Krampfanfälle, normaler Liquorbefund, Störungen von Verknöcherungsvorgängen an Rippen, Röhrenknochen und Wirbeln. Letaler Ausgang in den ersten Lebenswochen.

NISSL-Färbung (FRANZ N., 1860–1919, deutscher Psychiater): Anfärben der (siehe) N.-Schollen mit Toluidinblau oder Methylenblau.

- **N.-Schollen:** Tigroidsubstanz in Nervenzellen mit hohem Gehalt an Ribose-Nukleinsäuren.

Nitratkopfschmerz: gelegentlich auftretende heftige Kopfschmerzen bei Langzeit-Therapie mit Nitraten, z. B. bei koronarer Herzerkrankung.

Noktambulismus: Somnambulismus.

NONNE (MAX N., 1861–1959, deutscher Neurologe): 1) **N.-FROIN-Syndrom:** charakteristische Liquorveränderungen unterhalb eines Liquorstops im Rückenmark. 2) **N.-MILROY-MEIGE-Syndrom:** chronisches, familiäres, schmerzloses Lymphödem der unteren, seltener auch der oberen Extremitäten mit Akromikrie, Adipositas, Minderwuchs, Hypogenitalismus, Retardierung; Neigung zu trophischen Ulzera und Sekundärinfektionen. 3) N.-MARIE-S.: Heredoataxie.

normodrom: normale Nervenleitgeschwindigkeit.

Normozephalie, Orthozephalie: Normalgröße des Kopfes.

NOTHNAGEL-Syndrom, oberes Nucleus-ruber-Syndrom: (KARL WILH. H. N., 1841–1905, deutscher Arzt): neurologischer Symptomenkomplex bei Läsionen der Vierhügelgegend. Symptome: kontralaterale Hemiataxie und Hemichoreoathetose, homolaterale Okulomotoriuslähmung.

Nozirezeptor: durch KCl, Bradykinin, Plasmakinine, Serotonin spezifisch erregbarer Rezeptor. Bei Zustandekommen einer Schmerzempfindung mit Schmerzrezeptor identisch.

NREM-Schlaf: **n**on-**r**apid **e**ye **m**ovements; Schlafphase ohne rasche Augenbewegungen.

nukleäre Atrophie: charakteristisches Merkmal bei (siehe) Systematrophien, z. B. der spinalen progressiven Muskelatrophie.

Nukleus: a) Bezeichnung für Neuronenkonzentration als Ursprungs- oder Endkern oder als Schaltkern von Hirnnerven, Nervenbahnen, Bahnsystemen. b) Nucleus pulposus der Bandscheibe.

Nukleus-Prolaps: kombinierter Vorfall des fibrösen Faserringes und des Nucleus pulposus mit Irritation der Nervenwurzel in verschiedenen Segmenten des Rückenmarks.

Nyktalgie: ausschließlich nachts empfundene Schmerzen.

Nykt(er)alopie, Tagblindheit: starke Herabsetzung des Sehvermögens bei hellem Licht.

Nyktophobie: krankhafte Furcht vor Nacht und Dunkelheit.

Nykturie: verstärkte nächtliche Harnproduktion.

Nymphomanie, Andromanie: krankhaft erhöhter heterosexueller Geschlechtstrieb bei Frauen.

NYSSEN-VAN-BOGAERT-Syndrom: seltene Heredoataxie durch beidseitige Dentatus-Optikus-Kochlearis-Atrophie.

Nystagmographie: Aufzeichnung der Augenbewegungen zur Bestimmung eines Nystagmus.

Nystagmus: Augenzittern; unwillkürliche, rhythmische Bewegung des Auges mit langsamer Bewegung in der einen und schneller nachfolgender in der entgegengesetzten Richtung oder aber in Form gleichmäßigpendelnder Bewegungen. Unterschieden als grob-, mittel- und feinschlägig, als träge und lebhaft, als horizontaler, vertikaler, diagonaler und rotatorischer N.; auch als Pendel-, Dreh-, Spontan-, Lagenystagmus.

nystaktisch: Nystagmus betreffend.

O

Oberflächensensibilität: Berührungs-, Schmerz- und Warm-Kalt-Empfinden.

Objektagnosie, Objektblindheit: optische Agnosie; Gegenstände können bei intakter vorderer Sehbahn nicht identifiziert werden (Seelenblindheit).

Oblongata: Kurzform für (siehe) Medulla oblongata.

Oblongata-Syndrom: Meist durch Ischämie bedingte Läsion der Medulla oblongata mit Kleinhirn-Symptomatik. HORNER-Syndrom, Sensibilitätsstörungen, Paresen.

Obstruktionshydrozephalus: siehe Okklusionshydrozephalus.

Okkasionskrämpfe: Gelegenheitskrämpfe, durch Stoffwechselstörungen, Fieber, Schlafentzug, Alkoholexzeß.

Okklusionshydrozephalus: Hydrocephalus internus occlusus. »Wasserkopf« mit Erweiterung der Liquorräume, besonders des Ventrikelsystems. Bei noch nicht geschlossenen Nähten können die Schädelknochen auseinanderweichen, so daß der Umfang des Kopfes zunimmt. Ohne diesen Ausgleich entwickelt sich das Syndrom der intrakraniellen Drucksteigerung. Ursachen: Tumor, entzündlicher Prozeß, Fehlbildung.

okuloakustische zerebrale Degeneration: NORRIE-WARBURG-Syndrom, Taubheit und Oligophrenie, geschlechtsgebunden, hereditär.

Okuloelektromyographie, OEMG: Elektromyographie der äußeren Augenmuskeln.

Okulomotorius: Nervus oculomotorius, III. Hirnnerv.

Okulomotoriuslähmung, -parese: als komplette oder totale O. bei vollständiger Lähmung des N. oculomotorius. Ausfall aller inneren und äußeren Augenmuskeln: schrägstehende Doppelbilder bei Blick nach oben und zur Gegenseite, Mydriasis, Ptose, Bulbusabweichung nach unten-außen, Akkommodation und Aufhebung von Pupillenreaktion.

okulopharyngealer Reflex: Reizung der Bindehaut, Reizantwort: Schluckbewegungen.

okulopupillärer Reflex: Nach Bindehaut- und Hornhautreizung leichte Mydriasis mit folgender länger anhaltender Miosis.

okulopupilläres Syndrom: 1) PETIT-Syndrom. 2) siehe HORNER-Symptomen-Komplex.

okulozerebrale Syndrome: komplexe Fehlbildungen im Augen- und Hirnbereich.

Okzipitalhirnsyndrome: Prozesse im Bereich des Lobus occipitalis mit den Symptomen: Sehstörungen wie kontralaterale homonyme Hemianopsie, kontralaterale Blickparesen mit Störungen der Fixation und Akkomodation, optische Agnosien, außerdem isolierte Alexie ohne Aphasie und Agraphie; Unvermögen, sich auf mehr als einen Punkt visuell zu konzentrieren (visuelle Aufmerksamkeitsstörung).

Occipitalneuralgie, Okzipitalneuralgie: Schmerzen im Bereich der Hinterhauptschuppe und des Nakkens, auch auf die seitlichen Halsgebiete übergreifend. Bevorzugtes Auftreten im höheren Lebensalter.

Okzipitalpunktion: siehe Subokzipitalpunktion.

Olfaktometrie: quantitative Messung des Geruchsvermögens.

olfaktorisch: den Geruchssinn betreffend.

Olfaktorius: Kurzform für Nervus olfactorius.

Oligodendrogliom: Hirntumor aus Oligodendrozyten.

Oligodipsie: eingeschränkter Durst.

Oligohidrosis: verminderte Schweißbildung.

Oligohypnie: Schlaflosigkeit sowie Verkürzung der Schlafdauer.

oligoklonale Antikörper im Liquor: Hinweis auf chronische Entzündungen.

Olivo-spino-ponto-zerebellare Atrophie: 1) Typ MENZEL: Atrophie des Brückenfußes, des Kleinhirns und des Rückenmarks; histologisch Atrophie der Kerne im Brückenfuß und in den benachbarten Kernen. Der Degeneration der pontozerebellaren und olivozerebellaren Fasern folgt eine Gliose. Degeneration der Hinterstränge und der spinozerebellaren Faserverbindungen. Beginn der Erkrankung allgemein zwischen 20. und 50. Lebensjahr. Symptome: zerebellare Gangstörung, Dysmetrie von Armen und Händen. Dysarthrie, spinale Symptome, bulbäre Ausfälle, Optikusatrophie. Auch hereditäre Formen. 2) Typ DÉJERINE-THOMAS: Durchschnittlich höheres Erkrankungsalter.

Omalgie: Schulterschmerzen.

Ombrophobie: Nachtangst.

On-Off-Effekt: abrupter Übergang eines hyperkinetischen Zustandes in Hypo- bzw. Akinese im Verlauf der Therapie mit L-Dopa bei (siehe) PARKINSON-Krankheit.

Oozephalie: typische »Eiform« des Schädels.

Ophthalmoplegie: Augenmuskellähmung, entweder die äußeren (O. externa) oder die inneren (O. interna) Augenmuskeln betreffend. Verursacht durch entzündliche, vaskuläre, raumfordernde und degenerative zerebrale Erkrankungen, aber auch bei Myasthenie und Stoffwechselprozessen.

Opisthotonus: extreme dorsalkonkave Körperbeugung, z. B. bei (siehe) Meningitis.

OPPENHEIM-Zeichen: siehe Pyramidenbahnzeichen, Dorsalflexion der Großzehe nach festem Bestreichen der Tibiakante.

Optikusatrophie: irreparable Läsion der Nervi optici; Herabsetzung des Sehvermögens, Abblassung der Papille.

Optikusgliom: Spongioblastom im orbitalen Abschnitt des N. opticus.

Optikusneuritis, Neuritis nervi optici: Entzündung des Sehnervs, im akuten Stadium Papillenschwellung, peripapilläres Ödem, hochgradige Sehstörung; im Endstadium Papillenabblassung und Optikusatrophie, siehe Multiple Sklerose.

Orbicularis-oculi-Reflex: physiologischer Eigenreflex. Durch Beklopfen des Orbitarandes auslösbare Kontraktion des Augenringmuskels, bei peripherer Fazialislähmung abgeschwächt, bei postenzephalitischem Parkinsonismus gesteigert.

Orbicularis-oris-Reflex: Schnauzreflex, pathologisch bei diffusen Großhirnerkrankungen. Reizauslösung: Beklopfen des Mundes mit dem Reflexhammer. Reizantwort: kurzes Spitzen und Vorstülpen des Mundes.

Orbitalhirn-Syndrom: Stirnhirnsyndrom nach Verletzung der Stirnhirnbasis: Distanzlosigkeit, Euphorie, Geschwätzigkeit, mangelndes Krankheitsempfinden, Witzelsucht. Relativ häufig nach Gesichtsschädeltraumen.

Organkrise: siehe Tabes dorsalis.

Orthozephalie: siehe Normozephalie.

Osteome: flache, meist uhrglasförmig gestaltete, gutartige Knochentumoren des Schädels.

Oxytocin(um), Oxytozin: im Hypothalamus gebildetes, zum Hypophysenhinterlappen transportiertes und dort gespeichertes Hormon, bewirkt die Kontraktion der Uterusmuskulatur sowie der myoepithelialen Zellen der Brustdrüse.

P

Pachymeningitis: Entzündung der Dura mater des Gehirns und des Rückenmarks.

- P. cervicalis hypertrophicans: chronisch-proliferative P. im Halsmarkbereich; Symptome: Schmerzen im Nacken, Hinterkopf und Armen, dann sensible und motorische Ausfälle, Muskelatrophien, Querschnittssymptome durch Rückenmark- und Wurzelkompressionen. Nach Halswirbelschleudertraumen und bei (siehe) Syphilis.

- P. haemorrhagica interna: flächenförmige Auflagerungen an der Innenfläche der Dura.

Pachymenix: Dura mater encephali, harte Hirnhaut.

Pachyzephalie: abnorme Breite und Kürze des Schädels durch vorzeitige Synostose der Lambdanaht, zwischen den beiden Scheitelbeinen und dem Hinterhauptbein entstanden.

Pagetsche Erkrankung: Umbauvorgänge am Knochen als osteopathia deformans, die am Hirnschädel Hirndruck und Stauungspapille hervorrufen kann; siehe Facies leontina.

Palatodynie: halbseitig, meist bei Trigeminusneuralgie auftretende Schmerzen im Bereich des harten Gaumens.

Palikinesie: mehrfache Wiederholung einer Geste bei einem psychomotorischen Anfall.

Palilalie: Sätze, Satzteile oder Wörter werden mehrfach wiederholt, Fragen oder Bruchstücke in die Antwort aufgenommen.

Pallästhesie: Vibrationsempfindung als Teil der Tiefensensibilität.

Pallidumsyndrom: siehe PARKINSON-Krankheit.

Palliumsyndrom: siehe apallisches Syndrom.

Palmarreflex: Beugung der Finger nach Bestreichen der Handinnenfläche. Pathologisches Enthemmungsphänomen im Sinne pathologischer Greifphänomene.

Palmomentalreflex, PMR: pathologischer Fremdreflex. Rascher Strich auf den Daumenballen löst, wenn positiv, flüchtige, manchmal auch tonisch verlaufende Konstruktion der Kinnmuskulatur auf der reizgleichen Seite aus. Positiv bei zerebralsklerotischen Prozessen, chronisch Alkoholkranken u. a. Hirnprozessen.

Pancoast-Tumor: Tumoren bzw. Metastasen im Bereich der oberen Schlüsselbeingrube, die Läsionen des Plexus brachialis hervorrufen können, vor allem heftige Schmerzen, Atrophie der kleinen Handmuskeln und ein (siehe) Horner-Syndrom.

Panenzephalitis: meist virusbedingte Entzündung der grauen und weißen Substanz des Gehirns.

Papillenabblassung, temporale: am häufigsten im temporalen Sektor als Zustand nach (siehe) Neuritis nervi optici bei (siehe) Multipler Sklerose.

Papillitis: siehe Neuritis nervi optici.

Parästhesie: Mißempfindung als Ameisenlaufen, Kribbeln, Pelzigsein.

Paraganglien: Ganglien aus hormonal aktiven, epitheloiden Parenchymzellen, gefäßreichem Interstitium und Bindegewebskapsel, vom vegetativen Nervensystem abstammend.

Paragangliom: aus Paragangliengewebe hervorgehende Geschwülste.

Paraganglion: siehe Paraganglien.

Parageusie: Mißempfindung des Geschmackssinnes.

Paraglia: spezifische Parenchyme des Ependyms und der Plexus chorioidei und das Neurilemm der SCHWANNschen Zellen.

Paragliome: Geschwülste, die von der Paraglia ausgehen.

Paragraphie: Störung des Schreibvermögens als Dysgraphie mit entstellter Wiedergabe einzelner Wörter oder Buchstaben.

Paralalie: 1) Ersatz eines Buchstabens durch einen anderen beim Sprechen. 2) Oberbegriff für Sprechstörungen. 3) Stammeln.

Paralambdazismus: Stammeln, bei dem »l« durch »n« ersetzt wird.

Paralexie: Lesestörung, bei der falsche Buchstaben oder Wörter gelesen werden.

Parallelfasern: Axone der Körnerzellen in der Kleinhirnrinde.

Paralyse, Paralysis: zentrale oder periphere Lähmung. Siehe progressive Paralyse und Paralysis agitans bei (siehe) Parkinson-Krankheit.

Paralytiker: Kranker mit (siehe) progressiver Paralyse.

paralytisch, paralyticus: 1) durch

progressive Paralyse bedingt. 2) gelähmt, mit Lähmung einhergehend.

Paramimie: 1) Grimassieren. 2) bei umschriebener Hirnläsion auftretende Störung der Gebärdensprache.

Paramnesie, paramnestische Dysmnesie: Gedächtnisstörung mit Erinnerungsverfälschung bei wechselnder Bewußtseinsklarheit.

Paramyotonia congenita Thomsen: heredodegenerative Erkrankung der Muskulatur.

Paramyotonie: myotone Muskelreaktion unter Kälteeinfluß, vorwiegend im Bereich der Gesichts- und Armmuskulatur.

paraneural(is): neben dem Nerv.

Paranomie: Sprachstörung; visuell richtig erkannte Gegenstände werden falsch benannt.

Paraparese: schlaffe oder spastische Lähmung (Paraspastik) der unteren Extremitäten.

Paraphasie: kortikale sensorische Aphasie mit Verwechslung von Wörtern, Silben oder Buchstaben.

Paraphrasie: leichte (siehe) Aphrasie.

Paraplegia, Paraplegie: siehe Paraparese.

Parapraxie: siehe Apraxie.

Parapsis: Störung des Tastsinns.

Parasakralanästhesie: Leitungsunterbrechung im Plexus pudendus und Nervus pelvicus zur Schmerzausschaltung an After, Blase, Damm, Harnröhre, Mastdarm, Penis, Skrotum und Prostata bzw. Vagina, Uterus und Parametrium durch Infiltration im Bereich des Kreuzbeins mit einem Lokalanästhetikum.

Parasigmatismus: Artikulationsstörung mit Ersatz der »s«-Laute.

Parasomnie: Schlafstörungen verschiedener Ursachen.

Paraspastik: spastische Lähmung der unteren Extremitäten.

Parasympathikolytika: Substanzen, welche die am parasympathischen Nervenende durch Acetylcholin bewirkte Übertragung hemmen, z. B. Atropin, Scopolamin.

Parasympathikomimetika, -tonika: Substanzen, welche das parasympathische System direkt stimulieren, z. B. Acetylcholin.

Parasympathikotonie: siehe Vagotonie.

Parasympathikus, parasympathisches System: Teil des vegetativen Nervensystems.

Paravertebralanästhesie, -blokkade: Unterbrechung der sensomotorischen und vegetativen Bahnen für Operationszwecke sowie zur temporären Schmerzausschaltung bei der Lumbo-Ischialgie mittels paravertebraler Injektion eines Lokalanästhetikums an die Spinalnervenwurzeln und Rami communicantes des Grenzstranges.

Parazervikalanästhesie: Paravertebralanästhesie im Halsabschnitt.

Parese: Lähmung.

Parietallappensyndrom: Schädigung des Parietalhirns mit Störung der Tiefen- und Oberflächensensibilität auf der Gegenseite und sensiblen (siehe) JACKSON-Anfällen.

PARINAUDsches Syndrom: vertikale Blickparese, oft mit gleichzeitigen Pupillen- und Konvergenzstörungen, bei vaskulären, tumorösen und entzündlichen zerebralen Prozessen, gelegentlich auch bei traumatischen Läsionen.

Parkbanklähmung: Radialislähmung durch Druck, auch Paralyse d'amour genannt.

PARKINSON-Krankheit, Paralysis agitans (JAMES P., 1755–1824, englischer Arzt): Degeneration der Substantia nigra und Verminderung der Transmittersubstanz Dopamin; ab mittlerem Lebensalter langsam progrediente Hypo- und Akinese (Pallidumsyndrom), kleinschrittiger Gang, Beugehaltung von Rumpf und Gliedern, fehlende Mitbewegungen, charakteristischer Tremor, Pro-, Retro- und Lateropulsion (fein- bis mittelschlägiger Ruhe- und Haltungstremor, bei emotionaler Erregung verstärkt, bei Willkürbewegung gebessert, häufig (siehe) Pillendrehen). Ferner (siehe) Rigor, Mimikarmut, monotone Sprache, Mikrographie, auch vegetative und psychische Veränderungen. Vorkommen auch ohne Tremor (Paralysis agitans sine agitatione).

– **P.-Syndrom, Parkinsonismus, hypokinetisch-hypertonisches, extrapyramidales Pallium-Syndrom:** Sammelbezeichnung für symptomatische Formen: Bei zerebrovaskulärer Schädigung, nach (siehe) Enzephalitis (postenzephalitischer Parkinsonismus) und nach Psychopharmakotherapie. Auch als Hemiparkinson-Syndrom vor allem bei vaskulärer Schädigung.

PARKINSON-Trias: Akinese, Rigor, Tremor.

Parosmie, Parosphresie: Geruchsstörung mit meist unangenehmen Sensationen.

Paroxysmale Lähmung: dominantes Erbleiden und sporadische Erkrankung in allen Lebensaltern, gekennzeichnet durch Anfälle von allgemeinem muskulären Tonusverlust.

Patellarklonus: rhythmische Zukkungen der Patella nach ruckartiger Bewegung der P. nach distal bei spastischer Lähmung.

Patellarsehnenreflex, PSR, Qua-

drizepsreflex: physiologischer Eigenreflex des Musculus quadriceps femoris, wobei nach Schlag auf die Ansatzsehne eine Muskelkontraktion erfolgt. Herabgesetzt oder fehlend bei Schädigung im Reflexbogen (z. B. Polyneuropathie); gesteigert bei Spastizität. Ferner selten der gekreuzte PSR als Pyramidenzeichen.

Pathoklise: Bezeichnung für die gesonderte Erkrankung umschriebener Hirnabschnitte.

Pectoralis-minor-Syndrom: Druck auf die A. subclavia und den Plexus brachialis durch Muskelansatzveränderungen bzw. -hypertrophie; Hyperabduktionssyndrom.

PEG: Kurzbezeichnung für **P**neumoenzephalogramm.

Pellagra: Vitamin B_6-Mangelsymptom bzw. Vitamin B_6-Avitaminose.

Pendelnystagmus, Opsoklonie: überwiegend horizontal, seltener vertikal oder schräg verlaufendes unwillkürliches Hin- und Herzucken der Augen mit gleichbleibender Frequenz um eine Mittellage.

Perikaryon: Zytoplasma der Nervenzelle.

Perineuritis: Entzündung des Perineuriums.

Perozephalie: angeborene Schädeldefekte.

Perseveration: krankhafte Wiederholung eines einmal genannten Begriffs bei hirnorganisch Kranken.

Pervigilium: Schlaflosigkeit.

Petit mal: kleiner epileptischer Anfall.

PETTE-Zeichen (HEINRICH P., 1887 bis 1964, deutscher Neurologe): Kneifen der Brusthaut löst Einwärtsdrehen beider Arme aus; Hirnstammreflex infolge Einklemmung der Kleinhirntonsillen durch Hirnödem, prognostisch ungünstig.

Phakomatose: Mißbildungserkrankung.

Phantomschmerz: Schmerz in amputierten Gliedmaßen.

Pharyngismus, Pharyngospasmus: siehe Schlundkrampf.

Phenytoin, Diphenylhydantoin: Antiepileptikum.

phrenicus: zum Zwerchfell gehörend sowie Kurzform für N. phrenicus.

Phrenikodynie: in Thorax bzw. Schulterpartien ausstrahlende Schmerzen durch Reizung oder Läsion des N. phrenicus, atemabhängig.

Phrenikuslähmung: Ausfall des N. phrenicus.

Phrenikusneuralgie: siehe Phrenikodynie.

Pia mater: zarte Bindegewebshülle, die der Hirn- und Rückenmarkoberfläche unmittelbar aufliegt.

Pick-Atrophie (Arnold P., 1851 bis 1924, deutscher Neurologe)**:** umschriebene, hereditäre, spezifisch-degenerative Enzephalopathie mit Demenz und Persönlichkeitszerfall; etwa vom 40. Lebensjahr manifest werdend.

Pick-Vision: optische Halluzination bei hirnorganischen Prozessen.

Pickwickier-Syndrom: exzessive Adipositas mit Schlafsucht.

Pillendrehen, Münzenzählen: extrapyramidaler Tremor bei (siehe) Parkinsonismus und (siehe) Parkinson-Krankheit. Der überstreckte Daumen bewegt sich an den gebeugten Fingern hin und her.

Pilomotoren: sympathische Nervenfasern aus dem Grenzstrang, welche die Musculi arrectores pilorum innervieren.

Pilomotorenreaktion: Aufrichten der Körperhaare auf Kälte- oder Berührungsreiz sowie nach Sympathikomimetika-Medikation.

Pinski-DiGeorge-Harley-Baird-Syndrom: okulozerebrales Mißbildungssyndrom.

Pituitarismus: siehe Zwergwuchs.

Plantarmuskelreflex: durch Schlag auf Fußrücken, Zehenballen oder Musculus tibialis anterior auslösbarer Eigenreflex mit Plantarflexion der Zehen als Hinweis auf Pyramidenbahnläsion.

Plantarreflex: Fußsohlenreflex, Plantarflexion der Zehen nach Bestreichen des lateralen Fußsohlenrandes (Fremdreflex).

Platybasie: Basilarimpression.

Plegia, Plegie: neben Parese gebräuchliche Bezeichnung für Lähmung.

Pleozytose des Liquors: Zellvermehrung im Liquor.

Plexusanästhesie: Leitungsanästhesie am Nervenplexus.

Plexuslähmung: Funktionsausfall eines Nervenplexus.

Plexusneuralgie: vom Plexus ausgehende Nervenschmerzen ohne Paresen und ohne Sensibilitätsstörungen.

Plexuspapillom: Chorioidepitheliom.

Pneumenzephalographie: Einbringen von Luft oder Edelgas durch subokzipitale oder lumbale Punktion zur Darstellung der Liquorräume des Gehirns. Heute weitgehend durch Computer-Tomographie ersetzt.

Polioenzephalitis: entzündliche Erkrankung der grauen Gehirnsubstanz.

Poliomyelitis: P. anterior: spinale Kinderlähmung.

Poliomyelitis-Virus hominis: Enterovirus der Picorna-Gruppe, Erreger der Poliomyelitis anterior.

Polyneuritis: früher allgemein gebräuchlicher Begriff für alle generalisierten Affektionen der peripheren Nerven. Heute nur für entzündlich bedingte Erkrankungen gebräuchlich.

Polyneuropathien: Läsion multipler peripherer Nerven durch metabolische (häufig asymmetrischer Verteilungstyp, z. B. beim Diabetes mellitus), toxische (mehr symmetrischer Verteilungstyp, z. B. bei Alkoholschädigung), immunologische und entzündliche Ursachen (Polyneuritis).

polyradikulär: mehrere Nerven-Wurzeln betreffend.

Polyradikulitis: Entzündung von Spinalnerven-Wurzeln z. B. nach (siehe) Zeckenbiß.

Pons-Syndrom: 1) paramedianes P., paramediane Läsion des Pedunculus cerebellaris med. Schlaffe, später spastische Hemiplegie der Gegenseite (außer Gesicht), ohne Großhirnsymptome. 2) laterales P.: einseitige Schädigung des lat. Pedunculus cerebellaris medius. Zerebellare Hemiataxie, Trigeminusausfälle, kontralateral dissoziierte Empfindungsstörung. Myorhythmien in Gaumen und Schlund.

Porenzephalie: zystische Substanzdefekte im Großhirn, oft nach fetaler oder peripartaler Schädigung sowie als Pseudo-P. nach Hirnblutung oder Trauma.

Porphyrie: Stoffwechselstörung, welche häufig von einer Polyneuropathie begleitet wird bzw. diese verursacht.

Porrakusie: auditive Trugwahrnehmung.

Porropsie: visuelle Trugwahrnehmung.

postenzephalitisch: nach Enzephalitis.

Posterior-Syndrom: Arteria-cerebri-posterior-Syndrom.

postganglionär: distal, peripher eines Ganglions.

postsynaptisch: nach der Synapse.

präfrontal: im vorderen Stirnlappenbereich.

präganglionär: proximal des Ganglions.

präsynaptisch: vor der Synapse.

Praxie: Fähigkeit, eingeübte zielgerichtete Bewegungen auszuführen (Gegenteil: Apraxie).

PRINGLE-Syndrom: Mißbildungserkrankung, sogenannte tuberöse Sklerose mit Schwachsinn, epileptischen Anfällen und Hautverände rungen, sogenannte Chagrin-Lederhautherde und das Adenoma sebaceum, schmetterlingsförmig von der Nase auf die Wange übergreifende Wärzchen.

Prind: Kurzbezeichnung für: **pro**gressive, **r**eversible, **i**schaemic **n**eurological **d**efect.

Progressive Paralyse: Endstadium der Lues cerebro-spinalis, charakterisiert durch Persönlichkeitsveränderungen mit Affektlabilität, Distanzlosigkeit und eventuellen Wahnvorstellungen.

Proktodynie: Schmerzen im Enddarm bei Kokzygodynie.

Propulsion, Antepulsion: durch Störung von Statik und Gleichgewicht vorkommende Intention, beim Gehen immer schneller vorwärtszukommen, ohne die Bewegung anhalten zu können. Siehe PARKINSON-Krankheit.

Prosopalgie (Erythroprosopalgie): HORTON-Syndrom.

Prostigmintest: früher durchgeführter Test bei der (siehe) Myasthenia gravis, heute vom Tensilontest abgelöst.

Pseudoenzephalitis: siehe WERNIKKE-Enzephalopathie.

Pseudohypertrophie der Muskulatur: Ersatz der Skelettmuskulatur durch Fettgewebe bei der (siehe) Dystrophia musculorum progressiva ERB, vor allem an der Wadenmuskulatur als Gnomenwade erkennbar.

PSR: gebräuchliche Kurzbezeichnung für (siehe) Patellarsehnenreflex.

Psychomotorik: umfassender Begriff für die Wechselwirkung zwischen Körpermotorik und Psyche.

psychomotorisch: die Psychomotorik betreffend.

Psychosen, symptomatische: gestörte psychische Funktion bei Stoffwechselerkrankungen und Intoxikationen.

Ptosis: Lidheberschwäche bzw. -parese bedingt durch Läsionen des N. oculomotorius und als charakteristisches Zeichen bei der (siehe) Myasthenia gravis.

Pudendusneuralgie: quälende Schmerzen im Genitalbereich, bedingt durch Läsion des N. pudendus.

Pulvinar, P. thalami: der hintere, verbreiterte Teil des Thalamus.

Pupillenreaktion, -reflex: die lichtreaktiven Größenveränderungen der Pupillen.

Pupillenstarre, -rigidität, Lichtstarre: fehlende Pupillenreaktion auf Lichtreiz.

Pupillenstörungen: Störungen der Pupillomotorik bei verschiedenen intern-neurologischen Erkrankungen.

Pupillotonie: tonische Konvergenzreaktion der entrundeten und sehr weiten Pupille bei fehlender, verlangsamter oder verminderter Lichtreaktion und verlangsamter Wiedererweiterung, die entweder unmittelbar oder mit Verzögerung erfolgt; überwiegend einseitig.

Puppenauge(nphänomen): Zurückbleiben der Bulbi bei passiver Bewegung des Kopfes.

Pykno(epi)lepsie, FRIEDMANN-Syndrom: Epilepsie im Kindesalter.

Pyramidal(motorisch)es System: Teil des motorischen Nervensystems für die Willkürmotorik.

Pyramidenbahn: der willkürlich-motorische Tractus corticospinalis, gebildet von den Pyramidenzellneuriten des Gyrus praecentralis.

Pyramidenbahn-Syndrom: Schädigung der Pyramidenbahn mit spastischen Paresen, gesteigerten Eigenreflexen, (siehe) Pyramidenbahnzeichen und aufgehobenen (siehe) Bauchhautreflexen.

Pyramidenbahnzeichen: Pyramidenzeichen, gesteigerte Eigenreflexe, Klonus, pathologische Reflexe, siehe BABINSKI-Phänomen.

Pyramidenkreuzung: Decussatio pyramidum.

Pyramidenstrang: siehe Pyramidenbahn.

Pyramidenzeichen: siehe Pyramidenbahnzeichen.

Pyramidenzellen: multipolare, pyramidenförmige Nervenzellen der Großhirnrinde (Pyramidenschicht).

Pyridoxin(e): Sammelbezeichnung für die B_6-Vitamine.

Q

Quadranten(-hemi)anopsie: beidseitiger Gesichtsfeldausfall in Quadranten-form durch zentrale Sehbahn- oder Sehrindenschädigung.

Quadrantensyndrom: vegetatives Syndrom eines Körperviertels durch Störung in den betreffenden Segmenten des sympathischen Systems.

Quadriplegie: siehe Tetraplegie.

Quadrizepsreflex: siehe Patellarsehnenreflex.

Queckenstedtsches Zeichen: indirekte Messung des Liquordrucks bei Lumbalpunktion: beim Komprimieren der Venae jugulares vermehrtes Abtropfen des Liquors (normales Q.), bei vermindertem Abtropfen Verdacht auf Passagebehinderung der spinalen Liquorräume (pathologisches Q.); nur mit Einschränkung bewertbar, z. B. bei Liquorunterdruck.

Querschnittslähmung: a) totale: Irreparabler Funktionsausfall des Rükkenmarks distal der Läsion durch Trauma, Entzündung (siehe Querschnittsmyelitis), Blutung oder Tumor. Akut schlaffe, später spastische Lähmungen. b) partielle: siehe Brown-Séquard-Lähmung.

Querschnittsmyelitis, Myelitis transversa: akute lokalisierte (siehe) Myelitis mit nachfolgender totaler oder partieller (siehe) Querschnittslähmung, z. B. auch bei (siehe) Multipler Sklerose.

Querschnittssyndrom: akute Querschnittssymptomatik durch Tumor, Metastase(n), Entzündung oder spinale Durchblutungsstörung, (siehe) Spinalis-anterior-Syndrom.

R

Rachenreflex: siehe Würgreflex.

Rachischisis: siehe spina bifida (totalis).

Radialislähmung: Parese des Nervus radialis. Betrifft die Extensoren. Die obere R., nach Schädigung im hohen Oberarm- und Achselhöhlenbereich mit Hemmung der Extensoren im Ellenbogenbereich (und Trizepsreflex-Verlust) und Ausfall aller Extensoren des Unterarmes, siehe Fallhand. Die mittlere R. bei Nervenläsion im unteren Oberarmdrittel, bei erhaltener Triceps-brachii-Funktion. Die untere R., ohne Fallhand, das (siehe) Supinator(logen)syndrom nur mit Beeinträchtigung der Fingerstreckung in den Fingergrundgelenken.

Radikotomie: siehe Radikulotomie.

Radikulitis: Wurzelentzündung; siehe Radikuloneuritis.

Radikulographie: Röntgendarstellung der Spinalnervenwurzeln mittels (siehe) Myelographie.

Radikuloneuritis: Wurzelneuritis, radikuläres Schmerzsyndrom mit Ausstrahlung in die peripheren Nerven, z. B. nach Zeckenbiß.

Radikulotomie: Durchtrennung oder Teilresektion einer Nervenwurzel.

Radiusperiostreflex: Kontraktion der Musculi biceps, brachialis und brachioradialis als physiologischer Eigenreflex durch Schlag gegen die Seitenkante des distalen Radiusrandes, wobei die Kontraktion dieser Muskeln und eine leichte Armbeugung im Ellenbogen erfolgt.

Ramikotomie: Teilresektion oder Durchtrennung von Rami communicantes grisei des Arm-Hals- oder Lendenteils des Sympathikus, gebräuchlich in der Schmerzchirurgie. Zeigt weniger Nebenerscheinungen als die Sympathektomie.

Ranvier-Schnürring (Louis Antoine R., 1835–1922, französischer Anatom): Ringförmige Einschnürung der peripheren Nervenfasern, unterbricht die Markscheide in Abständen von ca. 1 mm.

Raumagnosie: gestörte räumliche Orientierung.

Raumfahrerkrankheit: (siehe) Kinetose nach und während der Schwerelosigkeit.

raumfordernder Prozeß: Krankheitsprozeß mit Verdrängungserscheinungen, z. B. Hirn- und Rükkenmarkstumoren.

Raumsinn: Fähigkeit zur räumlichen Orientierung sowie die bewußte Empfindung der Lage des Körpers im Raum.

RAYMOND-Syndrom (FULGENCE R., 1844–1910, französischer Neurologe)**:** R.-CESTAN-Syndrom: zentrales Pyramidenbahnsyndrom (alternierende Paresen) mit halbseitiger Asynergie, Abduzensausfall, halbseitiger Hypästhesie und zerebellarer Ataxie.

RAYNAUD-Krankheit (MAURICE R., 1834–1881, französischer Internist)**:** primäre R., durch Vasospasmus bedingte Ischämie, bevorzugt bei Frauen vorkommende Angioneuropathie, überwiegend an den Arterien der Finger, differentialdiagnostische Abgrenzung von den (siehe) Polyneuropathien.

REESE-Syndrom: hereditär bedingtes okulozerebrales Syndrom mit Fehlbildungen.

Reevolution: Allmähliche Aufhebung der Bewußtseinsstörung nach einem epileptischen Anfall, mit noch bestehenden Sprach- und Orientierungsstörungen sowie inkohärentem Denken.

Reflex: bei mechanischer Reizung afferenter Nervenbahnen unwillkürliche Reizantwort des Muskels über efferente Bahnen. Die anatomische Grundlage ist der (siehe) Reflexbogen. Man unterscheidet Eigen- und Fremdreflexe, physiologische und pathologische Reflexe.

Reflexabschwächung, Hyporeflexie: verminderte Auslösbarkeit eines Reflexes.

Reflexanomalie: siehe Reflexabschwächung, (siehe) Areflexie und (siehe) Hyperreflexie.

Reflexautomatie: 1) automatisch-rhythmische Reflexabläufe bei Enthemmung des Rückenmarks, 2) infantile Reflexautomatismen, verschwinden allmählich im ersten und zweiten Lebensjahr.

Reflexbahnung: Bei nicht oder schwach auslösbaren Reflexen erfolgt eine »Bahnung« durch bestimmte, den Reflex fördernde Kunstgriffe (siehe JENDRASSIK-Handgriff).

Reflexbogen: kürzeste anatomische Nervenbahn vom Ort des Reizes zum Ort der Reflexantwort. Verlauf:

Über den afferenten sensiblen Nerv und die hintere Wurzel zum Hinterhorn des Rückenmarks und efferenten peripheren motorischen Neuron und Muskelerfolgsorgan.

Reflexdepression: Areflexie nach akuter vollständiger Querschnittstrennung des Rückenmarks.

Reflexmuster: charakteristische Form eines Reflexablaufs mit entsprechender klinisch-neurologischer Zuordnung.

reflexogen: durch Reflex entstanden.

Reflexsteigerung: siehe Hyperreflexie.

Reflextod: z. B. nach Schlag auf die Arteria carotis reflektorisch verursachter Tod.

Reflexumkehr: Umkehr eines Reflexerfolges in eine gegensätzliche Reizantwort.

Reflexzeit: Zeitraum von der Reizauslösung bis zur Reizantwort. Verlängert z. B. bei Hyperkaliämie, Hypothyreose, verkürzt bei Hyperthyreose.

Reflexzone: siehe HEAD-Zone.

Reflexzonenmassage: Massage von Reflexzonen bei der Therapie innerer Organe, siehe HEAD-Zone.

Refrigerationslähmung: Parese durch Kälte verursacht, z. B. bei Muskelrheumatismus.

REFSUM-(THIÉBAUT-)Krankheit, (SIGVALD R., norwegischer Arzt): Heredopathia atactica polyneuritiformis, autosomal-rezessiv hereditäre Lipoidose. Beginn der Erkrankung meist ab 10. Lebensjahr. Symptome: zerebellare Ataxie, Knochenanomalien, Ichtyosen, Liquoreiweißvermehrung, (siehe) Polyneuropathie, Retinitis pigmentosa und Schwerhörigkeit.

REICHERT-Syndrom (FREDERICK L. R., 1894–, amerikanischer Chirurg): Störung des Nervus tympanicus. Tic douloureux des äußeren Gehörgangs sowie halbseitiger Retroaurikular- und Gesichtsschmerz.

Reifungsreflexe: typische Reflexe des Neu- bzw. Frühgeborenen; z. B. der tonische Halsreflex, Glabellareflex, Saugreflex.

REILLY-Syndrom (JAMES PAUL R., 1887–1975, französischer Neuropathologe): Durch allgemeine Reizung des Nervensystems hervorgetretenes Irritationssyndrom, z. B. bei allergisch-toxischem Schock. Symptome: Erweiterung der Gefäße mit Blutstase, Nekrosen, punktförmigen Blutungen, Lymphgewebshypoplasie sowie Thromboseneigung.

Reinnervation: Wiederherstellung der nervalen Versorgung durch Nervenregeneration.

Reithosenanästhesie: Ausfall der Berührungsempfindung in der Ausbreitung eines Reithosenbesatzes z. B. bei Neurinomen der Cauda.

Reizdiskrimination: das der epikritischen Sensibilität zugerechnete Vermögen zur Unterscheidung zeitlich und räumlich getrennter Reize.

Reizlokalisation: Vermögen der fehlerlosen räumlichen Zuordnung von Reizen.

Reizmydriasis: als paradoxe Reaktion bei zu starkem Lichteinfall auftretende Mydriasis (Pupillenweitstellung).

Reizpotential: registrierbare Potentialschwankungen der Großhirnrinde nach entsprechender Reizung afferenter Nerven, sogenannte evozierte Potentiale.

Reizpunkte: bestimmte Hauptpunkte zur Durchführung der (siehe) Elektroneurographie.

Reizschwelle: die minimale Stärke eines Reizes, die zur Auslösung einer Erregungsantwort oder Reizempfindung ausreicht.

Reizübertragung: Erregungsübertragung an (siehe) Synapsen.

Rekruitment: 1) eine sich maximal steigernde Spannungszunahme des reflektorisch erregten Muskels durch Aktivierung weiterer Motoneurone bei ausreichend andauernder konstanter Reizung der Afferenz. 2) EEG-Begriff für das Auftreten rhythmischer Wellen zunehmender Amplitude.

Rekurrenslähmung: verschieden stark ausgeprägte Stimmbandlähmung durch Schädigung des Nervus laryngeus recurrens.

Rekursivanfall: epileptischer Anfall mit Rückwärtsbeugung von Oberkörper und Kopf.

Relaiskerne, -zellen: Kerne sowie Zellen, die für die Umschaltung von Reizen auf andere Systeme notwendig sind.

Relaxatio, Relaxation: 1) Erschlaffung von Gewebe nach aktiver oder passiver Spannungsabnahme. 2) Anwendung von Muskelrelaxantien.

REM: siehe REM-Phase.

Remaksches Zeichen: verlangsamte Schmerzleitung bei (siehe) Tabes dorsalis.

Remanenz(effekt): Erinnerung an frühere, von sensiblen oder motorischen Erregungen zurückgebliebene Eindrücke.

REM-Phase: phasenhaftes physiologisches Stadium des Schlafes, auffällig durch schnelle, ruckartige Augenbewegungen (engl. **r**apid **e**ye **m**ovements).

Retrobulbärneuritis: siehe Neuritis nervi optici.

Rheoenzephalographie, REG: Methode zur Untersuchung der Gehirndurchblutung.

Rhinenzephalie: siehe Rhinozephalie.

Rhinozephalie: Fehlbildung mit rüsselartiger Verschmelzung der Nase mit einer Augenanlage.

Riechprüfung: Bestimmung der Riechschwelle durch verschiedene Duftstoffe.

Riechschärfe: Empfindlichkeit des Geruchssinns für eine definierte Prüfsubstanz.

Riechschwelle: Mindestkonzentration eines Duftstoffes, die gerade noch zu einer Geruchsempfindung führt.

Riechsphäre, kortikale: Rindenbezirke des Großhirns für bewußte Wahrnehmung von Duftstoffen.

Riechzelle: Sinneszelle des Riechepithels.

Riechzentrum, Geruchszentrum: Zentren am Ende der Riechbahn im Hippocampus-Bereich.

Riesenwuchs: siehe Gigantismus.

Rigor: Tonusvermehrung der Skelettmuskulatur mit charakteristischer Steifigkeit und Starre bei passiver Bewegung, siehe auch PARKINSON-Krankheit.

Riktus: Krampf der mimischen Muskulatur, dem Lachen ähnlich.

RILEY-DAY-Syndrom, Dysautonomie: familiäre, hereditäre Entwicklungsstörung mit Fehlfunktionen des Vegetativums vom Kleinkindalter an.

Risus sardonicus: bei Tetanus auftretende Kontraktur der Gesichtsmuskulatur nach Art satanischen Grinsens.

ROBINSON-Reflex: tonischer Hand-Fuß-Greifreflex. 1) palmar: Durch Druck auf die Hohlhand schließen sich die Finger. Normal bis etwa 4. Lebensmonat. 2) plantar: Druck gegen den Fußballen führt zur Plantarflektion der Zehen.

Rötelnenzephalitis, Meningoencephalitis rubeolosa: Prognostisch meist ungünstige Komplikation nach Rötelinfektion.

ROMBERG-Phänomen: (MORITZ HEINR. v. R., 1795–1873, deutscher Internist und Pathologe): R.-Versuch: Untersuchung des Gleichgewichtssinnes sowie der Tiefensensibilität. Der Patient steht aufrecht mit geschlossenen Füßen unter beidseitigem Lidschluß. Schwanken und Fallneigung sprechen für zentrale zerebrale Störung. R.-Zeichen: R.-HOWSHIP-Phänomen: Neuralgie des Nervus obturatorius.

ROSSOLIMO-Zeichen: Eigenreflex, Zehenbeugung nach schnellem Fingerschlag auf die ventrale Zehenseite.

RPR: siehe **R**adius**p**eriost**r**eflex.

Ruckkrampf: myoklonische (siehe) Epilepsie.

Rucknystagmus: (siehe) Nystagmus mit langsamer und schneller Komponente.

Rucksacklähmung: Lähmung des Nervus thoracicus longus durch Druckeffekt.

Rückenmarkabszeß: eitriger, hämatogener Abszeß mit raumforderndem Charakter und Gefahr der (siehe) Querschnittslähmung.

Rückenmarkanästhesie: siehe Spinalanästhesie.

Rückenmarkblutung: Hämatomyelie.

Rückenmarkentzündung: siehe Myelitis.

Rückenmarkerschütterung: Commotio spinalis.

Rückenmarkkompression: akuter oder chronischer Druck auf das Rükkenmark durch raumfordernde Prozesse oder Wirbelfrakturen bzw. -luxationen.

Rückenmarkkontusion: Contusio medullae spinalis, entspricht pathologisch-anatomisch der (siehe) Contusio cerebri.

Rückenmarknerven: Nervi spinalis.

Rückenmarkschwindsucht: volkstümlicher Ausdruck für (siehe) Tabes dorsalis.

Rumpfataxie: Ataxie mit Rumpfschwanken beim Stehen, Sitzen und Gehen und Falltendenz beim ROMBERG-Versuch.

S

Saegesser-Zeichen (Max S., 1902–, Schweizer Chirurg): Bei Milzruptur auftretender Druckschmerz am Phrenikusdruckpunkt.

Sättigungszentrum: Ventromedial im Hypothalamus gelegenes nervales Zentrum, reguliert die Nahrungsaufnahme des Organismus.

Saint-Louis-Enzephalitis: Durch ARBO-Virus B (St.-Louis-Komplex) bedingte und von Moskitos übertragene sogenannte »Amerikanische Enzephalitis« in USA, Panama und Trinidad.

Sakralanästhesie: 1) Anästhesie im Bereich der sakralen Spinalnerven. 2) Periduralanästhesie als Kaudalanästhesie.

Sakralgie: Schmerzen in der Kreuzbeingegend.

Salbengesicht: vermehrte Talgsekretion bei (siehe) Parkinson-Krankheit und (siehe) Wilson-Erkrankung.

Salivation, Salvatio: vermehrte abnorme Speichelsekretion, z. B. bei (siehe) Parkinson-Krankheit und (Pilz-)Vergiftungen.

Sanduhrgeschwulst: spezifische Sanduhrform von (siehe) Neurinomen, Recklinghausen-Krankheit.

Sarkom, Sarcoma, neurogenes: mesodermales Malignom des Zentralnervensystems.

Sarkomatose, diffuse, der Meningen: Neoplasie der Hirnhäute.

Saugreflex: durch Berühren der Zungenspitze oder der Lippen auslösbarer Automatismus des Säuglings.

Scapula alata: bei Vorhalten des Armes nach vorne flügelförmiges Abstehen des Schulterblattes vom Thorax nach Serratusparese; z. B. nach stumpfen Schultertraumen und Druck durch Tornisterriemen.

Schädelanomalien: Formbildungs- und Wachstumsstörungen des Hirnschädels, z. B.: (siehe) Mikrokranie und (siehe) Turmschädel.

Schädelbasis: Basisteil des Hirnschädels aus Keil-, Sieb-, Stirn-, Hinterhaupt- und paarigem Schläfenbein.

Schädelbasisfraktur: Fraktur der Schädelbasis mit typischem Bruchlinienmuster und häufigem Brillenhämatom.

Schädeldachfraktur: Fraktur der Kalotte; als lineare, Stern-, Impressions-, Ring- oder regellose Trümmerfraktur.

Schädel-Hirntrauma: (offen oder gedeckt). Gleichzeitige Gewalteinwirkung auf Schädel und Gehirn. Siehe Commotio, Contusio cerebri, Epiduralhämatom, Subduralhämatom.

Schädelinnendruck: siehe Hirndruck.

Schädeltrepanation: Eröffnung des Schädelinnenraumes.

SCHILDERSCHE **Krankheit:** entzündliche, nicht familiäre Form der diffusen Sklerose.

Schiefhals: lokale Störung bei der (siehe) Torsionsdystonie mit hyperkinetischer Komponente. Diese fehlt beim spastischen Schiefhals (Torticollis spasticus), die vom N. accessorius versorgte Halsmuskulatur ist nicht betroffen. Häufig treten spontane (siehe) Fasciculationen des kontralateralen M. sternocleidomastoideus auf.

SCHILLING-**Test:** Urinausscheidungstest zum Nachweis eines Vitamin-B_{12}-Mangels.

Schläfenlappenabszeß: meist durch Schläfenbeinosteomyelitis hervorgerufener Hirnabszeß.

Schläfenlappen-PICK**:** PICK-Krankheit mit bevorzugtem oder ausschließlichem Befall des Schläfenlappens.

Schlafanfall, imperativer: natürlicher, plötzlich, zwanghaft einsetzender Schlaf, durch Weckreiz sofort unterbrechbar, z. B. beim (siehe) Pickwickier-Syndrom.

Schlafepilepsie: Epilepsia nocturna, epileptischer Schlafautomatismus.

Schlaflähmung: Drucklähmung peripherer Nerven beim Schlafen.

Schlafzentrum: Teil des Zentralnervensystems im hinteren Hypothalamusteil sowie in retikulären Kernen des Thalamus.

Schlaganfall: siehe Apoplexia.

Schlucklähmung: Ausfall von Muskeln, die am Schluckakt beteiligt sind. Bei Bulbärparalyse, Syringomyelie, Diphtherie (Gaumensegellähmung), Tetanus, Tollwut. Beginnt oft mit Schluckkrampf.

Schluckreflex: in den Schluckakt integrierter Fremdreflex, auslösbar durch Berühren der Gaumenbögen, des Zungengrundes sowie der hinteren Rachenwand.

Schluckstörung: siehe Dysphagia.

Schlundkrampf, Schluckkrampf, Pharyngismus, Pharyngospasmus: Krampf der Schlundmuskeln.

Schmerz, Dolor: komplexe Sinnesempfindung, bohrend, brennend, klopfend, lanzinierend, hell und stechend.

- **Sch., fortgeleiteter:** innerhalb des Versorgungsgebietes des betroffenen sensiblen oder gemischten Nervs.
- **Sch., ischämischer:** durch Mangeldurchblutung.
- **Sch., viszeraler:** Eingeweideschmerz; wenig begrenzt, dumpf und bei großer Intensität mit vegetativen Symptomen.

Schmerzasymbolie: Störung der Schmerzwahrnehmung infolge Störung in unteren Bereichen des Scheitellappens; der Schmerzreiz wird empfunden, löst jedoch nur vegetative Reaktionen aus.

Schmerzausschaltung: siehe Anästhesie.

Schmerzlokalisation: die Ortsbestimmung eines Schmerzes zu diagnostischen und therapeutischen Zwecken.

Schmerzpunkte: Schmerzrezeptoren in der Haut.

Schmerzrezeptor: Rezeptor, der auf chemische, elektrische, mechanische oder thermische Schmerzreize anspricht und eine Schmerzempfindung auslöst.

Schmetterlingsfigur: schmetterlingsähnlicher Querschnitt der grauen Substanz im Rückenmark.

Schmetterlingsglioblastom: doppelseitiges Glioblastom im vorderen Bereich des Balkens.

Schnauzkrampf: rüsselartiges Vorschieben der Lippen bei Katatonie und Tetanie.

Schock, spinaler: unmittelbar nach dem Rückenmarkstrauma auftretend. Verlust von Sensibilität und Willkürmotorik sowie Erlöschen der Fremd- und der Eigenreflexe und aller spinal-reflektorischen vegetativen Regulationen.

Schreibkrampf: lokale Störung bei der (siehe) Torsionsdystonie.

Schreibstörung: organisch oder psychisch bedingte Einschränkung der schreibmotorischen Ausdrucksfähigkeit.

Schreibzentrum: im Kortex, Koordinationszentren für den Schreibvorgang. Gyrus angularis, Globus pallidus und Striatum.

Schreitreflex: normal vorhanden bis etwa zum 2. Monat. Das Kind wird unter den Armen senkrecht gehalten und die Fußsohlen auf die Unterlage gedrückt. Dadurch kommt es zu Schreitbewegungen. Wenn der Untersucher den Körper des Kindes mitführt, erscheint der Eindruck eines fortlaufenden Schreitens.

Schüttellähmung: klassischer Begriff für das (siehe) PARKINSON-Syndrom.

Schulter-Arm-Lähmung: siehe Armplexuslähmung, obere.

Schulter-Arm-Syndrom: Sammelbegriff für Ausfall- oder Reizerscheinungen der Spinalnervenwurzeln des Halsbereiches und des Plexus brachialis.

SCHWANN-Scheide: Hülle des peripheren Achsenzylinders, von (siehe) SCHWANN-Zellen gebildet.

SCHWANN-Zelle: periphere Gliazellen.

Schwellenreiz: der geringste Reiz, der gerade noch eine Reizantwort (Reflex, Empfindung) auslösen kann.

Schwindel: subjektive Störung des Gleichgewichtes verschiedener Ursachen z. B. als Dreh-, Schwank- und Liftschwindel.

Schwurhand: charakteristische Handstellung bei Läsion des N. medianus.

Scintigraphie, Szintigraphie: siehe Isotopendiagnostik.

Sedativa, Sedativhypnotika: (siehe) Hypnotika in sedativ wirksamer Dosierung. Wirken allgemein dämpfend auf das Zentralnervensystem ein.

Segmentdegeneration, periaxonale: nicht kontinuierliche Entmarkung von Nervenfasern.

Segmentdiagnostik: Querschnittdiagnose von Rückenmarkerkrankungen durch die Bestimmung segmentaler Ausfallserscheinungen.

Segmenttherapie: Reizung eines Segmentteils mit dem Ziel der therapeutischen Beeinflussung anderer Organe, siehe Reflexzonenmassage.

Sehbahn, Tractus retino-geniculocorticalis: Leitungsbahn des Sehorgans, beginnt mit dem Sinnesepithel und endet in der Sehrinde.

Sehhügel: Thalamus.

Sehnerv: Nervus opticus.

Sehschärfe, Visus: Funktion der Netzhaut, zwei Punkte gerade noch getrennt wahrzunehmen. Dadurch ist das Auflösungsvermögen und die Trennschärfe des Auges bestimmt.

Sella turcica: Türkensattel; Knochenvorsprung des Keilbeins an der inneren Schädelbasis, Sitz der Hypophyse.

Sellabrücke: Ligamenta interclinoidea, knöcherne Verbindung von Teilen der Sella; wenn vorhanden, oft mit endokrinen und vegetativen Besonderheiten verbunden.

Sellaexkavation: Durch Tumor bedingte Erweiterung der Sella turcica.

senile Demenz: siehe Dementia.

Sensibilität, Sensibilitas: Aufnahme, Weiterleitung und Wahrnehmung von Reizen. Gestört z. B. bei Neuropathien und Polyneuropathien sowie bei Erkrankungen des Zentralnervensystems.

Sensibilitätsstörung: Verminderung bzw. völliges Fehlen oder Falschempfindungen der Sensibilität; siehe Hyperaesthesia, -algesie, -pathie, Hypoästhesie, -algesie, Kausalgie, All-, Dys-, Parästhesie.

SHEEHAN-Syndrom: siehe Hypophysenvorderlappeninsuffizienz.

SIMMONDS-Krankheit: siehe Hypophysenvorderlappeninsuffizienz.

Singultus: relativ häufige, oft stunden- und tagelang anhaltende Komplikation (Schluckauf) vor allem bei rasch wachsenden Tumoren im Bereich des Vagus-, Glossopharyngeusareals (Tumoren des kaudalen Hirnstammes).

Sinnesepithel: erregbares Epithel der Sinnesorgane ektodermaler Herkunft.

Sinneszentren: Felder des Kortex für die Erinnerung, Verarbeitung und Wahrnehmung aufgenommener Reize.

Sinus durae matris: venöse Hirnblutleiter.

Sinusthrombose, zerebrale: lokale venöse Stauungen bzw. Thrombosen von Hirnsinus und Hirnvenen, häufig mit nachfolgender Bewußtlosigkeit, blander oder entzündlicher Genese.

Skalenus-Syndrom: meist hervorgerufen durch Einengung der Skalenuslücke, Aneurysmen der A. subclavia und gelegentlich durch (siehe) Halsrippen, mit hartnäckigen Schulter-Armschmerzen, die sich beim Lastentragen und Herabhängen des Armes verschlimmern. Oft wird durch Kompression der A. radialis der Radialispuls schwächer.

Sklerose, diffuse, familiäre: vorwiegend rezessiv erbliche degenerative zerebrale Erkrankung mit unvollkommenem Aufbau und frühzeitigem Zerfall der Markscheiden.

Slow(-Virus)-Infektion: Infektionskrankheit des Zentralnervensystems mit teilweise Jahre dauernder Inkubationszeit, chronisch fortschreitend, oft tödlich.

SLUDER-Neuralgie-Syndrom: (GREENFIELD SL., 1865–1925, amerikanischer Laryngologe): Gesichtsneuralgie durch Entzündung des Ganglion pterygopalatinum.

SÖLDERSCHE Linien: konzentrische halbmondförmige Sensibilitätsstörungen im Nasenbereich bei Läsion des zentralen Trigeminuskerns.

Somatoagnosie: Agnosie für den eigenen Körper.

somatomotorisches System: der für die Haltungs- und Bewegungsmotorik verantwortliche Teil des Nervensystems.

Sommerenzephalitis: siehe Encephalitis japonica.

Sonnenstich: siehe Hitzschlag.

Sotos-Syndrom: akromegaloider, dienzephal-hypothalamischer, infantiler Gigantismus mit normalem STH-Spiegel.

Spasmus: Hypertonus der Muskulatur.

Spastik: Erhöhung der Muskelspannung bei Ausfall kortikospinaler Systeme, steigert sich durch sensible Reize und bei Bewegungsbeschleunigung.

Spastische Spinalparalyse: seltene heredodegenerative Erkrankung.

Speicherkrankheiten: siehe Thesaurismosen.

Sperrliquor: ausgeprägte Eiweißvermehrung des Liquors unterhalb einer totalen Blockade des Spinalkanals.

Spinalanästhesie, Lumbalanästhesie: Leitungsanästhesie durch Injektion eines Lokalanästhetikums in den Subarachnoidalraum.

Spina bifida: siehe Status dysrhaphicus.

Spinale Muskelatrophie: heredodegenerative Erkrankung mit schicksalhaftem Untergang der Spinalganglien und nachfolgender Muskelatrophie.

Spinalerkrankung, funikuläre: funikuläre Myelose.

Spinalganglion: Ganglion spinale.

Spinalis-anterior-Syndrom: durch Verschluß der A. spinalis anterior bedingte akute Paraplegie der Beine mit dissoziierten Empfindungslähmungen und Blasen-Mastdarmstörungen.

Spinalnerven: Nervi spinales.

Splanchnikotomie: operative Durchtrennung des Nervus splanchnicus.

Splanchnikusanästhesie: beidseitige Leitungsanästhesie des Nervus splanchnicus bei Oberbauchoperationen.

Splanchnikusblockade: paravertebrale Leitungsblockade der Nervi splanchnici mit Lokalanästhetika.

Splanchnodynie: Eingeweideschmerz.

Spondylitis: Wirbelentzündung, bakteriell, mykotisch oder parasitär bedingt.

Spondylodese: Operation mit dem Ziel der Wirbelsäulenversteifung.

Spondylolisthesis: Wirbelgleiten, Abgleiten eines Wirbelkörpers nach vorn.

Spongioblastom, Gliomyxom: Hirntumor, durch infiltratives

Wachstum maligne Form des Astrozytoms bei Kindern und Jugendlichen.

Spongioblastose: Gliawucherung.

Spontanaktivität: Bezeichnung in der (siehe) Elektromyographie für floride pathologische Denervierung.

Spontannystagmus: siehe Nystagmus in Ruhestellung.

Stammataxie: Ataxie mit Unsicherheit der Lage des Rumpfes in allen Körperhaltungen.

Stammhirn: siehe Hirnstamm.

Stammhirnsyndrom: siehe Hirnstammsyndrome.

statischer Reflex: siehe Haltungs-, Stellreflex.

statokinetische Reflexe: sorgen bei Beschleunigung des Körpers im Raum für Ausgleichbewegungen.

Status dysrhaphicus: angeborene Deformitäten und Verbildungen des Skeletts, der Extremitäten und des Urogenitaltraktes, z. B. Spina bifida.

Status epilepticus: ständige Wiederholung epileptischer Anfälle im kurzen Intervall, ohne daß der Patient das Bewußtsein wiedererlangt.

Stauungspapille: Vorwölbung der Papille bei Hirndruck verschiedener Ursache, Messung in Dioptrien möglich.

Stellreaktionen, -reflexe: Reflexe, die den Kopf und Körper aus jeder Fehlposition in eine Normalposition im Raum zurückbringen.

Steppergang, Hahnentritt: Schleifen des herabhängenden Fußes mit Aufsetzen der Fußspitze, dann der Ferse, z. B. bei Polyneuropathie oder isolierter Peronäusläsion.

Stereoamaurose, -amblyopie: Einschränkung bzw. Fehlen des räumlichen Sehens.

Stereognosie: durch Betasten ohne andere Sinnesleistung bedingte Fähigkeit, die Form bzw. Beschaffenheit eines Gegenstandes zu erkennen.

stereotaktische Hirnoperation: Ausschaltung von unter der Hirnrinde befindlichen Strukturen.

Stiftgliom, spinales: im Bereich des Rückenmarks vorkommendes, über mehrere Segmente reichendes zentrales Gliom.

Stimulationsneurographie: neurophysiologische Methode bei der Diagnostik der Myasthenie.

Stirnglatze: Myotonia dystrophica CURSCHMANN-STEINERT.

Stirnhirn: Lobus frontalis cerebri.

Stirnhirn-PICK: PICK-Krankheit mit überwiegendem Befall des Stirnlappens; Antriebsmangel bis zu völligem Erlöschen spontaner sprachlicher und Willensäußerungen.

Stirnhirnsyndrom: psychische sowie neurologische Störungen bei

Stirnhirnerkrankung; Symptome: Antriebsmangel und Bewegungsverarmung.

Storchenbeine: Atrophie der Waden und später der Oberschenkelmuskulatur bei der neuralen (siehe) Muskelatrophie.

St.-Louis-Enzephalitis: 1933 erstmals epidemisch in St. Louis aufgetretene amerikanische Enzephalitis.

Strabismus paralyticus: Lähmungsschielen.

Stroke, completed: irreversibler (siehe) Hirninfarkt.

Stützmotorik: Funktionskomplex der Haltungs- und Stellreflexe.

Stumpfschmerz: Schmerz am Amputationsstumpf, auch (siehe) Phantomschmerz genannt.

Stupidität: verminderte Intelligenz sowie verminderte geistige Beweglichkeit.

Stupor: Fehlen jeder körperlichen sowie psychischen Aktivität bei wachem Bewußtsein.

STURGE-WEBERsche-Krankheit: neurokutane Angiomatose mit charakteristischen Naevi vasculosi der Gesichtshaut.

Subarachnoidalblutung: Blutung in den Subarachnoidalraum.

Subarachnoidalzyste: Pseudozyste bei adhäsiver Arachnitis.

subdural: unter der Dura mater, im Subduralraum.

Subdurales Hämatom: siehe Hämatom.

subkortikal: unter dem Hirnrindenbereich.

Subkortikographie: Elektroenzephalographie subkortikaler Hirnbereiche durch Tiefen- oder Verweilelektroden.

Subokzipitalpunktion, Zisternenpunktion: zur Liquorgewinnung, Pneumenzephalo- und Myelographie. Punktion der Cisterna cerebellomedullaris durch Einstich zwischen Hinterhauptschuppe und Dornfortsatz des 2. Halswirbels.

Sulcus-ulnaris-Syndrom: Läsion des N. ulnaris im Bereich des Sulcus mit Sensibilitätsstörungen und Atrophien und Paresen der vom N. ulnaris versorgten kleinen Handmuskeln.

Supinator-Syndrom: Irritation des N. radialis in der Supinatorloge.

Supraorbitalpunkt: Druckpunkt an der Austrittsstelle des N. supraorbitalis aus dem Foramen supraorbitalis am oberen Rand der Augenhöhle; bei Supraorbitalneuralgie schmerzhaft.

S-W-Komplex: im EEG; Ausdruck abnormer Erregungsausbreitung.

Sympathektomie: teilweise bis vollständige operative Entfernung des Sympathikus-Grenzstranges.

Sympathikolyse: Aufhebung, auch Unterbrechung der Sympathikuswirkung.

Sympathikolytika: Substanzen, welche die sympathomimetische Wirkung der adrenergen Überträgerstoffe Adrenalin/Noradrenalin auf die Effektorzellen selektiv hemmen.

Sympathikomimetika: Substanzen, die an den postganglionären Sympathikusendigungen und an entsprechenden Strukturen des Zentralnervensystems angreifen.

Sympathikotonie: dauerhafte Veränderung des vegetativen Gleichgewichts zugunsten des Sympathikus.

Sympathikotonus: siehe Sympathikotonie.

Sympathikotripsie: therapeutische Läsion eines sympathischen Ganglions, Nervs oder Plexus durch Koagulation.

Sympathikusblockade: Ausschaltung des Sympathikus, entweder des gesamten peripheren Anteils oder als örtliche Blockade.

Sympathikuslähmung: örtlicher Ausfall der Sympathikus-Funktion.

Sympathikussyndrom: Symptomatik bei Irritation bestimmter Abschnitte des Halssympathikus.

sympathisch, sympathicus: den Sympathikus betreffend.

Sympathoblastom, -goniom: aus Sympathoblasten entstandene, bösartige Geschwulst des sympathischen Nervensystems.

Symphonallaxis: Sprachstörung mit Vertauschen einzelner Konsonanten.

Synästhesie: Begleitempfindung.

Synalgie: Schmerzmitempfindung abseits vom Krankheitsherd.

Synapse, -sis: Kontaktstelle zwischen Nervenzellen bzw. Nervenzellen und dem Plasmalemm anderer Zellen.

Synapsengifte: Stoffe, welche die Erregungsübertragung an Synapsen stören.

Synapsenmembran: die prä- bzw. postsynaptische Membran.

Synkopale Anfälle: Ohnmachts- oder Schwindelzustände, bisweilen auch mit kurzdauernder Bewußtlosigkeit, z. B. bei Karotis-Sinus-Syndrom, Herzrhythmusstörungen, kardialer Insuffizienz mit Verminderung der Hirndurchblutung und bei plötzlichem Blutdruckabfall. Auch gelegentlich bei Alkoholismus.

Syphilis, Lues cerebro-spinalis: chronische Infektionskrankheit durch Treponema pallidum. Meningitische Form, vaskuläre Form, siehe Tabes dorsalis, siehe progressive Paralyse.

Syringobulbie: angeborene Mißbildung mit sensiblen Ausfallserscheinungen im Trigeminusbereich und häufig halbseitiger Zungenparese.

Syringomyelie: Krankheit des Rückenmarks durch Dysrhaphie, mit angeborenen Fehlern des Rückenmarkgewebes, Ausbildung langgestreckter Höhlen- sowie Spaltbildung in der grauen Substanz und Gliawucherung.

Systematrophien: meist familiär auftretende degenerative Erkrankungen des zentralen und peripheren Nervensystems oder einer Kombination.

Szintigraphie: siehe Isotopendiagnostik.

T

Tabes dorsalis: Degeneration der Hinterstränge des Rückenmarks bei der (siehe) Syphilis. Klinisch neurologisch ataktische Phänomene, Hypotonie der Muskulatur, siehe REMAKsches Zeichen, Arthropathien, (siehe) tabische Krisen, Blasenstörungen, Optikusatrophie, Mal perforant.

Tabische Krisen: siehe Krisen, tabische.

Tachylalie: bei organischer Hirnerkrankung und Manie auftretendes beschleunigtes Sprechtempo.

Tactus: Tastsinn.

TAPIA-Syndrom (ANTONIO GARCIA T., 1875–1950, spanischer Laryngologe)**:** partielle, einseitige oder totale Lähmung der unteren Hirnnerven; Symptome: homolaterale Parese von Gaumensegel, Larynx, Pharynx, Zunge, Mm. sternocleidomastoideus und trapezius.

Tarsalgie: Schmerzen in der Fußwurzel, siehe Tarsaltunnel-Syndrom.

Tarsaltunnel-Syndrom: (siehe) Engpaß-Syndrom des N. tibialis unter dem inneren Fußknöchel (Lig. laciniatum).

Tastagnosie, Astereognosie: zentralnervöse Störung, Gegenstände können bei geschlossenen Augen nicht erkannt werden. Taktile (siehe) Agnosie.

Tastrezeptor, Berührungsrezeptor: Corpuscula tactus.

Teleokinese: Zielmotorik.

Temporallappen-Epilepsie: sensorische, halluzinatorische und psychomotorische Anfälle.

Temporallappen-Syndrom: gustatorische, olfaktorische sowie optische Halluzinationen, Herdanfälle bei Läsionen des Temporallappens.

Temporale Abblassung der Papille: Zustand nach (siehe) Neuritis nervi optici bei (siehe) Multipler Sklerose.

Tensilontest: bei Myasthenie, nach intravenöser Applikation von Tensilon deutliche Zunahme der Muskelkraft.

Tetanie: Syndrom der neuromuskulären Übererregbarkeit bei Calciummangel. Latente T. mit Leistungsminderung, Mißempfindungen sowie vegetativen Symptomen; manifeste T. als tetanischer Anfall; symmetrisch auftretender schmerzhafter, tonischer Muskelkrampf mit Karpopedalspasmen, typische Pfötchenstellung der Hände, siehe Tetaniegesicht.

Tetaniegesicht, Karpfenmaul: Verkrampfung der Gesichtsmuskulatur bei Tetanie.

Tetanus: Infektion durch Clostridium tetani, dessen Toxine an den motorischen Endplatten angreifen. Inkubationszeit zwischen 8 Std. und mehreren Wochen. Initial vegetative Allgemeinerscheinungen, Kopfschmerzen, Schwitzen, Mattigkeit, Erbrechen. Nachfolgend Spannungsgefühl in Kiefer- und Halsmuskulatur, Schluckstörungen, (siehe) Risus sardonicus, (siehe) Opisthotonus, Dysphagie, Nackensteifigkeit. Letalität ca. 50%.

Tetanusbazillus: Clostridium tetani.

Tetanustoxin: Exotoxin des Clostridium tetani.

Tetraparese, Tetraplegie: Lähmung aller vier Extremitäten.

Tetraspastik: Spastik aller vier Gliedmaßen.

Thalamushand: bei Thalamusschädigung auftretende Haltungsanomalie der Hand.

Thalamussyndrom: kontralaterale Schmerzsensationen, Sensibilitätsstörungen von Halbseitencharakter. Bei Mitbeteiligung der Pyramidenbahn außerdem halbseitige Paresen, vorwiegend durch Tumoren verursacht.

Thermanästhesie: Verminderung oder Verlust der Temperaturempfindung.

Thermhyperästhesie: erhöhte und unangenehme Empfindlichkeit für Wärmereize.

Thesaurismose: siehe WILSON-Krankheit.

Thiamin: Vitamin B_1.

Thymustumor, Thymushyperplasie: bei etwa 20% der Fälle von (siehe) Myasthenia gravis. Gelegentlich auch Thymuskarzinome. Die Resektion kann zu Remissionen der Erkrankung führen.

TIA: **t**ransitorische **i**schämische **A**ttacke ohne neurologisches Defizit.

Tic douloureux: siehe Trigeminusneuralgie.

Tic, striärer: siehe Tourette-Syndrom.

Tiefenrausch: Störung von Denk- und Konzentrationsvermögen, Urteilsfähigkeit und Gedächtnis, Euphorie, unkoordinierte sowie unkontrollierte Bewegungen, nachfolgend Bewußtlosigkeit und exitus letalis.

Tiefensensibilität: Lageempfinden. Koordination von Oberflächen- und Tiefensensibilität (Pallästhesie), entspricht dem Vibrationsempfinden.

Tollwut: Infektion durch Speichel eines tollwütigen Tieres, durch Biß übertragen. Mittlere Inkubationszeit 1-2 Monate. Uncharakteristisches Prodromalstadium (Bewußtseinstrübung, Kopfschmerzen, Schlafstörungen). Erregungsphase mit psychischer Unruhe, zentralnervösen Regulationsstörungen, (siehe) Hydrophobie mit Schluck- und Schlingkrämpfen, allgemeine tonisch-chronische Krämpfe. Paralytische Phase mit Paresen der Extremitäten und der basalen Hirnnerven.

Tonus: physiologischer Spannungszustand der Muskulatur bzw. des vegetativen Nervensystems (Sympathikotonus, Vagotonus).

Tonusreflex: siehe Haltungsreflex.

Tonusverlust, akuter: in der Initialphase epileptischer Anfälle, beim elektrischen Schock, bei mesenzephalen Querschnittsläsionen, beim traumatischen spinalen Schock.

Tornisterlähmung, Rucksacklähmung: RIEDER-Syndrom.

Torsionsdystonie: extrapyramidales, hyperkinetisches Syndrom.

Torticollis spasticus: siehe Schiefhals.

TOURETTE-Syndrom: extrapyramidale Hyperkinese mit unwillkürlichen Zuckungen im Gesichtsfeldbereich, auch andere quergestreifte Muskeln betreffend.

Toxoplasmose: akute oder chronische Infektion durch Toxoplasmen, meist als enzephalomyelitische Form mit Meningismus, epileptischen Anfällen, Paresen, extrapyramidalen Bewegungsstörungen, Hydrozephalus und Debilität. Sowohl konnatale als postnatale Formen. Charakteristisch oft intrazerebrale Verkalkung über den Hemisphären, den basalen Ganglien und in den Plexus.

TPHA-TEST: Treponema-pallidum-Hämagglutinations-Test, serologischer Nachweis der (siehe) Syphilis.

Tractus corticospinalis: siehe Pyramidenbahn.

Tractus tectospinalis: Haubenrükkenmarksbahn.

Transmissio(n): physiologische Erregungsübertragung an der Synapse.

Transmitter: erregungsübertragende Substanz an einer Synapse oder motorischen Endplatte.

Tremor: extrapyramidale Bewegungsstörung, siehe PARKINSON-Erkrankung.

Trichinose: führt zu chronisch entzündlichen Reaktionen der Skelettmuskulatur.

Trigeminusneuralgie: überwiegend einseitige heftige Schmerzattacken im Bereich eines oder mehrerer Trigeminusäste, oft mit Spasmen der mimischen Muskulatur (Tic douloureux), Tränenfluß, Gesichtsrötung.

Trismus: Kiefer- bzw. Mundsperre beim (siehe) Tetanus.

Trizeps-(Sehnen-)Reflex: Eigenreflex, Streckung des Unterarms nach Schlag auf die Trizepssehne oberhalb des Olekranon.

TRÖMNER-Reflex: Beugung des 1.–4. Fingers nach Schlag auf die Unterseite des Mittelfinger-Endgliedes als (siehe) Pyramidenbahnzeichen.

TROUSSEAU-Phänomen, -Zeichen (ARMAND TR., 1801–1867, französischer Internist): durch Kompression des Oberarms erzielte Pfötchenstellung bei (siehe) Tetanie.

Truncus sympathicus: Sympathikusgrenzstrang.

Tuberöse Sklerose: siehe PRINGLE-Erkrankung.

Turmschädel, Turrizephalus: relativ häufige Schädelfehlbildung durch vorzeitigen Schluß der Kranznaht. Kuppelförmige Vorwölbung der Schädelkalotte nach oben, Verkürzung der vorderen Schädelbasis.

U

Überempfindlichkeit: Hyperästhesie.

Übererregbarkeit: erhöhte Nerv-Muskelerregbarkeit z. B. bei Tetanie.

U-Fasern: Assoziationsfasern zwischen benachbarten Hirnwindungen.

Ulcera, trophische: Auftreten bei peripheren Nervenerkrankungen, siehe Polyneuropathien, siehe Syringomyelie, Lepra nervosa, siehe Tabes dorsalis (Mal perforant).

Ulegyrie: Verkleinerung und Vernarbung von Hirnwindungen.

Ulnarislähmung: Parese der vom N. ulnaris versorgten Muskeln. Klinisch Abschwächung von Beugung und Ulnarflexion der Hand. Kleinfingerbewegung und Daumenadduktion nicht möglich. Für den 3. bis 5. Finger besteht eine Beugehemmung. Siehe Krallenhand. Sensibilitätsstörungen an der ellenseitigen Hälfte von Unterarm und Hand, der kleinen Finger und des 4. Fingers.

Ulnarisluxation: siehe Sulcus-ulnaris-Syndrom.

Unzinatuskrise: siehe Halluzination, olfaktive.

Unzinatussyndrom: siehe Temporallappensyndrom.

V

Vagotomie: operative Durchtrennung des N. vagus bei Therapie des gastroduodenalen Ulcus.

Vagotonie: Dominanz des parasympathischen Systems über den Sympathikus mit z. B. Bradykardie, Hypotonie.

vagotrop: auf den Vagus bzw. das parasympathische System wirkend.

Vagus: Kurzbezeichnung für Nervus vagus.

Vaguskrise: anfallsartige Reizerscheinungen des peripheren N. vagus, besonders Veränderungen der Herzfrequenz und der Atmung bei (siehe) Tabes dorsalis.

Vaguspuls: bei Vagotonie vorkommender langsamer und kleiner Puls.

Vagusreflex: siehe Karotis-Sinus-Reflex.

Vagusunterbrechung: siehe Vagotomie.

VALLEIX-Punkte (FRANÇOIS LOUIS ISIDORE V., 1807–1855, französischer Pädiater): Nervendruckpunkte; Punkte entsprechend dem oberflächlichen Nervenverlauf, die bei Neuralgien besonders druckschmerzhaft sind.

Varicella-Zoster-Virus: Herpesvirus varicellae: DNS-Virus der Herpes-Gruppe.

Varicosis spinalis: extramedulläre venöse Gefäßmißbildung des Rükkenmarks.

vegetativ: das vegetative (autonome) Nervensystem betreffend.

vegetative Labilität: Dysfunktion des vegetativen Nervensystems mit Störungen der Funktion an verschiedenen Organen.

vegetatives Nervensystem: autonomes Nervensystem; Regelung von Atmung, Stoffwechsel, Sekretion, Verdauung, Wasserhaushalt; bildet mit den innersekretorischen Drüsen eine funktionelle Einheit.

Vegetativum: siehe vegetatives Nervensystem.

Veitstanz: siehe Chorea.

Ventriculi cerebri: Hirnkammern.

Ventrikulographie: Röntgenkontrastdarstellung des Ventrikelsystems.

Verkalkungen, intrazerebrale: siehe Toxoplasmose.

Vertebrobasiläre(s) Insuffizienz, Syndrom: Intermittierende Durchblutungsstörung im vertebrobasilären Stromgebiet.

Vertigo: Schwindel.

Vibrationsempfinden: Lageempfinden.

Virusenzephalitis: meist durch Arbo-Viren verursachte Enzephalitis oder Enzephalomyelitis.

Virusmeningitis: überwiegend durch Viren aus dem Picorna-Virus-Pool hervorgerufene Meningitis.

visuell: das Sehen betreffend.

viszerale Analgesie: typisches Symptom bei (siehe) Tabes dorsalis.

Viszeralnervensystem: vegetatives Nervensystem, das die Eingeweide versorgt.

Vitamin B_1, Thiamin: hat als Thiaminpyrophosphat Coenzymfunktion beim Abbau der Kohlenhydrate im Zitronensäurezyklus, im Pentosephosphatzyklus und anderen Reaktionen. Für die Erregungsbildung in peripheren Nerven ist Thiaminpyrophosphat von Bedeutung. Thiaminmangel bei Neuropathien z. B. bei Beriberi, auch bei WERNICKE-Pseudoenzephalitis.

Vitamin B_6, Pyridoxin: als Pyridoxaminphosphat und Pyridoxalphosphat ist Vitamin B_6 an mehr als 40 enzymatischen Reaktionen als Coenzym beteiligt. Hydrazide, z. B. Isonicotinsäurehydrazid und Cycloserin als Vitamin-B_6-Antagonisten. B_6-Mangelsymptome des zentralen Nervensystems sind Reizbarkeit, Depression, Schläfrigkeit, Nausea. Bei Neuropathien ebenfalls Vitamin-B_6-Mangel möglich.

Vitamin B_{12}, Cobalamin: Vitamin-B_{12}-Gruppe (Corrinoide), bestehend aus Cyanocobalamin, Hydroxocobalamin, Aquocobalamin, Nitritocobalamin, 5'-Desoxyadenosyl-Coenzym B_{12} und Methylcobalamin. Vitamin B_{12} ist notwendig für die normale Erythropoese und die Nervenzellfunktion. Mangelzustände treten auf bei Intrinsic-Faktor-Mangel und Erkrankungen des Magen-Darm-Trakts. Mangelsymptome: perniziöse Anämie und die funikuläre Spinalerkrankung. Bei Neuropathien Vitamin-B_{12}-Mangel möglich.

Vitaminantagonisten: Substanzen mit Hemmwirkung auf die einzelnen Vitamine, z. B. Arzneimittel.

VOGT-Syndrom (CÉCILE V., 1875 bis 1962, deutsche Neuropathologin): Frühkindliche, hereditäre Erkrankung des extrapyramidalen Systems mit Muskelrigidität ohne Lähmungen, jedoch mit fortschreitenden athetotischen Bewegungsstörungen.

Vojta-Methode: therapeutischer Versuch, pathologische Haltungsschablonen durch physiologische Bewegungsmuster zu ersetzen; bei zerebralen Bewegungsstörungen in der frühen Kindheit.

Vojta-Reflexprüfung: zur Vorsorgeuntersuchung von Säuglingen und Kleinkindern gehörende Prüfung von Lagereflexen.

Vokalisationsepilepsie: epileptischer Anfall, bei dem ein Vokal in bestimmter modulierter Form wiederholt wird.

Vorbeizeigen: siehe Bárány-Syndrom.

Vorderhornsyndrom: schlaffe Lähmungen durch Schädigung der motorischen Vorderhornzellen des Rückenmarks, außerdem: faszikuläre Muskelzuckungen, Muskelatrophie, Abschwächung bzw. Erlöschen der Eigenreflexe.

Vulpian-Bernhardt, Muskelatrophie vom Typ: Schultergürteltyp der spinalen (neurogenen) progressiven (siehe) Muskelatrophie.

W

Wach-Schlaf-Rhythmus: Wechsel zwischen Wach- und Schlafzustand, gesteuert durch das Schlafzentrum.

Wahrnehmungsfeld: wahrnehmendes Gebiet in dem entsprechenden Hirnrindengebiet.

Wahrnehmungsstörung: Illusion, Halluzination, pathologische Störung der Sinneswahrnehmung durch Dysfunktion des Sinnesorgans der zentripetalen Bahnen oder des betreffenden Wahrnehmungsfeldes.

WALLENBERG-Syndrom, W.-FOIX-Syndrom (ADOLF W., 1862–1949, deutscher Internist, Hirnanatom): bei Läsion im Versorgungsgebiet der A. cerebelli inferior posterior auftretendes vaskuläres Syndrom mit dissoziierter Empfindungsstörung, Schluck- und Phonationsstörung sowie herdseitiger Kleinhirnataxie.

WALLER-Gesetz (AUGUST V. W., 1816–1870, englischer Physiologe): Funktion einer Nervenfaser ist von der konstanten Verbindung mit den dazugehörigen Ganglien abhängig.

WALLER-Degeneration: die Durchtrennung eines Nervs führt zur absteigenden Degeneration des peripheren Anteils. Der proximale Stumpf sproßt bei erhaltenen Ganglienzellen aus.

WATERHOUSE-FRIEDERICHSEN-Syndrom: schwere Meningokokken-Meningitis im Kindesalter mit hämorrhagischer Diathese und Blutungen in die Nebennieren.

WEBER-BENEDIKT-Syndrom: einseitige Okulomotoriusparese, mit kontralateralem extrapyramidalem Tremor und gekreuzter Hemiplegie bei Läsionen des Okulomotorius im Kerngebiet.

WERDNIG-HOFFMANNsche Krankheit: hereditäre, frühinfantile, spinale (neurogene) progressive (siehe) Muskelatrophie.

WERNICKE-Aphasie (KARL W., 1848–1905, deutscher Nervenarzt): totale sensorische (siehe) Aphasie.

WERNICKE-Enzephalopathie: Pseudoencephalitis haemorrhagica superior bei Alkoholismus.

WERNICKE-MANN, Lähmungstyp: spastische (siehe) Hemiplegie mit Beugekontrakturen.

WERNICKE-Reaktion: bei Hemianopsie auftretende Pupillenreaktion bzw. Pupillenstarre nach Belichtung der intakten bzw. ausgefallenen Netzhauthälfte.

Wesensänderung: siehe Abbau der Persönlichkeit.

WESTPHAL-Syndrom: hereditäre, paroxysmale, schlaffe Extremitätenlähmung, die Tage oder auch nur Stunden anhält, mit Herabsetzung der elektrischen Erregbarkeit, Abschwächung der Eigenreflexe ohne Sensibilitätsstörung.

WILSON-Krankheit (SAMUEL A. K. W., 1877–1937, englischer Internist, Pathologe): hereditäre hepato-lentikuläre Degeneration infolge Kupferstoffwechselstörung (Thesaurismose) mit progressiver extrapyramidaler Störung und typischen Veränderungen am Kornealring (siehe KAYSER-FLEISCHERscher Kornealring).

Wolkenschädel: röntgenologisch erkennbare Vertiefung der Windungsimpressionen, Entkalkung und Knochenatrophie mit Ausweitung und Usuren der Sella bei chronischem Hirndruck.

Wortblindheit: das Unvermögen, einzelne Wörter richtig zu lesen, obwohl die Buchstaben richtig erkannt werden; das Abschreiben ist gestört, das Sprachverständnis sowie die Spontansprache normal. Vorkommen bei subkortikaler Störung.

Wortentstellung: die Laute in einem Wort werden in der falschen Reihenfolge wiedergegeben.

Wortfindungsstörung: gezeigte Gegenstände können nicht richtig benannt werden. Für einen Sachverhalt kann nicht das richtige Wort gefunden werden.

Wortsalat: sinnloses Aneinanderreihen von Wörtern.

Wortstummheit: bei bestehender subkortikaler Aphasie ist die Spontansprache aufgehoben sowie das Nachsprechen und das laute Lesen nicht möglich.

Worttaubheit: bei Aphasie auftretende Aufhebung des Sprachverständnisses sowie des Diktatschreibens und Nachsprechens.

Würgreflex: siehe Rachen-Reflex; Würgebewegungen nach Berührung der Rachenhinterwand.

Wundstarrkrampf: siehe Tetanus.

Wurzeldekompression: operative Entlastung der Spinalnervenwurzel.

Wurzelkompressionssyndrom: mechanischer Druck auf die Spinalnervenwurzel z. B. bei Bandscheibenvorfall.

Wurzelsymptom-Syndrom: durch Störungen an der Spinalnervenwurzel auftretende Beeinträchtigung der Sensibilität, der Reflexe, der segmentalen Motorik.

X

Xanthochromie im Liquor: Blutbeimengung vor allem bei (siehe) Subarachnoidalblutung.

Xanthopsie, Gelbsehen: Chromatopsie mit gelblicher Färbung aller wahrgenommenen Gegenstände; bei Vergiftungen und Leberfunktionsstörungen.

Xanthurensäure: Abbauprodukt im Tryptophan-Stoffwechsel. Bei Vitamin-B_6-Mangel durch Coenzyminsuffizienz vermehrt im Harn festzustellen.

Xerosalgie: Symptom der Kausalgie: Schmerzen durch Berührung mit trockenem oder rauhem Gegenstand.

Y

Young-Female-Arteriitis, Takayasu-Krankheit: seit 100 Jahren in Japan bekannte und beschriebene Erkrankung des Aortenbogens und benachbarter Gefäßareale, die zu Durchblutungsstörungen der oberen Körperabschnitte und des Gehirns führen.

Z

Zahlenerkennen, taktiles: zur Prüfung der Oberflächensensibilität verwendetes diagnostisches Verfahren mit dem Ziel, eine mit dem Reflexhammer auf die Haut geschriebene Ziffer zu erkennen.

Zecken, Ixodides: Unterordnung der Acarina (Milben). Große, abgeplattete Milben mit sehr fester, lederartiger Chitinhaut.

Zeckenenzephalitis: durch Biß der Zecke übertragene (siehe) Enzephalitis (Meningoe) und (siehe) Radikuloneuritis. a) Viren (FSME = **F**rühsommer-**m**eningo-**e**nzephalitis). b) Bakterien (Lyme-Spirochäten, sogenannte Borreliose).

Zentralskotom: isolierter Ausfall der Makulafasern bei einseitiger Optikusschädigung bei (siehe) Neuritis nervi optici.

zerebrale Ischämie: eingeschränkte Durchblutung des Gehirns; Ausfallserscheinungen je nach betroffenem Bezirk.

zerebraler Anfall: siehe Epilepsia.

Zerebralsklerose: Ausdruck für die Symptomatik bei Arteriosklerose der Hirngefäße.

Zerebrosidose: hereditäre Fettspeicherkrankheit durch Speicherung von Cerebrosiden.

zerebrovaskuläre Insuffizienz: mangelhafte Durchblutung des Hirns mit allen Folgezuständen, z. B. Hirninfarkt, (siehe) TIA, Prind. Zerebrovaskuläre Erkrankungen stellen die dritthäufigste Todesursache nach Herzgefäßkrankheiten und allen bösartigen Geschwülsten dar.

Zeroidlipofuszinose, Stock-Spielmeyer-Vogt-Syndrom: hereditäre Gangliosid-Speicherkrankheit. In Ganglienzellen, Eingeweideparenchym und Muskulatur wird das Gangliosid vom Ceroid-Lipofuscin-Typ gespeichert. Beginn der Erkrankung im sechsten bis zehnten Lebensjahr. Klinisch: Rückgang der intellektuellen Leistung, Sprachverfall, Störung der Motorik und Haltung, Krampfneigung, vegetative Durchblutungsstörungen, psychische Abartigkeiten mit affektiven Störungen. Final völlige Demenz, Kachexie, spastische Tetraplegie.

Zerrungslähmung: intermittierende Parese durch Überdehnung eines Nervs.

Zervikalsyndrom: Halswirbelsäulensyndrom, z. B. durch radikuläre Irritation, meningeale Reizung, auch chronisch als muskulotendinotisches Z.

Zervikobrachialsyndrom: siehe Zervikalsyndrom.

Ziffernalexie: bei Schädigung des Gyrus angularis auftretendes Unvermögen, Zahlen oder Ziffern zu erkennen.

Ziliarneuralgie: Schmerzen bei Irritation der Ziliarnerven.

ziliospinaler Reflex: Erweiterung beider Pupillen durch kräftiges Kneifen des oberen Trapeziusrandes.

Zisternographie: nach Injektion eines Kontrastmittels in die Liquorräume durchgeführte Röntgenkontrastdarstellung.

ZNS-Atrophien: Erkrankungen mit Atrophien bestimmer Teile des ZNS, z. B. (siehe) Pick-Krankheit.

Zoster, Herpes zoster, Gürtelrose: Reaktivierung von Varicella-Zoster-Viren, meist auf das Versorgungsgebiet eines Spinalnervs beschränkt, mit bläschenförmigem Ausschlag und Neuralgien im betroffenen Bereich. In ca. 50% sind thorakale Segmente betroffen.

Zoster corneae: siehe Zoster ophthalmicus.

Zoster duplex: Zoster auf beiden Seiten.

Zoster generalisatus: Zoster, der sich auf den gesamten Körper exazerbiert, nachdem er zunächst auf ein Segment beschränkt war, z. B. bei Abwehrschwäche (Karzinom).

Zoster haemorrhagicus: Zoster mit blutigen Blasen.

Zoster necroticans: schwere Verlaufsform des Zoster mit braunroter Schorfbildung nach Nekrotisierung des Blasengrundes.

Zoster ophthalmicus: Zoster des Ramus ophthalmicus (N. Trigeminus).

Zoster oticus: Befall der Hirnnerven VII und VIII mit Bläschen im Ohr und angrenzendem Gesichtsbereich, auch übergreifend auf Zunge und Gaumen. Klinisch: Schmerzen, Hör- und Geschmacksstörung.

Zostervirus: Varicella-Zoster-Virus.

Zungenkrampf, Glossospasmus: tonischer oder klonischer Krampf der Zungenmuskulatur, z. B. bei Epilepsie, Chorea.

Zungenlähmung: Glossoplegie.

Zwangsschnappen: Enthemmungsphänomen bei Stirnhirnprozessen, imponiert durch zwanghaftes Zuschnappen nach Bestreichen der Lippen.

Zwangsweinen: Affektlabilität von Patienten mit fortgeschrittener (siehe) myatrophischer Lateralsklerose.

Zwerchfellkrampf: tonischer Krampf der Zwerchfellmuskulatur bei Tetanus, klonisch bei (siehe) Singultus.

Zwerchfellähmung: hereditäre oder erworbene, zentrale oder periphere Parese des Diaphragmas.

Zwergwuchs, Pituitarismus: hypophysärer Zwerg mit regelrechten Körperproportionen und normaler Intelligenz.

Zwischenhirnsyndrom: Syndrom bei Dysregulationen im Zwischenhirn. Klinisch: Hyperthermie, Hyperglykämie, Hypertonie, Polyurie und Polydipsie, Labilität des Hormon- und Wasserhaushalts. Schlaf-Wach-Umkehr, Hyperkinesien.

Zyklenzephalie: hereditäre Verschmelzung beider Großhirnhemisphären.

Zyklopie: Fehlbildung des Hirns und des Gesichtsschädels mit nur einem in der Nasenwurzel gelegenen Auge sowie kleiner oder fehlender Mundspalte.

Zystizerkose, neurologische Komplikationen: basale Zystizerkenmeningitis, generalisierter Befall der Muskulatur.

Anhang

Neurologischer Untersuchungsablauf mit schematischer Darstellung von Eigen- und Fremdreflexen, Pyramidenbahnzeichen, Hirnnervenstörungen sowie Darstellung der segmentalen und Hautinnervation und der Organmanifestationen bei Störungen des vegetativen Nervensystems.

Die neurologische Untersuchung

Anamnese

Für die Neurologie ist eine vorbildliche Anamnese besonders wichtig. Eine sorgfältige und gezielte Anamneseerhebung führt erst zur umfassenden Vorgeschichte, die für die Diagnose von ausschlaggebender Bedeutung ist. Treffsichere und geschickte Fragen müssen das vom Patienten geschilderte Beschwerdebild zum Krankheitsbild hin entwickeln. Oft erübrigen sich dann umfassende und umständliche diagnostische Maßnahmen, weil die Diagnose schon gestellt werden oder durch wenige weitere diagnostische Schritte zum Ziel geführt werden kann.

Familienanamnese
Bei der Familienanamnese sind organische Nervenkrankheiten möglichst genau zu erfassen. Zu berücksichtigen sind besonders die zahlreichen hereditären Erkrankungen des peripheren Nervensystems mit allen ihren Variationen. Stoffwechselerkrankungen, besonders des Diabetes mellitus und die Urikopathie müssen wegen ihrer Bedeutung für das periphere Nervensystem unbedingt ermittelt werden. Das gleiche gilt für Herz- und Gefäßkrankheiten.

Eigenanamnese
Eine frühkindlich erworbene Schädigung des peripheren Nervensystems, nicht zu verwechseln mit einer erblichen, ist seltener zu berücksichtigen. Von Interesse sind die Umstände der Geburt selbst, wie Geburtsgewicht, termingerechte Entbindung, Nabelschnurumschlingung, verzögerter Geburtsablauf und Zangenentbindung. Die weitere frühkindliche Entwicklung ist ebenso von großem Interesse. Erkrankungen des Kindes geben wichtige Hinweise für die Erkrankungen im Erwachsenenalter. So können postvakzinale bzw. serogenetische

Komplikationen von seiten des peripheren Nervensystems nach Schutzimpfungen wertvolle diagnostische Hinweise geben. Ebenso wichtig sind zuverlässige Auskünfte über Alkoholkonsum, den Verbrauch von Analgetika, Psychopharmaka, Schlafmitteln und sonstigen Medikamenten. Vergessen Sie auch nie, nach den chemischen Substanzen zu fragen, die bei dem Kranken in Beruf und Freizeit eine Rolle spielen.

Aktuelle Beschwerden
Um eine systematische Anamneseerhebung zu gewährleisten, müssen die derzeitigen Beschwerden und/oder der Symptomenkomplex analysiert werden.

Folgende Kriterien sind dabei grundsätzlich zu beachten:
zeitliches Auftreten der B., akut (Tages- oder Nachtzeit)
subakut
langsame Entwicklung
Begleitzeichen der B.:
Fieber, Hautrötung, Bewußtseinsstörung, Schmerzen
Verlaufscharakter:
chronisch progressiv (Beispiel: heredo-degenerative Erkrankungen)
schubförmig-remittierend (Beispiel: Multiple Sklerose)
Abhängigkeit:
von verschlimmernden oder bessernden Faktoren
Schmerzanalyse:
Auftreten der Schmerzen:
anfallartig, wellenförmig
Dauerschmerz Tag/Nacht
Abhängigkeit von Lage bzw. Bewegung

Lokalisation der Schmerzen:
umschriebener oder ausstrahlender Schmerz mit oder ohne Beziehung zum Versorgungsgebiet eines peripheren Nervs, einer Wurzel oder sonstiges Verteilungsmuster.

Vegetative Funktionen
Vegetative Funktionen sind bei neurologischen Erkrankungen unbedingt zu beachten. In den meisten Untersuchungsbefunden werden sie unerklärlicherweise oft nur am Rande mit berücksichtigt. Das steht im krassen Gegensatz zu

ihrer diagnostischen Bedeutung. Man sollte deshalb die allgemeinen Zeichen einer vegetativen Labilität oder Übererregbarkeit wie eine flüchtige, gelegentlich fleckige Rötung von Gesicht, Hals und oberen Brustpartien sowie auch auf vermehrtes Schwitzen die Aufmerksamkeit richten. Gezielt ist nach Gewichtsschwankung, Schlaf-Wach-Rhythmus, Appetit, Durst, Wasserlassen, Stuhlgang, Libido und Potenz zu fragen. Gestörte vegetative Funktionen können sich auch durch ungewöhnlich hohen Blutdruck und erhöhten Puls zeigen.

Genußgifte, Arzneimittel
Wie bereits oben erwähnt, spielen chronische Intoxikationen für die Erkrankung des peripheren Nervensystems eine große Rolle. Die Frage nach einem möglichen Tablettenmißbrauch oder dem Alkoholkonsum wird für den Untersucher oft zu einer detektivischen Schwerstarbeit. Es ist jedoch unbedingt notwendig, möglichst genau nach Art und Menge die zugeführten Substanzen festzustellen. Enttäuschende und kostspielige Umwege sowie folgenschwere Fehldiagnosen können dadurch vermieden werden.

Allergische Reaktionen
Je nach Kontakt- und Resorptionsmöglichkeit entstehen verschiedene klinische Reaktionsbilder. Überempfindlichkeiten gegen bestimmte Substanzen sowohl des täglichen Bedarfs als auch gegen andere Substanzen können für neurologische Erkrankungen von großer Bedeutung sein. Zu berücksichtigen sind selbstverständlich allergische Reaktionen, wie nach Serumapplikation, Bissen von Spinnen oder Insekten, wie z. B. Zeckenbiß.

Berufsanamnese
Zahlreiche neurologische Erkrankungen, wie z. B. Polyneuropathien, werden durch chronische Intoxikationen, wie z. B. durch Blei, Benzoe-Derivate, Pflanzenschutzmittel und ähnliche Substanzen hervorgerufen. Deshalb sollte eine genaue Berufsanamnese zu jeder neurologischen Untersuchung gehören. Die Anamnese muß bei Verdacht oder Hinweis auf eine bestimmte neurologische Erkrankung durch gezielte Fragen erweitert und vervollständigt werden.

Neurologischer Untersuchungsgang

Die einzelnen neurologischen Funktionsprüfungen müssen gewissenhaft erhoben werden. Wie beim Erheben der Anamnese empfiehlt es sich, prinzipiell eine bestimmte Reihenfolge einzuhalten.

Allgemeinbefund

Bei jeder neurologischen Untersuchung muß der allgemeine und interne Befund, wie Prüfung von Herz, Lunge, Leber und Nieren erfolgen. Von Bedeutung ist bei Beurteilung von Erkrankungen des peripheren Nervensystems besonders die periphere Durchblutung und der Zustand der Extremitätengefäße. Die Blutdruckmessung sollte immer an beiden Armen vergleichend erfolgen. Auch im Verlauf der weiteren Untersuchungen werden, falls erforderlich, die peripheren Pulse und der Blutdruck geprüft.
Zu achten ist besonders auf Mißbildungskrankheiten, naevusartigen Veränderungen an Haut, Augen und anderen Organen (neurocutanes Syndrom bei Phakomatosen) sowie auf trophische Störungen der Haut und der Anhangsgebilde.
Im Bereich der Nägel können trophische Störungen in Form der Meesschen Streifen ebenso wie abnorme Färbungen bzw. Ablagerungen im Bereich der Schleimhäute (Bleisaum) auf eine chronische Intoxikation hinweisen. Immer wieder ist auf Alkohol- und Tablettenmißbrauch zu achten.

Körperhaltung und spontaner Bewegungsablauf

Besonders der Bewegungsablauf beim Gehen ist bei der Beurteilung von Erkrankungen des peripheren Nervensystems zu beachten. Eine solche Beobachtung, verbunden mit einer zielgerichteten Anamnese, kann bereits wichtige differentialdiagnostische Hinweise zwischen Durchblutungsstörungen und Polyneuropathie geben.
Die Inspektion, Palpation und Perkussion der einzelnen Körperregionen erfolgt zweckmäßigerweise in einer bestimmten Reihenfolge, gewissermaßen von »Kopf bis Fuß«.

Inspektion, Palpation und Perkussion des Kopfes

Hier sollen nur die Untersuchungen hervorgehoben werden, die für die Erkrankungen des peripheren Nervensystems von Bedeutung sind. Die sogenannte Sattelnase kann auf eine connatale Lues hinweisen. Ebenso ein kreisrunder Haarausfall (Alopecia areata). Eine Talliumvergiftung kann den Verlust der seitlichen Augenbrauen bewirken.

Inspektion, Palpation und Perkussion der Wirbelsäule

Die Krümmungsverhältnisse der Wirbelsäule sind bei der Inspektion besonders zu beachten. Bedeutungsvoll sind für verschiedene neurologische Erkrankungen eine vermehrte Dorsalkrümmung der Wirbelsäule (Kyphose), eine Ventralkrümmung der Wirbelsäule (Lordose) und eine Seitwärtskrümmung der Wirbelsäule (Skoliose) oder Kombinationsformen. Zu beachten ist ebenso eine krankhafte Knickung der Wirbelsäule in der Sagittalebene (Gibbus).
Die Dornfortsätze werden nach der Inspektion systematisch perkutiert, um eine pathologische Klopfempfindlichkeit der Wirbelkörper festzustellen. Diagnostisch relevant ist nur eine umschriebene oder konstant reproduzierbare Schmerzempfindlichkeit (Metastasen, Hämangiomwirbel, Osteoporose). Ergänzt wird diese Untersuchung durch Prüfung auf Stauchungsschmerz der Wirbelsäule.
Die aktive Beweglichkeit der Wirbelsäule wird dadurch geprüft, indem man den Patienten eine Vorwärts-, Rückwärts- und Seitwärtsbeugung der Wirbelsäule ausführen läßt.
Zu achten ist hierbei besonders auf das sogenannte Schobertsche Zeichen; durch die Steifhaltung der unteren Lendenwirbelsäule bei der Vorwärtsbewegung ist es leicht zu erkennen.
Zurückhaltung ist bei der Annahme eines Kausalzusammenhanges von nachweisbaren Verschleißerscheinungen (Osteochondrose, Spondylarthrose) mit klinischen Symptomen oder Beschwerden - zumal im Bereich der Halswirbelsäule - geboten.

Inspektion, Perkussion und Palpation der Gelenke

Ausdruck einer neurogenen Arthropathie sind nicht selten abnorme Deformierungen und Schwellungen von Gelenken, insbesondere der Knie- und Fußgelenke. Außerdem ist speziell auf Fußdeformitäten, besonders in Form eines sogenannten Hohlfußes (Friedreich) zu achten, der bei zahlreichen heredodegenerativen Erkrankungen des Nervensystems oder früh erworbenen Läsionen angetroffen wird.
Zu achten ist bei der Prüfung der Willkürbewegung, ob eine Bewegungseinschränkung in einem bestimmten Gelenk durch Schmerzen reflektorisch bedingt ist. Eine Differenzierung erfolgt durch vorsichtige passive Bewegung.

Prüfung der Motorik

Muskelschwund und sogenannte Muskelatrophien ergeben bei der Inspektion wichtige Hinweise. Zu unterscheiden ist, ob dieser Befund lokal oder generalisiert auftritt. Ein Seitenvergleich ist immer notwendig. Messungen des Umfangs ermöglichen besonders bei Verlaufskontrollen (Begutachtungen) quantitativ Atrophien zu beurteilen. Sogenanntes Faszikulieren der Skelettmuskulatur kann als unwillkürliche und unregelmäßig auftretende Zuckung einzelner Muskelfaserbündel lokal oder generalisiert auftreten. Man kann es gelegentlich durch leichtes Schlagen mit der flachen Hand auf die Muskulatur provozieren.
Nur an der Zunge läßt sich klinisch das Muskelfibrillieren (Zuckungen einzelner Muskelfasern) beobachten.
Zu achten ist bei der Palpation der Skelettmuskulatur auf umschriebene Verhärtungen (Myogelosen).
Eine Myositis kann sich als lokaler Druckschmerz der Extremitätenmuskulatur zeigen. Um klinisch eine myothonische Reaktion festzustellen, wird auf die Skelettmuskulatur, eventuell auch auf die Zunge gegen eine Unterlage (Holzspatel) mit dem Reflexhammer ein kurzer Schlag ausgeübt. Als positive Reaktion zeigt sich dann eine vorübergehende Muskelwulstbildung.
Um Ausmaß und Verteilung von Lähmungen (Paresen) festzustellen, wird die Motorik geprüft. Auf eine exakte Funktionsanalyse, auch im Seitenvergleich, ist zu achten.

Entsprechend der physiologischen Innervation wird die Multilitätsprüfung entsprechend systematisch durchgeführt. Dabei soll der Patient bestimmte Bewegungen gegen Widerstand ausführen. Der Untersucher kann sich durch Gegenhalten über die Kraftentfaltung Aufschluß verschaffen. Eine Hand des Untersuchers wird zum Gegenhalten verwendet, die andere Hand palpiert gleichzeitig den sich kontrahierenden Muskel. Fließende Übergänge erschweren es, eine Quantifizierung der Muskelkraft zu dokumentieren. Als Paralyse bezeichnet man den vollständigen Bewegungsausfall. Das Zusammenspiel (Synergismus) von Agonisten und Antagonisten ist ebenfalls bei der Multilitätsprüfung zu beachten. Berücksichtigt werden muß dabei, ob eine Beeinträchtigung der Muskelkontraktion durch Gelenkversteifungen, Narbenbildungen und bindegewebige Kontrakturen vorhanden ist.

Prüfung des Muskeltonus

Der Spannungszustand der Skelettmuskulatur wird als Tonus bezeichnet. Die Prüfung wird zweckmäßigerweise im Liegen bei möglichst weitgehender Entspannung des Patienten durch passives Bewegen in verschiedenen Gelenken durchgeführt. Entsprechend erfolgt die Prüfung der Nacken-Hals-Muskulatur durch passives Hochheben des Kopfes.

Seitenunterschiede lassen sich beim stehenden bzw. sitzenden Patienten mit Hilfe sogenannter Pendelteste feststellen:

Die Pendelbewegungen der frei herabhängenden Arme werden durch passives Hin- und Herdrehen der Schultern verglichen. Die passiven Pendelbewegungen der Unterschenkel werden am sitzenden Patienten beobachtet.

Dabei wird zwischen: normalem Muskeltonus
- einer Tonussteigerung (Hypertonus)
- einer Tonusminderung (Hypotonus)

unterschieden.

Hypertonus

Spastik

Das ist ein vermehrter Spannungszustand der Skelettmuskulatur mit federndem Dehnungswiderstand und Zunahme des Dehnungswiderstandes bei steigender passiver Dehnung. Ursache der Spastik ist eine »Pyramidenbahnschädigung«. Als Folge zeigen sich oft spastische Kontrakturen.

Rigor

Das ist ein vermehrter Spannungszustand mit wächsernem Dehnungszustand, der im Gegensatz zur Spastik bei steigender Dehnung oder auch bei Zunahme der Winkelgeschwindigkeit nicht zunimmt, sondern eher nachläßt. Häufig sieht man rhythmisch einschießende Impulse, die den passiven Bewegungsablauf bremsen (Zahnradphänomen). Bestimmte extrapyramidal-motorische Störungen sind Ursache eines Rigor.

Hypotonus

So wird auch als Atonie ein erniedrigter bzw. aufgehobener Spannungszustand der Skelettmuskulatur bezeichnet. In erster Linie ist eine Schädigung des peripher-motorischen Neurons die Ursache, aber auch eine Muskelerkrankung kann sich in einem Hypotonus zeigen. Im übrigen findet sich ein herabgesetzter Tonus der Skelettmuskulatur auch bei verschiedenen cerebrelären und extrapyramidalen Störungen, ferner auch in den ersten Wochen nach einer akuten Pyramidenbahnschädigung, beispielsweise beim Schlaganfall oder bei einer Querschnittsläsion (spinaler Schock).

Koordinationsprüfung

Von Ataxie spricht man, wenn Koordinationsbereiche des Nervensystems gestört sind.

Folgende Tests sind geeignet, Koordinationsstörungen nachzuweisen: In der Regel werden die Prüfungen zunächst unter Augenkontrolle durchgeführt, dann soll jeder Patient mit geschlossenen Augen wiederholen.

Gangproben

Geprüft wird der freie Gang, das Gehen auf einer geraden Linie und schließlich der sogenannte Seiltänzergang (das Gehen auf einer Geraden mit voreinandergesetzten Füßen). Sinngemäß spricht man von einer Störung mit Gangataxie, von Abasie, wenn der Patient nicht mehr in der Lage ist, zu gehen.

Standprüfung

Der Patient wird beim Rombergschen Versuch aufgefordert, mit parallel zusammengestellten Füßen und mit nach vorn ausgestreckten Armen unter Augenschluß ruhig stehenzubleiben. Physiologisch ist ein geringes, nicht seiten-

betontes Pendeln, eine Standataxis wird durch ein darüber hinaus gehendes Schwanken angezeigt. Wenn der Patient überhaupt nicht mehr fähig ist, zu stehen, spricht man von einer Astasie.
Der Rombergsche Versuch kann zum Tretversuch nach Unterberg erarbeitet werden: Der Patient wird aufgefordert, einige Zeit auf der Stelle zu treten, wobei die Beine genügend hochzuheben sind. Hierbei kommt es zu einem Drehen nach der kranken Seite wie bei allen cerebellären oder vestibulären Erkrankungen.
Die Ziel- und Richtungssicherheit von Willkürbewegungen werden mit den folgenden Tests geprüft.

Finger-Nasen-Versuch
Der Patient wird aufgefordert, in weitem Bogen und zügig mit der Zeigefingerspitze die Nasenspitze zu treffen. Man spricht von einem Intentionstremor, wenn es hierbei besonders in der Endphase der Erkrankung zu einem grob ausfahrenden und vorbeizielenden Bewegungsablauf kommt.

Zeigeversuch nach Barany
Mit seinem Zeigefinger soll der Patient wiederholt einen Punkt treffen, den der Zeigefinger des Untersuchers markiert. In modifizierter Form sollen sich beide Zeigefinger in weitem Bogen treffen, oder der Patient wird aufgefordert, Zahlen oder Zeichen in die Luft zu malen.

Knie-Hacken-Versuch
Der Patient soll die Ferse exakt auf die Kniescheibe setzen und dann an der Schienbeingrenze herunterfahren.
Vor allen Dingen hat man zwischen Kleinhirnataxie und spinalperipherer Ataxie zu unterscheiden. Eine Differenzierung ist durch die Tatsache möglich, daß sich spinalperiphere Ataxien im Gegensatz zu cerebellär bedingten Ataxien in der Regel unter Augenschluß verstärken.

Dysmetrische Erscheinungen stellen eine Sonderform der Kleinhirnataxie dar, die auf einer Störung der reziproken Innervation beruhen, und ein Mißverhältnis zwischen Willkür, Innervation und angestrebtem Bewegungsablauf zur Folge haben. Ist der Sprechakt davon betroffen, so resultiert daraus die sogenannte skandierende Sprache: das Sprechen erscheint hierbei falsch akzentuiert, das Tempo ist einerseits verlangsamt, andererseits werden einzelne Silben wie abgehackt hervorgestoßen. Eine gestörte Diadochokinese (flüssiges Wechselspiel zwischen Agonisten und Antagonisten) ist ein frühzeitiger Hinweis auf eine Dysmetrie. Die Aufforderung zu rasch wechselnder Pronation und Supination der Unterarme eignet sich sehr gut zum Nachweis einer Dys-Diadochokinese.

Eigenreflexe

(schemat. Darstellung)

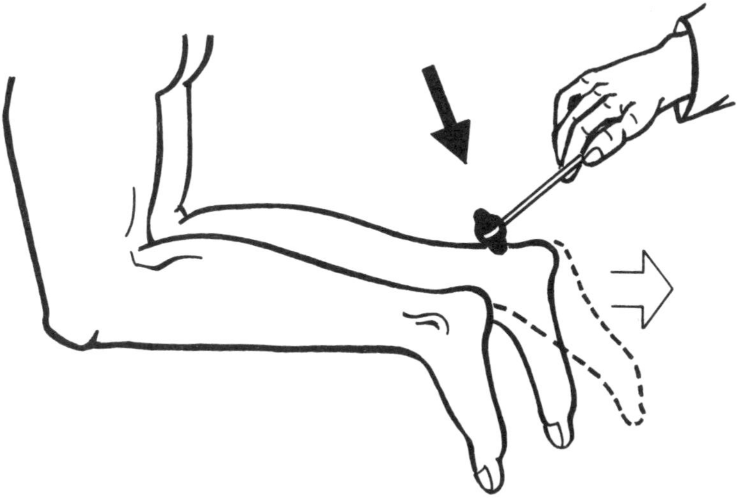

Abb. 1: Achillessehnen-Reflex: knieender Patient

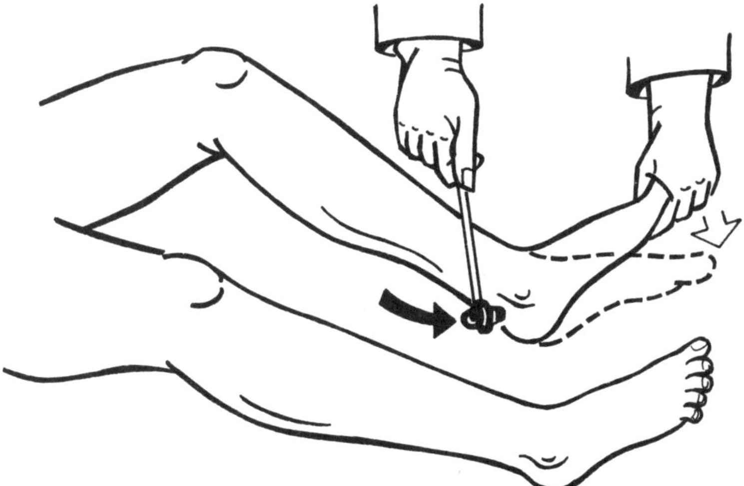

Abb. 2: Achillessehnen-Reflex: liegender Patient

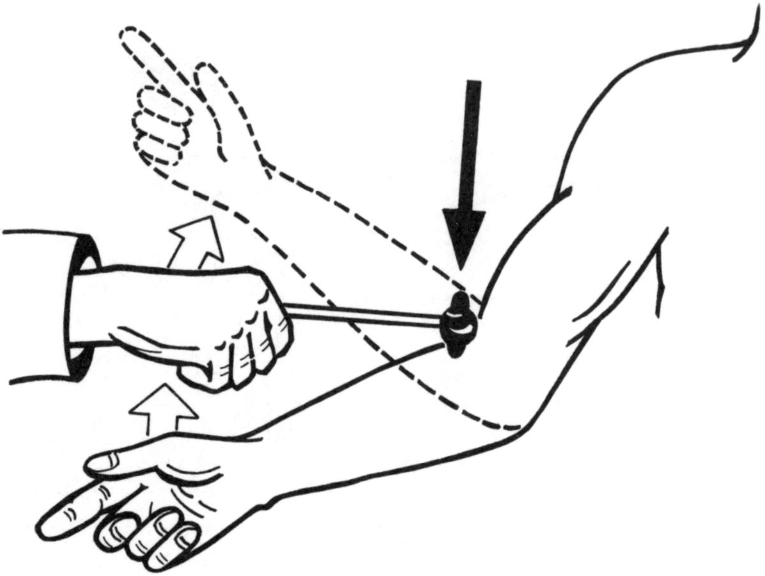

Abb. 3: Biceps-Reflex

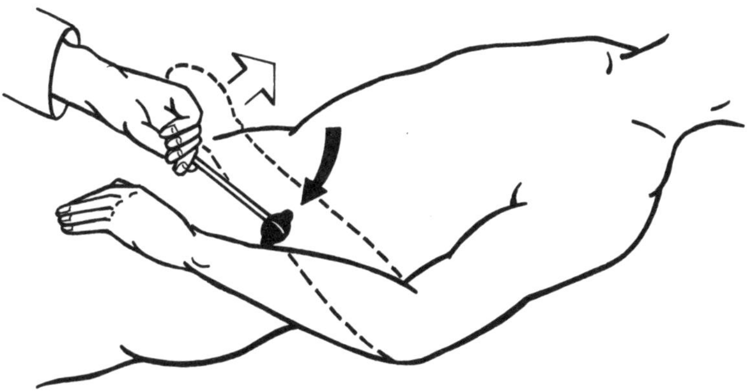

Abb. 4: Brachioradialis-Reflex

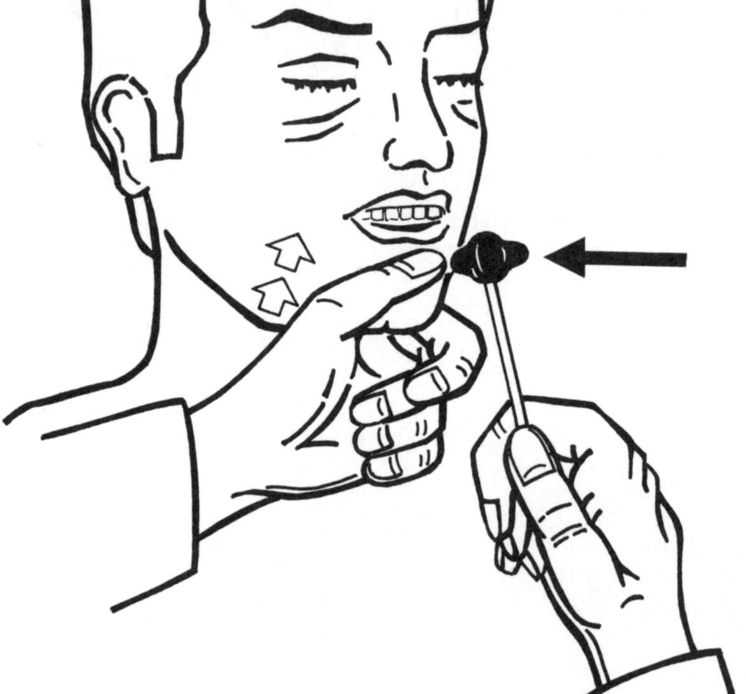

Abb. 5: Masseter-Reflex

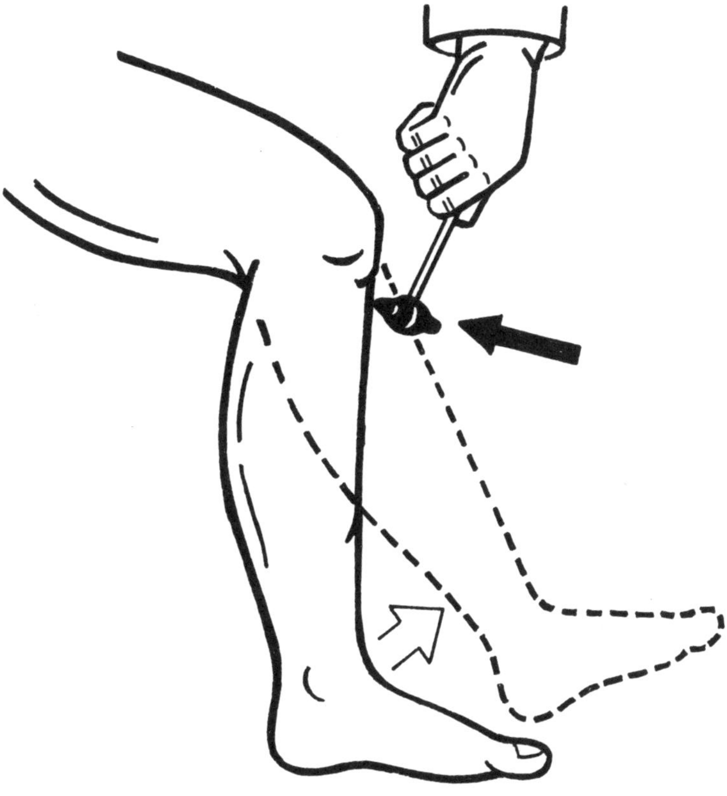

Abb. 6: Quadriceps-Reflex

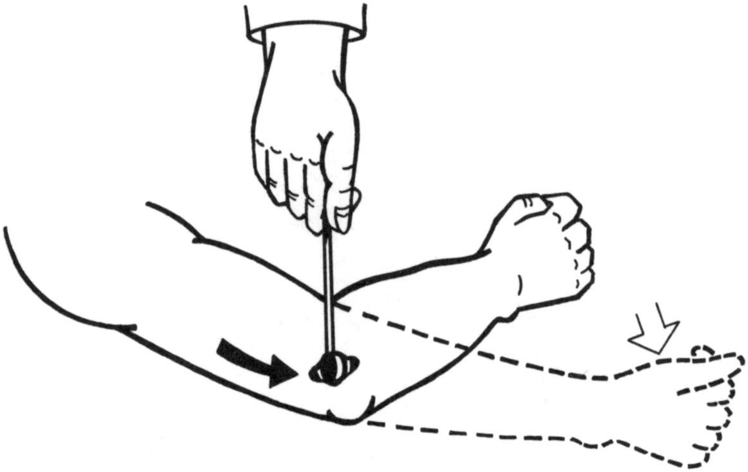

Abb. 7: Triceps-Reflex

Eigenreflexbahnung

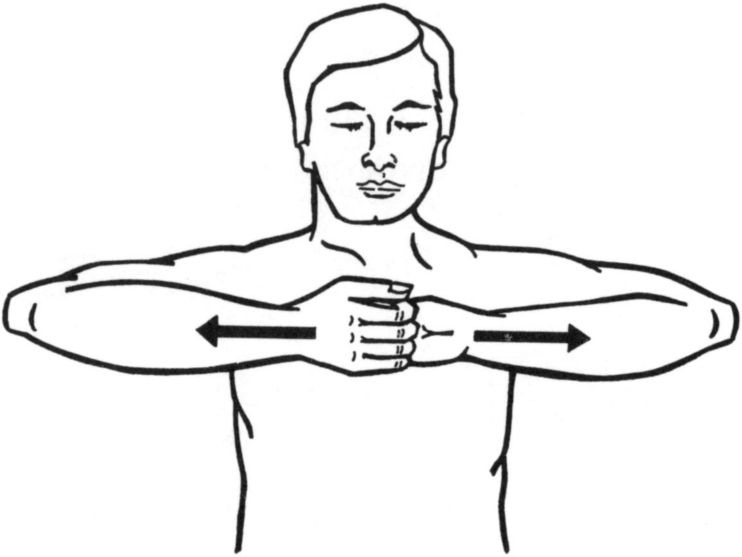

Abb. 8: Jendrassik'scher Handgriff.

Fremdreflexe

(schemat. Darstellung)

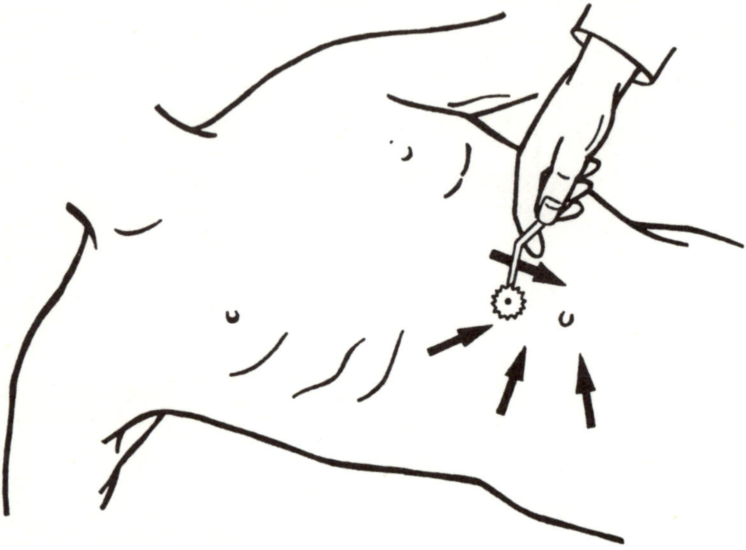

Abb. 9: Bauchhautreflexe

Pyramidenbahnzeichen

(schemat. Darstellung)

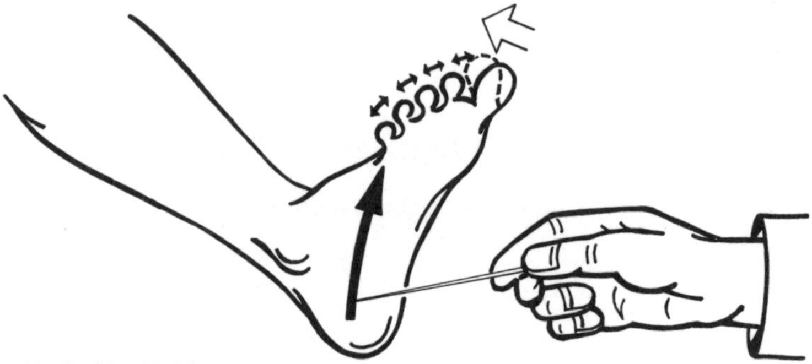

Abb. 10: Babinski-Phänomen

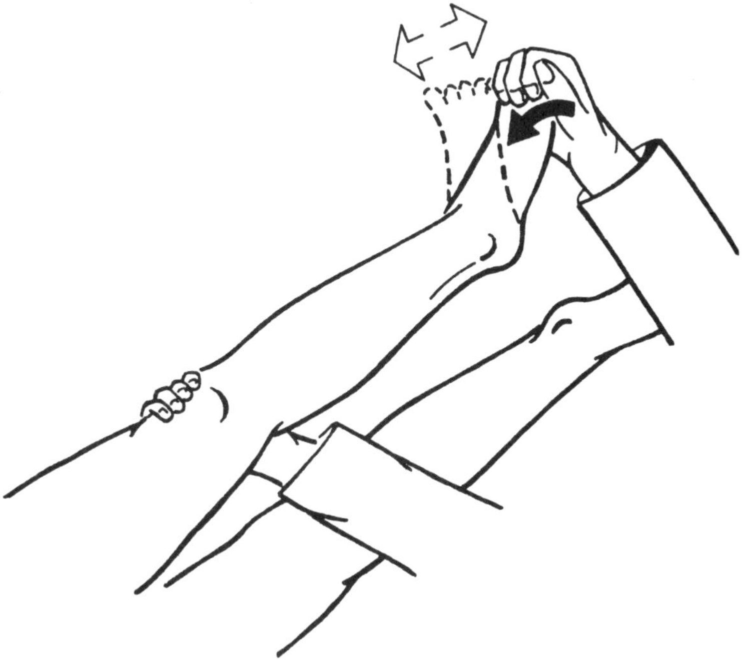

Abb. 11: Fußklonus

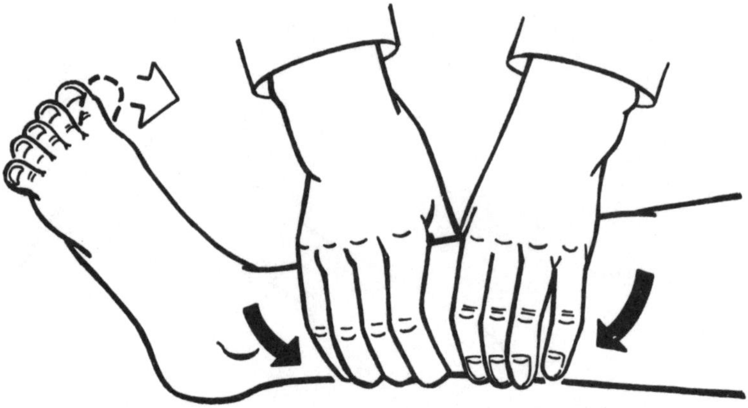

Abb. 12: Gordon-Phänomen

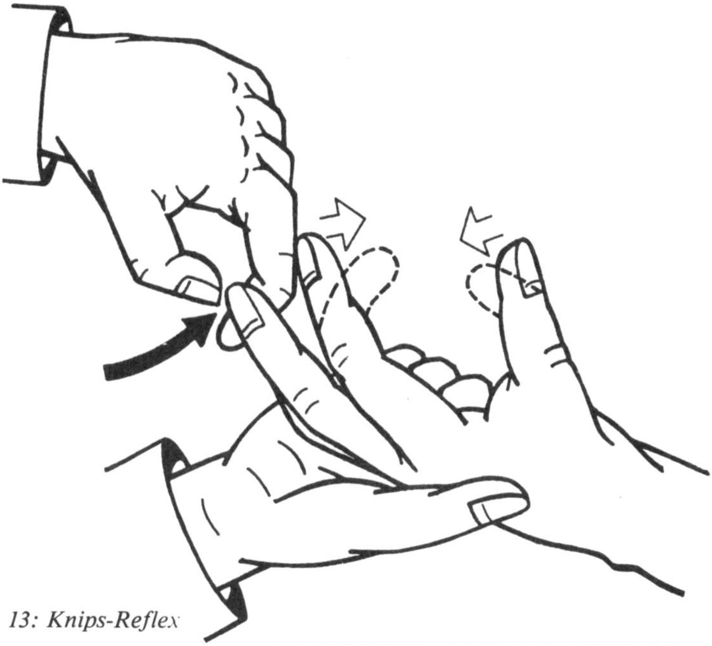

Abb. 13: Knips-Reflex

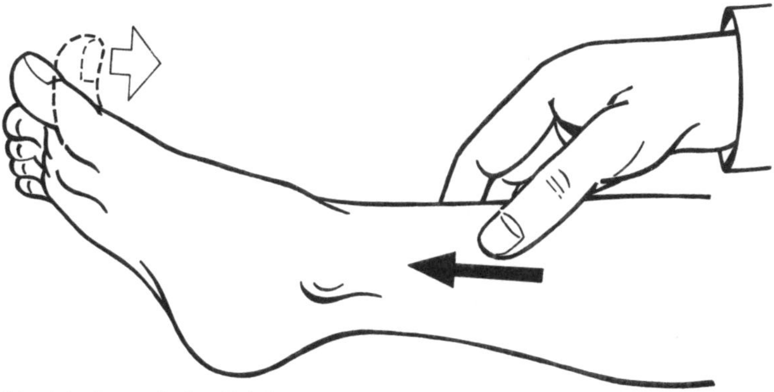

Abb. 14: Oppenheim-Zeichen

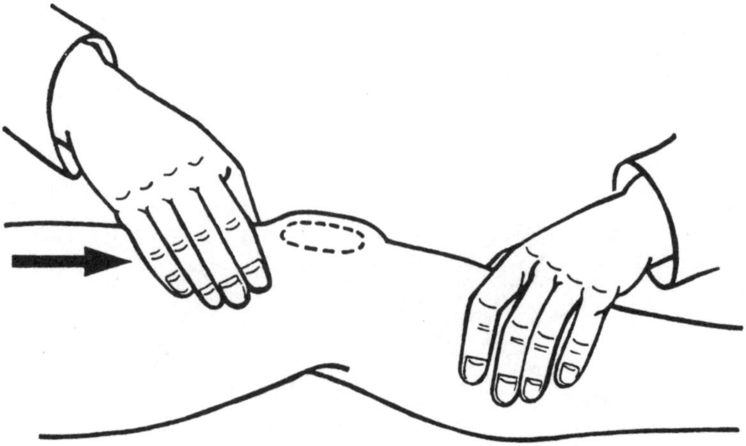

Abb. 15: Patellarklonus

Abb. 16: Trömner-Reflex

Prüfung der Hirnnerven

Funktionsprüfung des N. opticus

Visus
Bei jeder neurologischen Untersuchung erfolgt - getrennt für jedes Auge - eine orientierende Prüfung des Sehvermögens.
Gesichtsfeld
Zahlreiche zerebrale Erkrankungen führen schon frühzeitig zu Gesichtsfelddefekten. Deutliche Ausfälle, speziell in Form einer homonymen oder bitemporalen *Hemianopsie* lassen sich meist schon bei einfacher manueller Prüfung aufdecken. Hierzu hält der Patient jeweils ein Auge geschlossen, während er mit dem anderen die Nase des Untersuchers in etwa einem Meter Abstand fixiert und dieser unter Fingerbewegungen seine Hand von temporal oben und unten sowie von nasal oben und unten in das Gesichtsfeld des Patienten führt. Die Untersuchung von Visus und Gesichtsfeld kann selbstverständlich nur bei Patienten ohne Bewußtseinsstörung durchgeführt werden, eine genauere Untersuchung muß augenärztlicherseits erfolgen.

Augenhintergrund
Bei jeder neurologischen Untersuchung muß eine Spiegelung des Augenhintergrundes vorgenommen werden. Sie erfolgt im allgemeinen mit Hilfe eines Augenspiegels im umgekehrten Bild. Im einzelnen ist auf folgende Punkte zu achten:

Begrenzung der Papille
Die Papille ist im Normalfall mehr oder weniger *scharf* begrenzt. Ist diese Begrenzung nicht mehr genau erkennbar, spricht man von einer sog. *verwaschenen Papille.* Diese geht über in eine sog. *Stauungspapille,* die dioptrienmäßig

meßbar ist und auf erhöhten intrakraniellen Druck hinweist. Die *Dioptrienmessung* wird derart durchgeführt, daß abwechselnd die Höhe der Papille und die benachbarte Netzhaut jeweils scharf eingestellt werden. Der Unterschied (=Ausmaß der Papillenprominenz) kann an den handelsüblichen Augenspiegeln unmittelbar in Dioptrien abgelesen werden.

Papillenfärbung
Normalerweise besitzt die Papille eine rötliche sog. vitale Färbung. Als Folge verschiedener Erkrankungen des Sehnervs kann es zu Degeneration von Opticusfasern und dadurch zu einer Abblassung der Papille *(Opticusatrophie)* kommen. Die differentialdiagnostisch wichtige temporale Abblassung muß von der physiologischerweise weniger kräftigen Färbung der temporalen Papillenabschnitte kritisch differenziert werden.

Augenhintergrundgefäße
Von speziellem Interesse sind *Gunnsche* Kreuzungsphänomene (Hochdruck, Arteriosklerose) bzw. Vorstadien wie Kaliberunregelmäßigkeiten, vermehrte Schlängelung und verbreiterte Reflexstreifen der Arterien oder abnormer Venenpuls. Weiterhin ist auf Mikroaneurysmen und auf Mikroblutungen zu achten.

Prüfung des N. oculomotorius, N. trochlearis und des N. abduzens

Die Prüfung dieser Nerven erfolgt gemeinsam.

Prüfung der Pupillen (N. oculomotorius)
Weite und Form der Pupillen
Man unterscheidet eine *Miosis* (Verengung) und eine *Mydriasis* (Erweiterung) der Pupillen. Eine weitere Differenzierung erfolgt durch die Begriffe: maximal verengt, mittelweit, maximal erweitert. Seitenunterschiede werden als *Anisokorie* bezeichnet. Eine Anisokorie hat insbesondere bei bewußtlosen Patienten große Bedeutung.
Einen Sonderfall von Anisokorie stellt der sog. *Hornersche* Symptomenkomplex dar. Man versteht darunter eine einseitige, meist mittelstarke Miosis, verbunden mit einer mäßigen Ptosis (Herabhängen des Oberlides) und einem Enophthalmus.

Dem Hornerschen Symptomenkomplex liegt eine Sympathicusschädigung zugrunde. Zu unterscheiden ist zwischen einem *peripheren Horner* und einem selteneren *zentralen* Horner. Eine Hilfestellung kann hierbei eine einfache pharmakologische Pupillenprüfung geben. Man verwendet hierzu eine 4% Kokainhydrochloridlösung, von der man jeweils in Abständen von 3 Minuten 3mal einen Tropfen in den Bindehautsack beider Augen appliziert. Im Normalfall tritt eine leichte Pupillenerweiterung auf. Beim Hornerschen Symptomenkomplex sind im Laufe von 45 Min. je nach Sitz der Läsion folgende Veränderungen zu beobachten:

Zentraler Horner:
Die vorher miotische Pupille wird deutlich weiter als die gesunde Pupille. Die Anisokorie kehrt sich gewissermaßen um.

Peripherer Horner:
Die vorher miotische Pupille wird noch enger, d. h. die Anisokorie nimmt noch zu.
Neben der Feststellung der Pupillenweite muß auch die *Form* der Pupillen beachtet werden. Eine *Entrundung* der Pupille kann nach Ausschluß iritischer Prozesse vor allem auf eine Lues hinweisen.

Pupillenreflexe
Physiologischerweise verengt sich die Pupille bei Lichteinfall sowie bei Naheinstellung (Konvergenzbewegung der Augäpfel). Man unterscheidet deshalb zwischen einer *Lichtreaktion* und einer *Konvergenzreaktion.* Um bei der Prüfung der Lichtreaktion eine Reaktion der Pupille auf Naheinstellung zu vermeiden, wird der Patient aufgefordert, in die Ferne zu sehen. Anschließend wird der Lichtstrahl einer ausreichend kräftigen Taschenlampe von der Seite her in die Pupille gerichtet *(direkte* Lichtreaktion). Unter *konsensueller* Reaktion versteht man dagegen die Pupillenreaktion des kontralateralen, nicht direkt belichteten Auges. Zur Abschirmung hält der Untersucher seine quergestellte Hand zwischen beide Augen.
Bei der Prüfung der *Naheinstellung* ist hinsichtlich der Ausgangslage eine »Lichtmiosis« durch zu große Raumhelligkeit zu vermeiden. Man läßt die Konvergenzbewegung ausführen, indem man den Patienten zuerst auffordert, in die Ferne, dann rasch die eigene Nasenspitze anzuschauen oder einen sich

nähernden Punkt (Zeigefinger des Untersuchers oder Stab des Reflexhammers) zu fixieren.

Bei der Prüfung der Pupillenreflexe bezeichnet man eine Minderung in Ausmaß und Ablauf der Reaktion als *Trägheit,* den Ausfall als *Starre.* Im einzelnen kann unterschieden werden:

Absolute Pupillenstarre: fehlende Licht- und Konvergenzreaktion bei *Erblindung* (amaurotische Pupillenstarre)

bei Läsion des *autonomen* Innervationsapparates der Pupille

Bei einseitiger Amaurose ist die konsensuelle Lichtreaktion und Konvergenzreaktion erhalten, sofern die Läsion *vor* dem Reflexzentrum sitzt.

Reflektorische Pupillenstarre: *(Argyll Robertson-Phänomen):* Fehlende Lichtreaktion bei erhaltener Konvergenzreaktion.

Totale Pupillenstarre:

Fehlende Licht- und Konvergenzreaktion sowie fehlendes Lidschlußphänomen.

Pupillotonie:

Meist einseitige Anomalie, die von einer absoluten oder reflektorischen Pupillenstarre abzugrenzen ist.

Die Funktionsstörung ist dadurch gekennzeichnet, daß sich sowohl Licht- als Konvergenzreaktion erst auf langanhaltenden Reiz einstellen und die Rückbildung äußerst langsam (tonisch) abläuft. Andererseits kommt es in der Regel erst im Dunkelaufenthalt zu einer üblichen Mydriasis.

Das Vorliegen einer Pupillotonie mit meist auch entrundeten Pupillen und Reflexverlust an den unteren Extremitäten, speziell der ASR, wird als *Adie-Syndrom* bezeichnet.

Prüfung der Augenbeweglichkeit (N. oculomotorius, N. trochlearis, N. abduzens) (Abb. 17)

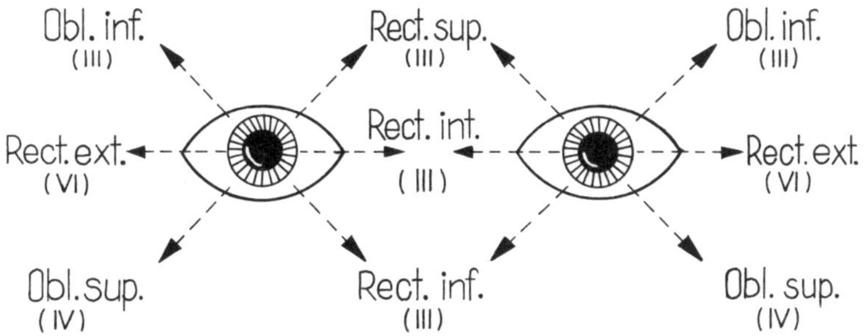

Abb. 17: Schematische Darstellung der Wirkungsrichtung der äußeren Augenmuskeln (nach Monrad-Krohn)

Zur Beurteilung von Ausfallserscheinungen ist die Kenntnis der Innervationsverhältnisse Voraussetzung.

N. oculomotorius (III)

M. rectus superior
M. rectus inferior
M. rectus internus
M. obliquus inferior
M. sphinkter pupillae } (= Innere Augenmuskeln)
M. ciliaris }

Prüfung des N. trochlearis
N. abduzens

Bei der klinischen Funktionsprüfung der Augenmuskeln wird der Patient - während der Kopf unbewegt gehalten wird - aufgefordert, Fingerbewegungen des Untersuchers zu folgen. Es werden jeweils zwei *horizontale* und vier *vertikale* Blickbewegungen induziert. Hierbei werden ggf. Bewegungsausfälle festgestellt und der Patient gleichzeitig aufgefordert, auftretende Doppelbilder anzugeben.

Ophthalmoplegia interna:
Isolierte Affektion der inneren Augenmuskeln: absolutes Fehlen von Pupillenreaktion und Konvergenzreaktion.
Ophthalmoplegia externa:
Isolierte Affektion der vom N. oculomotorius versorgten äußeren Augenmuskeln: Spontaneinstellung des betroffenen Auges nach außen und unten infolge der beiden nicht gelähmten Mm. obliquus superior (N. trochlearis) und rectus externus (N. abduzens).
Ophthalmoplegia externa et interna:
Kombination der genannten Lähmungsformen, d. h. Lähmung aller vom N. oculomotorius versorgten Augenmuskeln.
Ophthalmoplegia totalis:
Neben Ausfall der vom N. oculomotorius versorgten Muskeln auch Parese des M. rectus externus und M. obliquus superior: daher keinerlei Augenbewegungen möglich, Fehlen von Licht und Konvergenzreaktion.

Prüfung des N. trigeminus

Der N. trigeminus versorgt mit drei Hauptästen (N. ophthalmicus, N. maxillaris, N. mandibularis) sensibel das Gesicht, die Cornea und die Konjunktiven, die Nebenhöhlen, Nasen- und Mundschleimhaut, Teile der Zunge und die Zähne. Motorisch werden die Kaumuskeln (M. masseter und temporalis sowie die Mundöffner: Mm. pterygoidei, mylohyoideus und M. digastricus) versorgt.

Prüfung der sensiblen Funktion des N. trigeminus
Die Hautsensibilität wird am besten mit einem Wattebausch geprüft. Bei einer Störung ist zu entscheiden, ob es sich um eine Schädigung peripherer Äste oder um eine nukleäre Störung handelt. Im letzteren Fall entspricht die Begrenzung häufig den zwiebelschalenförmig, d. h. segmental angeordneten *Sölderschen Linien* (siehe Abb. 18). Nicht selten besteht hierbei auch eine dissoziierte Sensibilitätsstörung (Kalt-Warm-Prüfung).

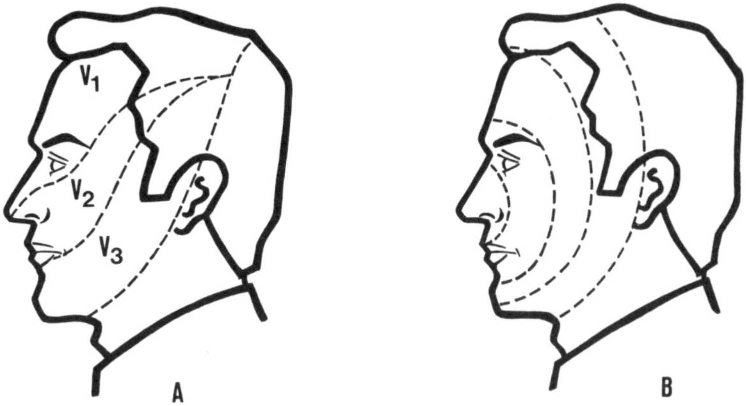

Abb. 18: Sensible Gesichtsversorgung; A: periphere Trigeminusäste, B: Söldersche Linien (siehe Text)

Die Sensibilität der vom N. trigeminus innervierten Schleimhäute wird mit Hilfe eines Holzspatels geprüft. Zu beachten ist, daß Trigeminusstörungen auch zu einer Störung der Sensibilität und der Geschmacksempfindung in den vorderen Teilen der Zunge führen können.

Für die Früherkennung einer Trigeminusläsion ist der *Cornealreflex* besonders wichtig. Dieser Reflex kann nämlich bereits abgeschwächt oder aufgehoben sein, bevor sonstige Sensibilitätsstörungen nachweisbar sind. Da der afferente Schenkel des Cornealreflexes vom N. facialis gebildet wird, ist bei einer peripheren *Facialislähmung* der Cornealreflex nicht oder nur abgeschwächt auslösbar.

Die *Prüfung* des Cornealreflexes erfolgt mit einem gedrehten Wattestückchen, mit dem von der Seite her die Cornea berührt wird. Der normale Reflexerfolg besteht in einem kurzen Lidschlag.

Bei der Druckprüfung der Nervenaustrittspunkte des N. trigeminus kann nur ein umschriebener Druckschmerz diagnostisch verwertet werden.

Prüfung der motorischen Trigeminusfunktion
Der Patient wird aufgefordert, die Zähne fest zusammenzubeißen. Der Untersucher tastet hierbei mit beiden Händen die Kontraktion der betreffenden Muskeln (M. masseter und M. temporalis). Wird der Patient aufgefordert, den Mund gegen Widerstand (Halten des Kinns durch den Untersucher) zu öffnen, so weicht bei einseitiger Parese des M. pterygoideus der Unterkiefer nach der gelähmten Seite ab.
Eine eingeschränkte Mundöffnung kann bei einer Dauerkontraktion des M. masseter (Trismus bei Tetanus), aber auch durch schmerzhafte Prozesse im Bereich des Kiefergelenkes (Kieferklemme) zustande kommen.

Masseter-Eigenreflex
Der Untersucher legt einen Finger auf den Unterkiefer des Patienten und achtet auf genügende Entspannung der Masseteren. Sodann wird ein kurzer Schlag mit dem Reflexhammer ausgeführt. Die Reflexantwort beteht in einem kurzen Anheben des Unterkiefers (siehe Abb. 5).

Prüfung des N. facialis

Der motorische Anteil des N. facialis versorgt die gesamte mimische Gesichtsmuskulatur, den M. stapedius, den M. stylohyoideus und den hinteren Anteil des M. digastricus. Daneben führt der N. facialis sensible und sekretorische Fasern über den *N. intermedius* zu den Tränendrüsen, allen Speicheldrüsen mit Ausnahme der Parotis sowie Geschmacksfasern für die vorderen zwei Drittel der Zunge.

Prüfung der mimischen Gesichtsmuskulatur
Bei den im Folgenden beschriebenen Bewegungstests ist auf Seitenunterschiede zu achten.
M. frontalis: Aufforderung zum Stirnrunzeln. Hochziehen der Augenbrauen gegen Widerstand.
M. orbicularis oculi: Aufforderung zu kraftvollem Augenschluß.
M. zygomaticus, M. risorius, M. triangularius, M. orbicularis oris, M. mentalis: Backenaufblasen bei Gegendruck des Untersuchers. Nase rümpfen, Zähne zeigen, Lachen. Mund spitzen. Pfeifen. Mund vorstülpen.

Bei degenerativen Muskelerkrankungen kann mehr oder weniger auch die Gesichtsmuskulatur betroffen sein. Als Folge der symmetrischen Paresen wirken die Gesichtszüge verwaschen (Facies myopathica), häufig entwickelt sich eine sog. »Tapirschnauze«. Da die supranukleäre Innervation der Stirnmuskulatur und der M. orbicularis oculi doppelseitig erfolgt, kann klinisch in der Regel eine periphere Facialisparese gegenüber einer zentralen Facialislähmung gut abgegrenzt werden.

Periphere Facialisparese (Abb. 19 u. 20)
Der N. facialis kann in seinem anatomischen Verlauf an verschiedenen Stellen geschädigt werden. Anhand der folgenden Kriterien ist eine Ortsdiagnose meist möglich:

Abb. 19: Periphere Facialisparese rechts

Abb. 20: Periphere Facialisparese rechts, Bellsches Phänomen

Läsion nach dem Austritt aus dem *Felsenbein:* je nach Höhe und Ausmaß der Schädigung sind nur Teile der Gesichtsmuskulatur paretisch. (Sofern gelegentlich das Verteilungsmuster dem einer zentralen Läsion entspricht, ist die differentialdiagnostische Abgrenzung durch Anamnese und Begleitsymptome praktisch immer möglich.)
Läsion zwischen dem *Foramen stylomastoideum* und Abgang der *Chorda tympani:* Parese der mimischen Gesichtsmuskulatur in allen Ästen ohne zusätzliche Funktionsstörung.
Läsion zwischen Abgang der Chorda tympani und Abgang des N. stapedius: Durchgehende Gesichtslähmung mit gleichzeitiger Störung der Geschmacksempfindung (vordere zwei Drittel der Zunge) und Beeinträchtigung der Speichelsekretion.

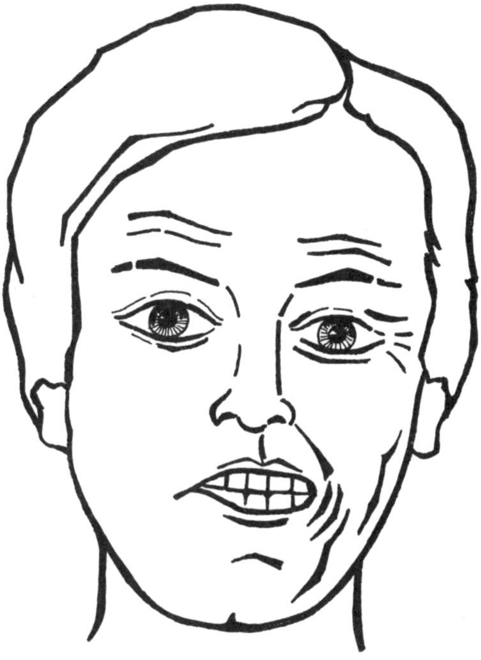

Abb. 21: Zentrale Facialisparese rechts, Stirnast intakt

Läsion zwischen Abgang des *N. stapedius* und dem *Ganglion geniculi:* durchgehende Gesichtslähmung. Hyperakusis (als Folge der Lähmung des M. stapedius), Störung der Geschmacksempfindung wie oben, Störung der Speichelsekretion.

Läsion oberhalb des Ganglion geniculi: Durchgehende Gesichtslähmung, keine Geschmacksstörung, Anomalie der Tränensekretion. Infolge der engen Nachbarschaft zum N. stato-acusticus Möglichkeit einer Nervenschwerhörigkeit.

Läsion an der Hirnbasis: Wegen enger Nachbarschaftsbeziehungen zu anderen Hirnnerven häufig kombinierter Hirnnervenausfall, vor allem gleichzeitige Affektion des N.V und N.VIII im Kleinhirn-Brückenwinkelbereich.

Läsion innerhalb des Hirnstammes: In der Regel Kombination mit einer Ab-

duzensparese, wegen der engen anatomischen Nachbarschaft (Facialisknie).
Charakteristische Kennzeichen einer frischen und totalen peripheren Facialislähmung:
Fehlende Innervation aller Gesichtsmuskeln der betroffenen Seite Lagophthalmus (Herunterhängen des Unterlides)
Bellsches Phänomen: Sichtbarwerden der physiologischen Aufwärtsbewegung des Augenbulbus beim Versuch des Lidschlusses (Abb. 20).
Verstrichensein der Nasolabialfalte.

Geschmacksprüfung
Mit entsprechenden Lösungen werden die Qualitäten: süß, salzig, sauer und bitter geprüft. Die Lösungen werden nacheinander auf verschiedene Abschnitte der vorderen zwei Drittel der Zunge gegeben, der Patient bedeutet auf einer entsprechenden Tafel die Geschmackswahrnehmung. (Hinteres Zungendrittel vom N. glossopharyngeus innerviert.)

Pathologische Mitbewegungen:
Defektheilungen peripherer Facialisparesen bedingen häufig pathologische Mitbewegungen, die dadurch charakterisiert sind, daß sich die einzelnen mimischen Gesichtsmuskeln der betroffenen Seite nicht mehr isoliert kontrahieren können. Das Schließen der Augen beispielsweise kann mit einer unwillkürlichen Hebung des Mundwinkels verbunden sein. Beim Spitzen des Mundes verengt sich umgekehrt die Lidspalte. Als Folgeerscheinung einer abgelaufenen peripheren Facialisschädigung kann es auch zu tonischen Dauerkontraktionen der Gesichtsmuskulatur kommen. Eine Differenzierung gegenüber einer Dauerkontraktion bei Tetanus (Risus sardonicus), der einseitig beginnen kann, erlaubt meist die Anamnese.

Orbicularis-oculi-Reflex
Durch einen Reflexhammerschlag auf die Glabella läßt sich eine Zuckung des M. orbicularis oculi auslösen. Bei supranukleärer Schädigung ist der Reflex häufig gesteigert und auch von anderen Gesichtsstellen auslösbar. Bei peripherer Facialisschädigung ist dieser Reflex abgeschwächt oder nicht auslösbar.

Chvostek-Phänomen
Das Phänomen besteht darin, daß bei mechanischer Reizung des N. facialis durch Beklopfen mit dem Reflexhammer oder auch mit dem Finger vor dem

Tragus eine Zuckung der Gesichtsmuskeln der betreffenden Seite ausgelöst wird. Eine derartig gesteigerte mechanische Erregbarkeit des N. facialis kann beispielsweise bei Tetanie oder auch bei allgemeiner vegetativer Übererregbarkeit nachweisbar sein.

Prüfung des N. glossopharyngicus und N. vagus

N. glossopharyngicus und N. vagus versorgen sensibel das hintere Zungendrittel, den Gaumenbogen, den Rachen und den Kehlkopf. Motorisch werden gemeinsam Gaumensegel und Pharynx innerviert.
Auslösung der Gaumensegelkontraktion:
Stärkeres Herabdrücken der Zunge durch Spatel bzw. Reizung der hinteren Rachenwand führt zur reflektorischen Kontraktion des Gaumensegels *(Würgreflex)*.
Bei einseitiger Gaumensegelparese hängt das Gaumensegel auf der kranken Seite herab, das Zäpfchen weicht bei Würgreflex oder Phonation zur gesunden Seite aus *(Kulissenphänomen)*.
Bei doppelseitiger Gaumensegelparese ist das Zäpfchen unbeweglich, es kommt zu vermehrter Schleimansammlung im Rachen und beim Schluckakt zu Austritt von Flüssigkeit aus der Nase. Die Sprache wirkt näselnd.
Läsion des N. recurrens, eines Vagusastes, führt zu Stimmbandlähmung, die einseitig zu Heiserkeit, doppelseitig zur Aphonie führt.

Prüfung des N. accessorius

Der Nerv versorgt hauptsächlich den M. sternocleidomastiodeus und den M. trapezius.
Funktionsprüfung:
Zur Funktionsprüfung wird der Patient aufgefordert, den Kopf gegen Widerstand (Hand des Untersuchers) zur Seite zu drehen bzw. die Schultern hochzuheben.

Prüfung des N. hypoglossus

Der Nerv versorgt motorisch die Zunge, die Unterzungenbeinmuskulatur und die äußeren Larynxmuskeln. Beim Heraustreten der Zunge weicht diese bei einseitiger Läsion nach der gelähmten Seite hin (infolge Überwiegen der gesunden Muskeln) ab.
Bei doppelseitiger Hypoglossusparese liegt die Zunge unbeweglich im Mund, ein Herausstrecken ist nicht möglich.

Sensibilitätsprüfungen

Sensibilitätsprüfungen werden zweckmäßigerweise im Liegen durchgeführt, der Patient hält die Augen geschlossen. Geprüft wird auf Berührung, Druck, Schmerz, Temperatur, bewegte Berührungsreize wie auf die Haut geschriebene Zahlen oder Figuren, Lagesinn und Vibration.
Die Untersuchungen werden immer im Seitenvergleich durchgeführt, deshalb ist auf möglichst gleichbleibende Reizstärke zu achten. Sensibilitätsprüfungen erfordern naturgemäß die Mitarbeit des Patienten.
Werden durch Palpation oder Perkussion der peripheren Nervenstämme oder durch die Prüfung nach Lasègue (passives Hochheben des gestreckten Beines in Rückenlage) Schmerzen ausgelöst, so ist das im allgemeinen ein Hinweis auf eine periphere Druckneuropathie bzw. eine Wurzelaffektion.
Klinisch wird zwischen Oberflächensensibilität und Tiefensensibilität unterschieden.

Oberflächensensibilität

Berührungsempfindung
Diese wird mit einem Wattebausch, einem feinen Pinsel oder auch mit einem Stück nicht zu festem Papier geprüft. Als jeweilige Kontrolle der Berührung soll der Patient diese mit Ja oder Jetzt angeben. Während hierdurch die in der Haut selbst gelegenen Nervenendigungen erregt werden, führt Berührung mit der Fingerkuppe in der Regel zu einer Druckempfindung durch Erregung tiefer gelegener sensibler Organe.
Eine Hypästhesie ist eine Verminderung der Berührungsempfindung. Die Anästhesie bezeichnet eine Aufhebung und die Hyperästhesie wird als eine gesteigerte Berührungsempfindung verstanden.

Räumliches Unterscheidungsvermögen für Berührungsreize
Dabei wird der Patient aufgefordert, auf die Haut geschriebene Zahlen oder Zeichen zu benennen.
Schmerzempfindung
Am besten wird die Schmerzempfindung mit einer Nadelspitze überprüft. Zur Kontrolle kann dies im Wechsel mit stumpfer Berührung geschehen. Hypalgesie ist eine Minderung der Schmerzempfindung, die Analgesie eine Aufhebung und Hyperalgesie eine Verstärkung.
Temperaturempfindung
Am einfachsten erfolgt die Prüfung mit zwei Reagenzgläsern, die mit kaltem und warmem Wasser gefüllt sind. Bei erlöschendem Temperaturempfinden spricht man von Thermanästhesie. Ist sie herabgesetzt, bezeichnet man das als Thermhypästhesie.

Tiefensensibilität

Bewegungsempfindung
Einzelne Gelenke, vor allem die kleinen Zehen- und Fingergelenke, werden passiv bewegt. Die Gelenke werden seitlich angefaßt, damit der Patient nicht durch Druckempfindung auf die Bewegungsrichtung schließen kann.
Lageempfindung
Der Patient soll eine vom Untersucher an der gegenseitigen Extremität vorgegebene Haltung nachvollziehen.
Vibrationsempfindung
Sie wird geprüft mit Hilfe einer schwingenden Stimmgabel, die auf einen wenig geschützten Knochen (Schienbeinkante, Knöchel, Großzehe) aufgesetzt wird. Die Untersuchung wird zweckmäßigerweise mit »Leer«-Versuchen kombiniert. Geprüft wird, ob der Patient das »Schwirren oder Surren« wahrnimmt.

Tasterkennen

Indem man dem Patienten verschiedene Gegenstände in die Hohlhand gibt, die er identifizieren soll, wird das Tasterkennen (Stereognosie) geprüft.
Man spricht von dissoziierter Empfindungsstörung, wenn Schmerz- und Temperaturempfindung gestört sind, das Berührungsempfinden aber erhalten ist. Im übrigen weist bereits die Verteilung von Sensibilitätsstörungen auf den Sitz

der Läsion hin. Bei Läsion eines peripheren Nerven resultieren Ausfälle im betreffenden Versorgungsgebiet, wobei jedoch die überlappende Innervation in Rechnung zu setzen ist. Deshalb sind Ausfälle oft nur im sogenannten Autonomgebiet nachzuweisen (Beispiel: Radialisparese). Polyneuropathien haben typischerweise eine strumpf- bzw. handschuhförmige Begrenzung der sensiblen Ausfälle (siehe Anhang). Segmental begrenzte Störungen - am Stamm halbzirkulär oder zirkulär (»sensibles Niveau«) weisen auf eine spinale oder radikuläre (Dermatomschädigung) hin.
Bei sensiblen Reizzuständen ist zwischen Mißempfindungen (Parästhesien) und Schmerzen zu unterscheiden.

Parästhesien

Darunter versteht man spontane Sensationen wie Ameisenlaufen, Kribbeln, Brennen, die in der Regel als unangenehm empfunden werden. Diese Mißempfindungen haben aber auch gelegentlich eine schmerzhafte Komponente.

Schmerzsyndrome

Schmerzempfindungen werden wie folgt klassifiziert: Neuralgien sind attackenweise auftretende Schmerzen im Ausbreitungsgebiet eines sensiblen oder gemischten Nervs. Im eigentlichen Sinne ohne Sensibilitätsstörung und ohne nachweisbare Ursache (Beispiel: Ideopathische Trigeminusneuralgie).
Eine Hyperpathie ist eine Sensibilitätsstörung als Überempfindlichkeit gegenüber allen örtlichen Reizen, wobei bereits leichte Reize zu starken Schmerzreaktionen führen, die typischerweise nach einer gewissen Latenz abrupt einsetzen.
Kausalgie sind äußerst heftige Schmerzen, die nicht nur bei Berührung, sondern beispielsweise auch schon bei Bewegung auftreten. In der Regel sind diese Schmerzen schlecht zu lokalisieren, im Gegensatz zu einer Neuralgie bestehen in der Regel auch nachweisbare Ausfälle.
Phantomschmerzen sind von Patienten in amputierte Gliedmaßen projizierte, meist langanhaltende Schmerzen unterschiedlicher Intensität.
Dysästhesie bezeichnet eine qualitative Entstellung von Reizqualitäten. Eine Berührung kann beispielsweise als Schmerz oder Wärme als Kälte empfunden werden.

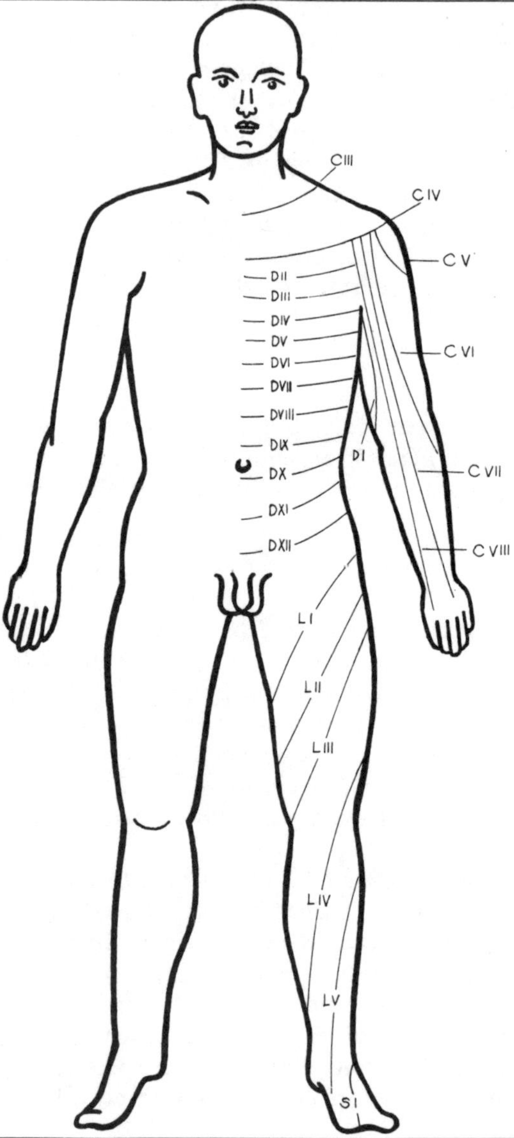

Abb. 22:
Schema der segmentalen
Innervation

Abb. 23:
Schema der segmentalen Innervation

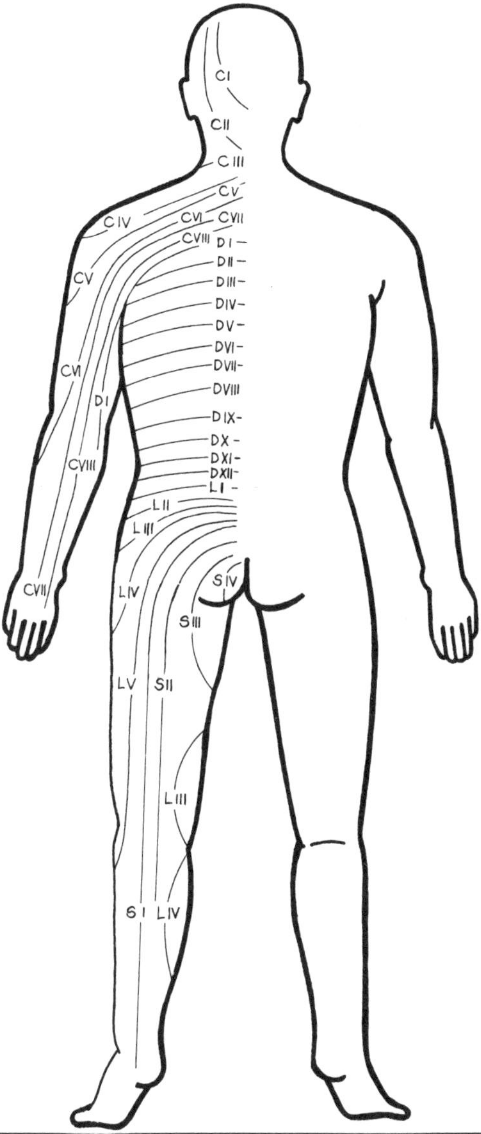

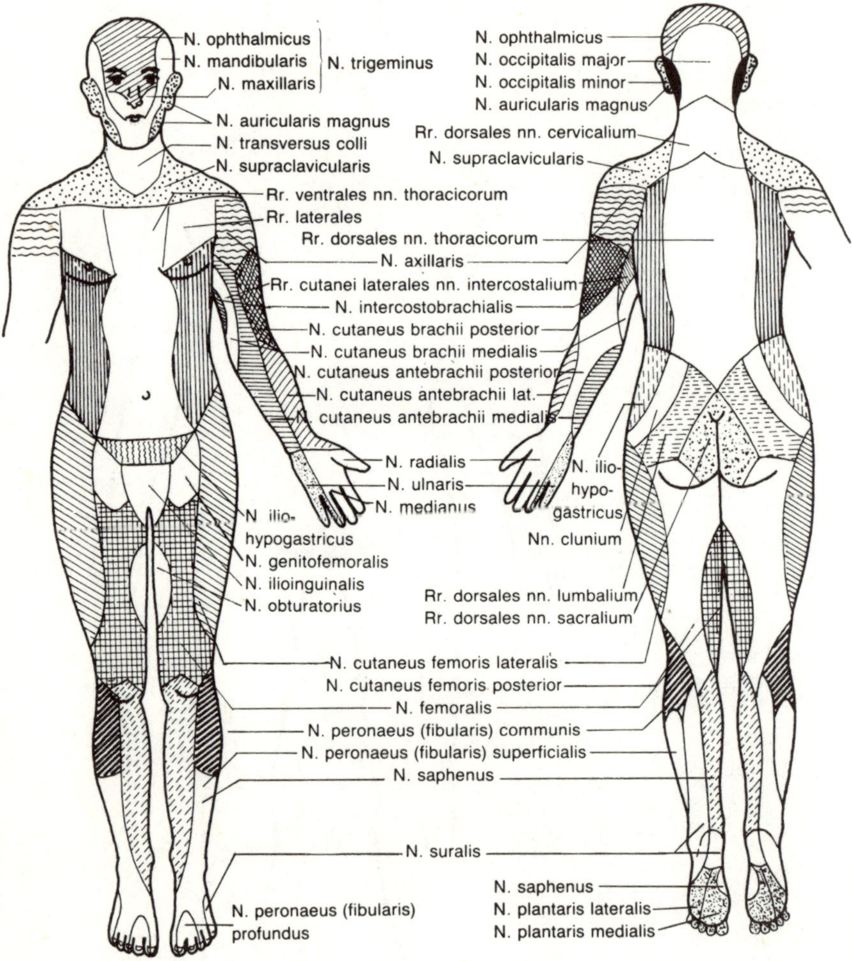

Abb. 24: Periphere Hautinnervation
(aus W. Nix: Der periphere Nerv, 1986)

Abb. 25: Organmanifestationen bei Störungen des vegetativen Nervensystems (aus C. Meier: Vegetative Neuropathien, 1986).

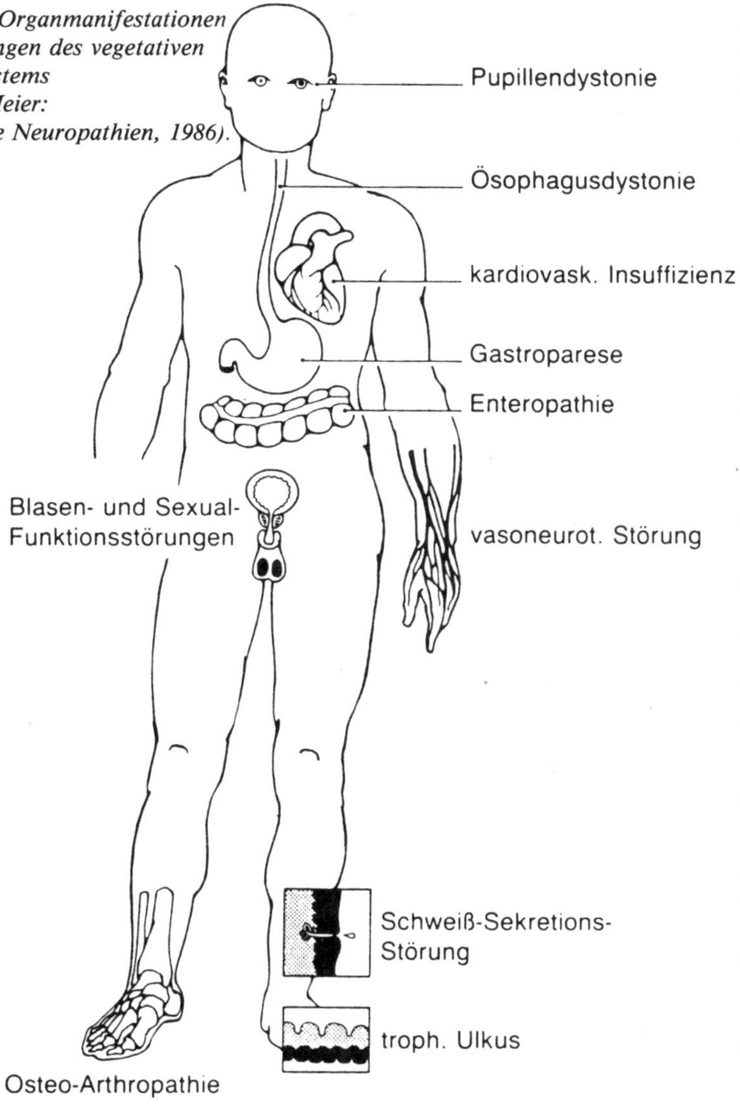

Tabelle 1: Gegensätzliche Wirkungen des Sympathikus und des Parasympathikus (aus C. Meier: Vegetative Neuropathien, 1986).

Organ	Sympathikus	Parasympathikus
Pupille	Erweiterung	Verengung
Intestinaltrakt	Hemmung von Tonus u. Peristaltik	Steigerung von Tonus u. Peristaltik
Herz		
- Sinusknoten	pos. chronotrop	neg. chronotrop
- Vorhof	pos. ionotrop	neg. ionotrop
- Ventrikel	pos. ionotrop arrhythmogen	kein Einfluß auf Kontraktionskraft
Blutgefäße	Konstriktion	Dilatation
Harnblase		
- Detrusor	Tonussenkung	Tonussteigerung
- Sphincter intern.	Tonussteigerung	Tonussenkung
Sexualfunktion		
- Erektion	hemmend	steigernd
- Lubrikation	hemmend	steigernd